起業への挑戦

本書は、THE ART OF THE START
（邦題『完全網羅 起業成功マニュアル』）の
増補改訂版です。

THE ART OF THE START 2.0
The Time-Tested, Battle-Hardened Guide for Anyone Starting Anything
by Guy Kawasaki

This edition published by arrangement with Portfolio,
an imprint of Penguin Publishing Group, a division of Penguin Random House LLC
through Tuttle-Mori Agency, Inc., Tokyo

わが子どもたち——ニック、ノア、ノヘミ、グスタボへ。
子どもは究極のスタートアップであり、私にはそれが四人もいる。

その昔、ラドヤード・キプリングは、モントリオールのマギル大学でスピーチをしたさいに、とても印象深い話をした。

お金や地位、名誉にこだわりすぎるなと学生たちに警告して、こう言ったのだ。

「いつの日か皆さんは、このいずれにも関心を持たない人物に出会うでしょう。そのとき、自分がいかに貧しいかを思い知るはずです」

――ハルフォード・E・ラコック（牧師）

はじめに

名誉や評判のために曲を書こうと思ったことはない。心のなかのものをかたちにしたい。だから作曲するのだ。

——ルードヴィヒ・ヴァン・ベートーヴェン

「いま知っていることを、あのとき知っていたら……」。経験を重ねた起業家はたいてい、昔をふり返ってそんなふうに言う。私の目標は、本書を読んだあなたが、そんな言葉を吐かなくてすむようにすることだ。

私は三つの会社をおこし、一〇の会社に投資し、いろいろな会社に助言してきた（たったふたりの会社から、グーグルのような大企業まで）。アップルには二度勤めた。現在はキャンバというスタートアップ企業のチーフエバンジェリストをしている。何百という起業家からの売り込みを聞いたせいで、右耳の耳鳴りがやまない。

ことスタートアップに関しては、私自身も経験者である。そこで、ＩＴ技術屋さんが言うところの「コアダンプ」（記憶のなかの情報の記録）をここでやろうとしている。さまざまな傷を負いながら獲得した知識を披露するのだから、私の後悔も少しは皆さんのお役に立つというわけだ。

本書の目的は単純かつ純粋である。起業のハードルをもっと低くしたい。私が死んだとき、「ガイのおかげで力を授かった」と言ってもらいたい。それもたくさんの人に。だから本書の想定読者は幅広い。

①自宅のガレージや、学校の寮や、会社のオフィスで、次なる壮大な構想を練る若者たち
②スタートアップではない既存企業で、新しい製品を市場に送り出そうとする勇者たち
③非営利組織で、世界をもっとよい場所にしようと奮闘する社会起業家たち

偉大なる会社、偉大なる部門、偉大なる学校、偉大なる教会、偉大なる非営利組織、偉大なる起業家。それがプランだ。以下、本編に入る前に、いくつかコメントをしておこう。

●当初は、前作『完全網羅 起業成功マニュアル』（小社刊）のたんなる改訂を考えていた。しかし、やりはじめたら、追加、修正、削除が止まらなかった。その結果、まるで別物ができあがった。原稿整理がラクになるからワードの「変更履歴」をオンにしてくれ、と担当編集者に言われたのだが、大笑いだ。結局、前作より六〇％以上も情報が多くなった。
●起業家というのは相違点よりも類似点のほうが多いので、簡潔を期すため、新興ベンチャーは（営利か非営利かを問わず）すべて「スタートアップ」、新しい製品、サービス、アイデアはすべて「製品」と記した。本書の内容はほぼどんな事業やプロジェクトにも応用できるので、そのあたりの言葉づかいにはどうかお目こぼしを。

●どんな提言やアドバイスにも例外があるし、私が間違っている可能性もある。また、事例から学ぶのにもリスクはある。だが、科学的根拠の登場を待っているのも同様にリスキーだ。起業には良いも悪いもない。あるのは成功か失敗か、それだけだ。

あなたのゴールは、世界を知ることではなく、世界を変えることだと拝察する。起業とは行動であり、学習ではない。あなたがもし「ムダ話はやめてさっさと始めよう」というマインドの持ち主なら、正しい著者の書いた正しい本を読んでいることになる。

では、いざ――。

カリフォルニア州シリコンバレーにて

ガイ・カワサキ
GuyKawasaki@gmail.com

着想

活性化

第4章 自己資本で経営する――103

第5章 資金を調達する――121

第6章 売り込む

第7章 チームをつくる

第8章 ファンを増やす

成長

責務

Conception

着想

第1章

始動する

科学の世界で最もエキサイティングな言葉、新たな発見を告げる言葉は、「見つけた！《ユーレカ》」ではなく「そいつはおもしろそうだ」である。

――アイザック・アシモフ（SF小説家）

何ごとも、あとで修正するより最初から正しくやるほうがずっとラクだ。正しいスタートアップのDNAが形成されれば、その遺伝子情報は永遠のものになる。いくつかの重要ポイントに注意を払えば、正しい基礎をつくり、大きな課題に思う存分集中することができる。そこで、本章ではスタートアップの正しい始動方法を説明する。

シンプルな問いに答える

こんな神話をよく聞く。「成功する会社には、何よりもまず壮大な野心がある」。つまり成功を手にするには、誇大妄想的ともいえる目標の設定から始めなければならないというわけだ。ところが私の見たところ、偉大な企業はたいてい、最初に次のようなシンプルな問いを立て、それに答えているにすぎない。

●**だとすると?** これは、世の中のトレンドを発見または予測し、その影響について考えるときに出てくる問いかけだ。たとえばこんな具合に。「インターネットにアクセスできるカメラ付きスマートフォンを、みんなが持つようになるだろう」。だとすると? 「みんなが写真を撮り、それをシェアできるようになる」。だとすると? 「写真のアップロード、他人の写真の評価、コメントの投稿などができるアプリをつくらなきゃ」――で、インスタグラムの登場とあいなった。

●**これ、おもしろくない?** 知的好奇心と偶然の発見が肥やしになる。スペンサー・シルバーは、接着剤をつくろうとして、あまりくっつかない別のものをつくってしまった。この偶然がポストイットという製品につながった。電化製品のセールスマンだったレイ・クロックは、辺鄙《へんぴ》な場所にある小さなレストランがミキサーを八台も注文したことに気づき、好奇心からこのレストランを訪ね、その繁盛ぶりに驚いた。彼は同じようなレストランのアイデアを、ディックとマックのマクドナルド兄弟に売り込んだ。あと

はご存じのとおり。

●もっとよいやり方はないのか？　これは現状への不満が大きな特徴だ。フェルディナンド・ポルシェはこう言った。「私が夢見たような車がまわりになかったから、自分でつくることにした」。スティーブ・ウォズニアックがアップルⅠをつくったのは、コンピュータにアクセスするには、政府や大学や大企業で働くよりもよい方法があると思ったからだ。ラリー・ペイジとセルゲイ・ブリンは、検索結果の優先順位をつけるにはインバウンドリンクを測定するほうがよいと考え、グーグルを始めた。

●なぜわが社でやらないの？　この場合は、いまの雇い主に対する不満が触媒役を果たす。あなたは顧客やそのニーズに精通している。こういう製品が求められているからうちでつくりましょう！と経営陣に提案するが、彼らは耳を貸さない。業を煮やしたあなたは、自分でつくってしまう。

●できるんだから、やらない手はないだろう？　大きなイノベーションに対する市場需要をあらかじめ証明するのは難しい。だから、ここで大事なのは「ままよ」の精神だ。たとえば、モトローラが携帯電話を発明した一九七〇年代には、ほとんどの人がこの製品を理解できなかった。当時の電話は「人」ではなく「場所」と結びついていたからだ。しかし、マーティン・クーパーをはじめとする同社のエンジニアは、かまわずそれを製品化した。あとはご存じのとおり。

●市場リーダーの弱みはどこだ？　市場リーダーには弱点が三つある。まず、あるビジネス手法にこだわっている。たとえば、ＩＢＭは代理店を通じてコンピュータを販売していた。そこでデルは直販でイノベーションを起こした。第二に、顧客が不満を持っている。たとえば、ビデオのレンタルや返却のためにブロックバスターの店舗まで行くのは面倒なので、ネットフリックスにチャンスが訪れた。第三に、ドル箱事業に依存してイノベーションを怠っている。マイクロソフト・オフィスがグーグル・ドキュメントに脅かされたのはこういうわけだ。

「どうすればたっぷり儲かるか?」は正しい問いではない。理想主義者と呼ばれてもけっこう。偉大な企業ができるきっかけは、世界を変えるシンプルな問いに答えること。金持ちになりたいという願望ではない。

▼練習問題
次の文を完成させよう。
あなたのスタートアップが存在しなかったら、世界はもっとダメになっているだろう。
なぜなら、

スイートスポットを探す

シンプルな問いの答えが見つかったら、次は市場の「スイートスポット」を探そう。ハース・ビジネススクールのシニアフェローで、*The Other "F" Word: Failure* の共著者でもあるマーク・クーパースミスは、三つの要素を持つ図(次ページ下)でこれを説明する。

偉大な企業ができるきっかけは、
世界を変えるシンプルな問いに答えること。
金持ちになりたいという願望ではない。

●**専門性**　創業者をはじめとする立ち上げメンバーの能力の結集が、この「専門性」をかたちづくる。まだ完全なチームではなくても、スタートアップを始動させるには、何かを創造するための基礎的知識・能力が必要である。

●**機会**　機会には二種類ある。既存市場と潜在市場だ。どちらをめざしてもよいが、今後数年間の市場規模はきちんとチェックしておこう。強盗が古道具屋ではなく銀行をねらうのには理由《わけ》がある。ただし、機会の存在を証明しようがないケースもなかにはある。そのときはもう信じるしかない。

●**情熱**　これは一筋縄でいかない面がある。なぜなら、情熱が成功をもたらすのか、成功が情熱をもたらすのかがはっきりしないからだ。誰もが前者だと言うが、正直なところ、うまくいきはじめた事業に気持ちが沸き立つのも道理。だから後者も事実なのかもしれない。ただ、成功には時間がかかるので、少なくとも自分の仕事を憎まないほうがいいだろう。

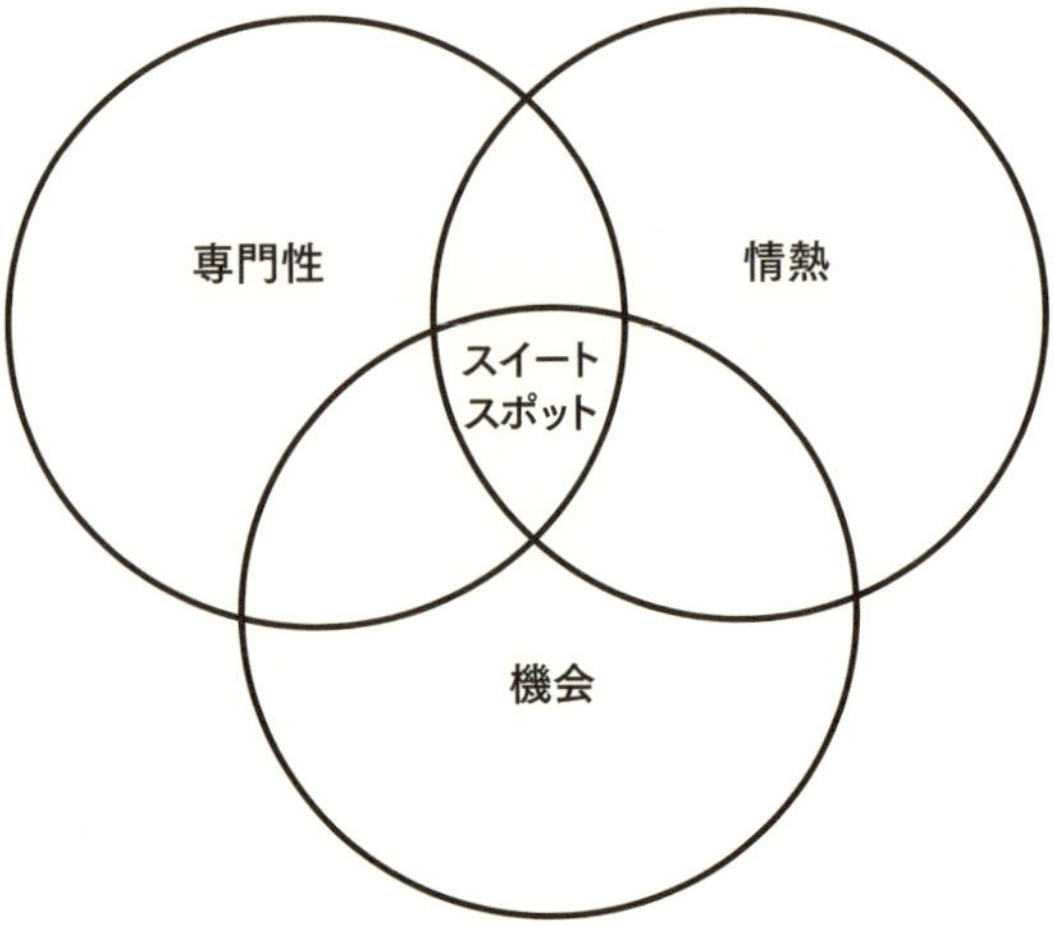

ソウルメイトを見つける

最初から三つの要素がすべて必要だというのではない。最低でもこのうちふたつがあれば、一生懸命やるうちに、三つ目を手にできることが多い。

次なるステップは、冒険を続けるための心の友《ソウルメイト》を探すことだ。『ロード・オブ・ザ・リング』のビルボ・バギンズを思い出してほしい。世の人々は、イノベーターはたったひとりだと考えたがる。トーマス・エジソン（電球）しかり、スティーブ・ジョブズ（マッキントッシュ）、ヘンリー・フォード（T型フォード）、アニータ・ロディック（ザ・ボディショップ）、リチャード・ブランソン（ヴァージン・グループ）しかり。でも、それは間違いだ。

成功した企業は少なくともふたりのソウルメイトによって起業され、成功に導かれる。あとになってひとりの創業者がイノベーターとして認識されることはあるとしても、ベンチャー事業を機能させるにはチームの力が必要である。

CDベイビーの創業者デレク・シヴァーズは、このことを示すため、二〇一〇年のTEDカンファレンスであるビデオを見せた。ひとりの人間が野原で踊っている映像だ。そこへ二人目が加わると、三人目、四人目というふうに数が増え、ついには本格的なダンスフェスティバルが始まる。

シヴァーズによると、最初に仲間に加わる人（二人目）が重要な役割を果たす。つまり、そのことでリーダーの信頼性が高まるのだ。それ以降に加わる人たちは、リーダーだけでなく、その最初のフォロワーをまねている。「最初のフォロワーは、孤独な変わり者をリーダーに変えるのです」とシヴ

「最初のフォロワーは、
孤独な変わり者をリーダーに変えるのです」

アーズは言う。スタートアップでは、最初のフォロワーはたいてい共同創業者になる。共同創業者となるソウルメイトは、あなたと似たところ、違うところの両方を持っていなければならないが、次のような点は似ているほうがいい。

●**ビジョン**　いまや手垢のついた言葉になったけれど、ソウルメイトとの関連でこれが意味するのは、自分たちの会社や市場のこれからについて、双方が同じような感覚を持っているということだ。たとえば、片方が「コンピュータは今後も大企業専用のビジネスツールだろう」と考え、もう片方が「これからは各人がコンパクトで安くて使いやすい自分専用のコンピュータを持つようになる」と考えていたら、組み合わせとしてはまずい。

●**規模**　誰もが帝国を築きたいわけではないし、誰もがライフスタイルビジネス（規模を追求しない、身の丈に合ったビジネス）をやりたいわけではない。人が期待する中身に良いも悪いもない。あるのは、その期待が一致するかしないかだけである。もちろん、創業者が自分たちの望みを最初からわかっているとはかぎらない。でも、せめて同じ方向を向いていたい。

●**コミットメント**　創業者には同じレベルのコミットメントが求められる。優先するのは会社か、家族か、それともバランスのとれた生活か？　創業者の優先順位が異なっていたら、その会社はなかなか機能しない。片方が「二年やったらさっさと会社を売り飛ばそう」と考え、もう片方が「何十年も続く会社をつくりたい」と考えていたら、ちょっと問題である。理想的には、最低でも一〇年はやるという合意がほしい。

逆に、次の点は違ったほうがいい。

●**専門性**　スタートアップには少なくとも製品をつくる人（スティーブ・ウォズニアック）と売る人（スティーブ・ジョブズ）が必要だ。創業者は互いを補い合って優れた組織を築かなければならない。

●**気質**　細かいことを気にする人もいれば、細かい点はそっちのけで大きなことばかり気にかける人もいる。スタートアップが成功するには、両方のタイプの創業者が必要である。

●**視点**　視点は多ければ多いほど楽しい。たとえば、若者と年配者、金持ちと貧乏人、男性と女性、都会と田舎、エンジニアと営業、技術屋と気難し屋、イスラム教とキリスト教、同性愛者と異性愛者などなど。

さらに、共同創業者についていくつかアドバイスを。

●**焦るな**　何十年もいっしょに働かなければならないかもしれない相手だから、配偶者を選ぶときのように慎重に見きわめよう（離婚常習者なら別だが）。創業者は多すぎるよりは少なすぎるほうがいい。配偶者と同じで、別れるのはつらい。

●**資金調達のために創業者を引き入れるな**　創業者を増やすのは（従業員もそうだが、とくに創業者の場合）、会社をもっと強く、成功しやすくするためだ。「資金が必要なければこの男を雇うだろうか？」と自問してみるといい。もし答えがノーなら、雇うなんてとんでもない。

●**最善を期待しつつ、最悪に備えよ**　創業チームの分裂は日常茶飯事だ。あなたのスタートアップは違うかもしれないが、用心のため、株式インセンティブ（ストックオプションなど）の権利は（あなた自身も含めた）全員に少しずつ付与するようにしよう。四年たたずにやめる人間が大量の株を保有するのを防ぐためだ。

意義を見出す

「シンプルな問いに答える」「スイートスポットを探す」「ソウルメイトを見つける」をクリアしたら、もうひとつの条件は「意義を見出す」だ。意義とは、お金でも権力でも名誉でもない。食事が無料の職場、ピンポンやバレーボールができる職場、ペットを同伴できる職場をつくることでもない。意義とは、世界をもっとよい場所にすることである。

ガレージでソフトウェアを書いたりして起業をめざすふたりの若者に、「意義を見出せ」と言っても理解できないかもしれない。でも、どんぐりがやがてブナになることだって理解するのは難しい。どう考えても自分の会社が世界をもっとよい場所にできると思えないなら、世界を揺るがすことはできないだろう。

べつにそれでもかまわない。世界を揺るがすような会社は多くない。そんなことをめざす会社がそもそも少ない。でもやはり、夢は大きく持ってほしい。いまやとてつもなく大きくなった企業はいろいろあるが、その創業直後に、ここまでの成功や、彼らが見出す意義を予測できた人はほとんどいないだろう。嘘は言わない。意義を見出せば、たぶんお金もついてくるのだ。

マントラを決める

□
□
□
□

意義を見出せば、たぶんお金もついてくる。

次に、自社が見出そうとする意義を説明した、短い標語《マントラ》をつくる。マントラについては、辞書にある「マントラ」の定義を見れば十分だろう。「神への祈り、まじない、神秘的な可能性を秘めた教典の言葉など、祈禱や瞑想、呪文でくり返される神聖なきまり文句」。完璧だ。

以下の五例（「仮のマントラ」を含む）は、優れたマントラが組織の存在意義をいかに伝えられるか、そのパワーを実証している。

●本物のアスレチックパフォーマンス（ナイキ）
●楽しいファミリーエンターテインメント（ディズニー）
●毎日のご褒美（スターバックス）
●商取引の民主化（イーベイ）
●手づくりする人に力を（エッツィー）

また、これらの事例は、マントラの三つの重要な特徴も体現している。

●**簡潔**　マントラは短く、心地よく、記憶に残る（おそらく世界一短いマントラは、ヒンディー語の「オーム（om）」だろう）。ミッションステートメントは長く、退屈で、忘れやすい。CEOから受付係まで、マントラは全員が知っていなければならない。スターバックスのマントラ「毎日のご褒美」と、ミッションステートメント「世界最高品質のコーヒーを提供するナンバーワン事業者としての地位を確立するとともに、成長しても会社の原理原則を曲げない」を比べて、どちらが効果的かを考えてみてほしい。

●前向き　マントラは、世界をよりよい場所にするためにどんな素晴らしいことをするかを説くので、気持ちが前向きになる。「本物のアスレチックパフォーマンス」のほうが、「中国製のシューズをたくさん売る」よりもずっといい。

●外向き　マントラが表現するのは「顧客や社会のために何をするか」だ。けっして内向き、利己的なものではない。「金儲け」はマントラの対極にある。人々は「商取引の民主化」を望みはしても、あなたやあなたの会社の株主を儲けさせることには興味がない。

▼練習問題
左のスペースにあなたの組織のマントラを書こう。

［　　　　　　　　　　　　　　　　］

▼練習問題
顧客にどう奉仕するかを考えよう。あなたのスタートアップはどんな意義を見出せるだろう？

▼練習問題
両親や受付係があなたのスタートアップの事業について誰かに訊かれたとき、彼らはどう答えるだろう？

□「本物のアスレチックパフォーマンス」のほうが
□「中国製のシューズをたくさん売る」よりも
□ずっといい。

ビジネスモデルを選ぶ

ビジネスモデルは何回か変わる可能性があるので、最初から正しい決定をする必要はない。ただ、この点について話し合っておくことは重要である。全員が収益性を意識するようになるからだ。スタートアップはお金を稼がないと死んでしまうということを、全従業員が理解しなければならない。よいビジネスモデルは、次のふたつの質問に対する回答をあなたに迫る。

●誰のポケットにあなたのお金があるか?
●それをどうやってあなたのポケットに移すか?

デリカシーに欠ける質問かもしれないが、お金を稼ぐのにデリカシーもくそもない。もう少し上品に言えば、ひとつ目の質問は、顧客とそのニーズを明らかにすること。ふたつ目は、売上が費用を必ず上回るような販売メカニズムを築くことを意味する。

エイドリアン・スライウォツキーの『ザ・プロフィット』(ダイヤモンド社)という本に、ビジネスモデルのみごとな一覧が出ている。私のお気に入りをいくつか紹介しよう。

●**個別化ソリューション**　顧客の抱える問題を徹底的に知り、それを解決して彼らを喜ばせる。時間とともに他の顧客組織とも深い関係を築けるので、売上トータルは相当な規模になる。ただし、新しい顧客とつきあいはじめるたびに、その懐《ふところ》深く飛び込む手間ひまが求められる。スライウォツキーは、これを「顧客ソリューション」と呼ぶ。

●**マルチコンポーネント**　スライウォッキーによれば、コカ・コーラがこのモデルを実践している。コカ・コーラはスーパー、コンビニ、レストラン、自販機などで販売される。つまり、同じ製品がさまざまな場所で、しかも違う単価で売られている。

●**市場リーダー**　アップルがこのモデルの体現者である。市場リーダーは最も革新的でクールな製品を創造する。このポジションを獲得できれば、製品にプレミアム価格を設定できる。ただし、ポジションの獲得と維持には並々ならぬ努力がいる。

●**価値あるコンポーネント**　インテルやドルビーは、製品を消費者に直接販売するのではない。彼らの製品は消費者が使うデバイスの重要なコンポーネントである。インテルはハードウェア企業にコンピュータチップを供給し、ドルビーはオーディオやビデオメーカーに音声圧縮や雑音低減《ノイズ・リダクション》技術を提供する。

●**スイッチボード**　スライウォッキーは、たとえばデビアスのような会社がダイヤモンドの供給をコントロールするやり方に、この用語を当てはめる。このビジネスモデルでは、供給コントロールの実現のほか、それが独禁法違反ではない望ましいものであると人々を納得させるのが難しい。

●**プリンター&トナー**　補充が必要な製品を売るビジネスモデル。ヒューレット・パッカードのプリンター、キューリグのコーヒーメーカー、ソーダストリームのソーダメーカーなど、一度販売すればずっと収益源が確保できる。ソフトウェアを販売し、その後アップグレードやサービス、サポートで儲ける事業にも当てはまる。スライウォッキーはこれを「アフターセールモデル」と呼ぶ。

そのほか、次のようなビジネスモデルもなかなか魅力的だ。

● **フリーミアム（プレミアムサービス）**　ある時点までは無料でサービスを提供し、顧客がもっと機能や容量がほしい、広告をなくしてほしいと思ったら有料になる。たとえばエバーノートでは、クラウドに無料で情報を保存できるが、保存容量や機能を増やしたいときは年間四五ドルかかる。

● **アイボール**　魅力的なコンテンツを創造または共有するためのプラットフォームを提供する。訪問者が多いので、プラットフォーム上の広告などを販売しやすい。フェイスブックやハフィントンポストが、このビジネスモデルの例だ。

● **バーチャルグッズ**　原価や在庫費用がほとんどかからないアイテムのデジタルコードを販売する。たとえば、あるコミュニティのメンバー向けのバーチャルフラワー、剣、バッジなど。つまりデジタルグッズの販売である。娘がｉＰｈｏｎｅのゲームで二〇〇〇ドル相当の「お宝」を買ったことがある。だから私は、このモデルが通用するのを知っている。

● **クラフツマン**　トーマス・モーザーの家具が一例。職人の技や品質を何よりも重視する。規模は大きくならないかもしれないが、クオリティは折り紙つきである。もっとも、エッツィーなどのマーケットプレイスの場合はどうかわからないけれど……。

ただし、ビジネスモデルはマイナーチェンジが絶えず必要になる。モデルの変更や修正をしないのはちょっと怖い。そこで、ビジネスモデルの選定や見直しのヒントをいくつか紹介しておこう。

● **ニッチ市場をターゲットにする**　顧客は正確に特定できればできるほどよい。ターゲットを絞りすぎたら世界制覇できないと考える起業家が多いが、成功している企業のほとんどは市場を限定して

娘がiPhoneのゲームで2000ドル相当の「お宝」を買ったことがある。だから私は、このモデルが通用するのを知っている。

事業をスタートさせ、その後、他の市場にも対応することで（予想外に）規模を拡大したのだ。

●**シンプルを心がける**　短い言葉で表現できなければ、それはビジネスモデルではない。はやりのビジネス用語も避けよう（戦略的、ミッションクリティカル、ワールドクラス、シナジー効果、先駆者、拡張性、エンタープライズクラスなど）。ビジネス言語がビジネスモデルをつくるのではない。イーベイのビジネスモデルを考えてみよう。「出店料と手数料をとる」。終わり。

●**まねをする**　商取引の歴史は長い。だから考えられるビジネスモデルはほとんど出尽くした。テクノロジーやマーケティング、販売のイノベーションは可能でも、新しいビジネスモデルを生み出そうとするのは感心しない。すでに実績があるモデルを参考にしよう。ほかにもやることはいっぱいあるのだから。

●**発展させる**　代わり映えのしないパイを奪い合うよりも、パイを大きくするようなビジネスモデルがスタートアップにはふさわしい。なぜなら、顧客は同じようでちょっとだけいい製品ではなく、革新的でクールな製品をスタートアップに望むからだ。

▼練習問題
ステップ①組織運営に必要な月次コストを算出しよう。
ステップ②製品単位ごとの粗利益を算出しよう。
ステップ③ステップ①の結果をステップ②の結果で割ってみよう。

マット（MATT）を織る

マットには「発破現場で破片の飛散を防ぐロープまたは針金製の網」という意味がある。スタートアップは一度にたくさんのことをしなければならないから、「飛散を防ぐ」ことが必要になる。マットを織ってコントロールを維持するのだ。この場合のＭＡＴＴは、マイルストーン（Milestones）、仮説（Assumptions）、テスト（Tests）、タスク（Tasks）を表す。

●マイルストーン　どんなスタートアップも、数多の目標を達成しなければならない。しかし、そのなかでも成功にいたるまでの節目となる、とりわけ重要な目標がある。それがマイルストーンだ。ポイントになるのは次の五つ。

①プロトタイプ（試作品）
②初期資本
③テスト用製品
④購買顧客
⑤キャッシュフロー分岐点

組織の存続に影響する要素はこれ以外にもあるが、ここに挙げたマイルストーンほど重要なものはない。これら五つのタイミングが、ほかにやるべきことすべてのタイミングを左右するといってもいい。だから、ここに八割の力をつぎ込もう。

●仮説　事業にまつわる主な仮説を立てる。以下がそのリストだ。

①市場規模
②粗利益
③販売員一人当たりの訪問（電話）回数

④顧客獲得コスト
⑤顧客転換率
⑥販売サイクルの長さ
⑦顧客ごとの投資収益率（ＲＯＩ）
⑧出荷単位当たりのテクニカルサポート数
⑨売掛金と買掛金の支払いサイクル

これらの仮説はスタートアップの現実的な成否を占うものだから、早いうちに議論し、文書化しておくことが大切だ。たとえば、販売サイクルが四週間だと踏んでいたのに、ふたを開けたら一年だった場合、キャッシュフローの問題が生じてくる。

●テスト　仮説をしっかりリストアップできても、実際にテストするまでは理論にすぎない。

①この顧客獲得コストで利益が出るか？
②この製品を使ってもらえるか？
③サポート費用をまかなえるか？
④この製品は実際の使用に耐えられるか？

●タスク　最後は、マイルストーンに到達し、仮説をテストするために必要なタスクだ。これに関係しない活動は優先順位が低い。重要なタスクは以下のとおり。

①従業員を雇う。
②サプライヤーを探す。
③会計システムと給与体系を整備する。
④法的書類を提出する。

タスクをリストアップするねらいは、あなたのスタートアップがなし遂げるべきことがらをもれなく理解・認識し、スタート間もない舞い上がった時期に見過ごしをなくすことにある。

MATTを織り上げたら、続いてこれを全社に伝え、修正し、実行にとりかかり、結果をモニターしよう。ことMATTに関しては、つくったらそれで終わりではない。やってみては修正を加える文書の典型といえる。

「クリーン&シンプル」を心がける

起業にさいしては、じつにたくさんの意思決定をしなければならず、ともすれば、その一つひとつを完璧にこなしたくなる。しかし、限られたエネルギーはマイルストーンに集中させるのがいちばんだ。それ以外のものについては流れに身をまかせ、「クリーン&シンプル」でいこう。私の経験や知識は米国企業に関するものだが、以下は起業の世界全般でだいたい通用する。

●**事業形態**　どの国にも、法人、パートナーシップ、有限責任会社、協同組合など、さまざまな事業形態がある。起業する場合、次の三つの特徴を持つものが望ましい。(1)投資家にとって（好ましいかどうかはともかく）なじみがある、(2)他の企業に、または株式市場で売却できる、(3)従業員に金銭的インセンティブを提供できる。ベンチャーキャピタルを必要としない小さな事業体が目標で、上場するつもりもないなら、有限責任会社、個人事業などを検討しよう。

●**知的財産**　知的財産の保有やライセンスに関しては、前の雇用主から訴えられない（そのリスクもない）ようにすること、誰かの特許を侵害しないようにすることが重要だ。また、知的財産やライセンスの権利は、創業者ではなく会社に属するようにしておきたい。不満を抱えた創業者に知的財産もろとも去られたら、にっちもさっちもいかないからだ。

●資本構成　要は誰がオーナーかということだ。危険な兆候は四つある。「いま知っていることを、あのとき知っていたら」にならないよう気をつけたい。

①少数の創業者が所有権の大部分を握り、他の従業員に渡そうとしない。

②株式の希薄化を望まない少数の投資家が会社を支配している。

③多数の小口投資家が株主管理を難しくしている。

④過去の資金調達で高い値がつきすぎたため、新しい投資家が関心を示さない。

●従業員のバックグラウンド　注意すべきは、夫婦や親戚どうしが同じスタートアップの幹部である場合、幹部従業員の友人が実力もないのに高い地位にいる場合、刑事事件で有罪判決を受けた者が上層部にいる場合。これらの場合、そのスタートアップは実力主義ではないと思われかねない。

●法令順守　州法や連邦法の違反、税金の不払い、不適格投資家の勧誘などをしないように。この種の問題を抱える経営者はたいてい、無知か悪人かのどちらかである。どちらも進歩の妨げになる。

なお、以上五つのテーマについては専門家が詳しい本を書いているので、私の簡単な説明だけをもとに決定をくださないようにしてほしい。まずは、自分が何も知らないことを理解できさえすればいい。あとは理解の深い専門家にまかせよう。

恥ずかしくて当たり前

自分の初めての製品を恥ずかしく思わないなら、それは発売が遅すぎたのだ。

――リード・ホフマン（リンクトインの共同開発者）

私の初の著書 *The Macintosh Way* を読み直すと、いかにも粗削りで恥ずかしくなる。最初のマッキントッシュを思い出しても、ソフトウェアやＲＡＭや容量が限られ、スピードも遅かったことがやはり恥ずかしい。あなたも、自分の製品の初期バージョンをふり返ると、恥ずかしくなるのではないか。

でも、それでかまわない。誰だってそうなのだから。最初のバージョンはつねに欠点がある。それをどう進化させるかが、どう始めるかと同じくらい重要である。幸運なスタートアップとは、最終的に正しい製品とビジネスモデルを手にして生き残ったものを指す。のっけからしゃかりきにならなくていいのだ。

付録

本物の助言者を見きわめるには

昔々、会社設立の方法に無知なふたりの工学博士がいました。彼らが知っているのはコンピュータのコードだけ。資金と経験者のアドバイスが喉から手が出るほどほしかったふたりは、ある熟練のビジネスマンが関心を示し、資金調達の手助けを申し出ると、一も二もなく飛びつきました（本人いわく、「犬のように従った」そうです）。

ところが、この「経験者」はＩＴ系スタートアップに詳しくなかったため、彼らに法律や財務面でたくさんのミスを犯させてしまいました。それで縁が切れたのですが、すでに事態は悪化し、多額の弁護士費用などが発生してしまいました――。

これはけっして珍しい話ではない。無理からぬ話だ。初めて起業する人は、自分のプラスになる意見やアドバイスを求めているので、興味を示す人がいたら、すぐに飛びついてしまう。相談役、取締役、投資家というかたちでの助言者に対する需要は供給をはるかに上回るため、その役割で実績がない人にも、いちかばちかで頼まざるをえない。誰もいっしょに踊ってくれないときは、最初に声をかけてきた人と踊りたくもなる。

一般に、自分の会社をおこしたり、IPO（新規株式公開）前の会社で働いたりした経験がある人なら、よいアドバイスができるだろう。自分の会社をおこしたことがない人、上場後の会社に入って働いていた人は、よいアドバイスができないだろう。大企業で出世した優秀なベテラン幹部が、スタートアップやベンチャーキャピタルの実態を理解しているとはかぎらない。

たとえば、マッキンゼー出身のマイクロソフトのシニアバイスプレジデントが、会社設立についてどれくらい知っているだろう？

そこで、本物の助言者を見分けるための「起業家指数」テストをご用意した。以下の問いかけを参考に、よき相談役、取締役、投資家（投資家を選ぶ余裕があれば）を探してほしい。

1 どんな法人を設立すべきか？　本物の助言者の答え「（次なるグーグルをつくるのが目標なら）C法人（一般法人）」

2 どの州で設立したらよいか？　本物の助言者の答え「優遇措置などがある州（アメリカならデラウェア州）」

3 出資してもらうのは、公的資格を持ったプロの適格投資家であるべきか？　本物の助言者の答え「イエス」。偽物の助言者の答え「ノー」

4 ふたりの創業者は会社の所有権を半分ずつにすべきか？　本物助言者の答え「ノー。二五％を将来の従業員に、三五％を最初の二回の投資ラウンドに配分しなさい。残る四〇％を創業者のあいだで分ければよろしい」

5 投資家には普通株と優先株のどちらを売るべきか？　本物の助言者の答え「優先株」

6 ストックオプションの権利は、創業者も含めた

大企業で出世した優秀なベテラン幹部が、スタートアップやベンチャーキャピタルの実態を理解しているとはかぎらない。

全従業員に少しずつ与えるべきか？　本物の助言者の答え「イエス。創業者が四カ月後に大量の株を持ってやめたら困る」

7
コンサルタントの報酬はストックオプションにすればよいか？　本物の助言者の答え「ノー。ストックオプションは長く勤める従業員に報いるためのもの。コンサルタントを雇うお金がないなら、自分でやればいい」

8
会社を始めるのに銀行融資を受けられるか？　本物の助言者の答え「(IT系企業なら)ノー」。IT系企業には担保として使える流動資産がない。

9
シードキャピタル（元手資金）の調達には、投資銀行やブローカーを利用すべきか？　本物の助言者の答え「ノー。エンジェル（スタートアップに資金提供する富裕な個人投資家）やベンチャーキャピタルは、当初資金の調達に銀行やブローカーを使う起業家を無知扱いする」

10
投資家を引きつけるため、五年後の収益予測はどうあるべきか？　本物の助言者の答え「そんな予測を信じる投資家はいないが、すでに上場した同種の会社の実績は参考にしたい」。それから、あなたの予測を信じるような無知な投資家からは、出資してもらわないほうがいい。

11
事業計画書はどれくらいのページ数があればよいか？　本物の助言者の答え「事業計画などを書くな。顧客を獲得せよ」

12
アドバイザーとしてお薦めの人が他にもいるか？　本物の助言者の答え「もちろん。私の知識は限られている。可能性をいくつかリストアップしてみよう」。偽物の助言者の答え「これ以上必要ない。私が何もかも知っている」

13
CEOを置いたほうがよいか？　本物の助言者の答え「いずれは。いま必要なのは優れた製品」

14
ヘッドハンターを使って人材を採用すべきか？　本物の助言者の答え「この段階ではノー。ヘッドハンターに手数料を払う余裕などない」

15 投資家に会社の評価額を訊かれたら、どう答えるべきか？　本物の助言者の答え「三、四人の投資家が納得する線を探れ。あとは実績を積み上げ、その金額を押し上げることだ」。偽物の助言者の答え「高めに言い、交渉で下げろ」、「低めに言い、交渉で上げろ」

16 当社のKPI（重要業績指標）は何か？　本物の助言者の答え「産業部門や業種によって異なる」。偽物の助言者の答え「KPIって？」

17 どうすれば口コミが広がるか？　本物の助言者の答え「優れた製品をつくり、ソーシャルメディアを利用する」

18 広告予算はどれくらい必要か？　本物の助言者の答え「ゼロ。ソーシャルメディアを利用せよ」

以上の質問はグーグル並みの野心を持った米企業を念頭に置いているが、それ以外のスタートアップでもそこそこ使えるだろう。これにちゃんと答えられない人が助言者に立候補してきたら、逃げたほうがよい。

FAQ よくあるのにみんなが避けたがる質問

Q1 正直に言います。起業するのが怖いんです。いまの仕事をやめるわけにはいきません。これは成功に必要な素養が私にないからでしょうか？

そんなことはありません。怖くて当たり前です。怖くないとしたら何かがおかしいのです。恐れを感じるのは資質に欠けるからではありません。最初はどんな起業家も怖いものです。それについて自分をごまかす人もいればそうでない人もいるという、ただそれだけのことです。

恐怖心を克服するには、ふたつの方法があります。ひとつは「カミカゼ」メソッド。思いきって事業に飛び込み、日々少しずつ進歩を重ねるのです。ある日、目が覚めたらもう怖くはなくなっているでしょう。相変わらず怖いとしても、いままでとは違う恐怖心のはずです。

もうひとつは、夜の時間や週末、休暇を利用して製品を仕上げていく方法。がんばって準備を進め、コンセプトの正しさを裏づけたうえで打って出るのです。最悪の事態を想定しておけば、そうひどい展開にはならないでしょう。

Q2 秘密のアイデアを飼い犬以外とも共有すべきでしょうか?

被害妄想が強い起業家は困りものですが、そのうえ飼い犬に話しかけるとなると、もういただけません。あなたのアイデアをたくさんの人と検討することで得られるもの(フィードバック、人脈、販売機会)は、失うものよりもずっとたくさんあります。

それに、人と話し合うだけでダメになるようなアイデアなら、そもそも大したアイデアではないのです。アイデアを出すのは難しくありません。難しいのは実行です。私の仮説はこうです——起業家が機密保持契約を結べと主張すればするほど、そのアイデアの実現性は低い。シリコンバレーでさまざまなスタートアップと仕事をして何十年にもなりますが、アイデアを盗んでそれをうまく実行した会社を見たことがありません。

Q3 どのくらいたったら、自分がやっていることを人に話してよいでしょう?

いますぐ話しなさい。そうすれば意識的にも無意識的にも、つねに自分のアイデアについて考えをめぐらすことができます。多くの人に話せば話すほど、あなたの思考は豊かになります。自分ひとりでへそを眺めていても、見つかるのはゴマくらいのものです。

Q4 よいアイデアはありますが、ビジネスの経験がありません。どうすればよいですか?

まず、よいアイデアを思いついた(たとえば「高速でエレガント、しかもバグのない新しいオペレーティングシステム」)というだけでそれを実行できないなら、何もないのと同じです。だから共同創業者が必要なのです。アイデアを他人に納得させるまでは、変人扱いされてもいたしかたありません。

Q5 名刺とかレターヘッドとかオフィスとか、「実業」らしい装いはいつごろ考えればいいでしょう?

優先順位が間違っています。心配すべきは実用プロトタイプです。リアルなビジネスとは売るべきものがあるビジネスであり、名刺やレターヘッドは二の次です。

Q6 会社を立ち上げるのにMBAが必要ですか?

まったく必要ありません(私は持っていますが)。MBAが必要なのは、雇用主の期待に応えるためです。スタートアップの場合はあなたが雇用主です。経営管理を学ぶよりも、二年ほど実戦でもまれるほうが役に立ちます。

推薦書籍

- 『Founders at Work：33のスタートアップストーリー』Jessica Livingston（アスキー・メディアワークス）
- 『ザ・プロフィット：利益はどのようにして生まれるのか』エイドリアン・J・スライウォツキー（ダイヤモンド社）
- 『本当の自分を見つける文章術』ブレンダ・ウェランド（アトリエＨＢ）
- 『イノベーション・ダイナミクス：事例から学ぶ技術戦略』ジェームズ・M・アッターバック（有斐閣）

Activation

活性化

第2章

製品を発売する

最高のブランドは、最初から優れたブランドの構築をめざすわけではない。優れた（そして利益が出る）製品・サービス、それを支える組織をつくることに専念するのだ。

——スコット・ベドベリ（ブランドコンサルタント会社CEO）

製品の発売はエキサイティングだ。これに勝るできごとは、子どもの誕生か養子縁組の完了くらいだろう。一九八四年のマッキントッシュの発売は、きのうのことのように覚えている。計画したから金鉱が見つかるものでもない。テストをくり返し、完璧を期すのは大企業にまかせておこう。そこそこでよいではないか。あとで改良する時間はある。大事なのは始まり方ではなく、終わり方だ。本章では製品の発売のしかたを解説する。

次の曲がり角へ飛び移る

一八〇〇年代後半から一九〇〇年代初めにかけて、ニューイングランド州では採氷業が盛んだった。馬やそりを使って、凍った湖や池から氷の塊を切り出す。これをアイス1・0と呼ぼう。その三〇年後、人々は工場で水を凍らせ、できた氷をトラックで配達するようになった。この起業家たちは冬を待つ必要もなければ、寒冷地に住む必要もなく、いつでもどこでも氷を提供することができた。これをアイス2・0と呼ぼう。さらに、三〇年後の起業家は冷蔵庫をつくった。工場から氷を買わずとも、各家庭で氷がつくれるようになった。これをアイス3・0と呼ぼう。

　採氷業者は氷工場を始めなかったし、氷工場は冷蔵庫メーカーにならなかった。本来めざすべきもの（便利さや清潔さ）ではなく、いまやっていること（凍った湖から氷を切り出す、工場で水を凍らせる、製氷デバイスを製造する）でビジネスを規定してしまったからだ。本質が何かという視点があれば、採氷から製氷工場、冷蔵庫へと発想を転換できていたかもしれない。

　発想を転換し、次の曲がり角へ飛び移る。これは起業家にとって大切なことだ。起業家精神が花開くのは未来

を変えるときであり、未来を変えるのは次の曲がり角へ飛び移ったときである。

- タイプライターからデイジーホイールプリンター、レーザープリンター、３Ｄプリンターへ
- 電報から電話、携帯電話、スマートフォンへ
- カセットプレーヤーからウォークマン、ｉＰｏｄへ

▼練習問題

あなたの製品は「ちょっとだけいい改良版」か、それとも次の曲がり角へ飛び移るものか？

曲がり角へ飛び移るための戦術的な枠組みは「ＤＩＣＥＥ」というアルファベットで表すことができる。新しい発想で曲がり角へ飛び移る革新的な製品の特徴は何か、という基本的な問いに答えるのがこのＤＩＣＥＥだ。

- **深い（Deep）** 革新的な製品は、顧客が最初は気づかないような機能や特徴を提供する。汲めども尽きぬ泉のようなパワーを秘めている。グーグルは深い企業だ。同社が提供するサービスは、検索、広告、オペレーティングシステム、デジタルストア、ソーシャルメディア、ウェブ解析、アプリ、コンピュータ、タブレット、電話、宅配、オンラインストレージ、ホスティング、インターネットアクセス、地図、自動運転車などなど。同社だけでコンピュータ関連のすべてがまかなえそうである。
- **知的（Intelligent）** 革新的な製品は、それをつくった会社が人々の悩みや問題を理解しているこ

起業家精神が花開くのは
未来を変えるときであり、未来を変えるのは
次の曲がり角へ飛び移ったときである。

とを明らかにする。たとえば、フォードは「マイキー」というオプションシステムを販売している。親が子どもに車を貸すとき、速度やステレオ音量の上限を設定できるというスグレモノである。

●**完全（Complete）**　革新的な製品は、たんなるデバイス、オンラインダウンロード、ウェブサービスだけで終わらない。販売前後のサポート、説明書、機能の拡張、補完製品などもともなう。たとえば、自己出版をあと押しする「キンドル・ダイレクトパブリッシング」には、電子書籍の販売、オンデマンド印刷、出版サービス、マーケティングサポートなどが含まれる。

●**力をもたらす（Empowering）**　革新的な製品は、生産性や創造性を高める。優れた製品は「格闘」の必要がない。むこうがこちらと一体化してくれるのだ。私の場合、一九八三年以来マッキントッシュがずっとそんな存在だった。書き、話し、助言する力を私に与えてくれる。マッキントッシュがなければ、いまの私はないだろう。

●**エレガント（Elegant）**　エレガントとは、パワーがありながらシンプルであることをいう。何があるかではなく、何がないかがポイントなのだ。それはノイズを回避し、われわれの注意を引き、心をとらえる。革新的な製品をつくる企業は、デザインやユーザーインターフェースにこだわりを持つ。製品には高度な技能と愛情が注がれている。

▼練習問題

あなたはDICEEな製品をつくっているだろうか？

よい名前をつける

スタートアップや製品のよいネーミングは、ポルノグラフィーに似ている。つまり定義はしづらいけれども、見ればそれとわかる。悪い例は日本の製品名に見ることができる。たとえば顧客を混乱させることがねらいなら、カメラにこんな名前をつければもうばっちりだ。ニコンD4S、Df、D3x、D810、D7000、D5100。

よいネーミングのヒントを以下に示そう。

●**ほかに使われていないかをチェックする**　米国特許商標庁とWHOIS、このふたつのウェブサイトが大いに参考になる。前者は、その名前がすでに使われているかどうかを確認できる。後者は、ドメイン名が取得できるかどうかを調べるのに役立つ。それからもうひとつ、ツイッターの「高度な検索」ページで、ツイッターの名前に使えるかどうかをチェックしよう。フェイスブック、グーグル+、ピンタレスト、インスタグラム、リンクトインでも同じような検索をしたほうがよい。

●**動詞になる可能性がある名前を選ぶ**　理想的に運べば、あなたの名前はその道でよく知られた言葉の仲間入りをし、やがて動詞になる。たとえば「インターネットで検索する」ことを「ググる」と言う。動詞として機能する言葉は短く（二、三音節程度）、シンプルだ。いつの日かグラフィックを「デザインする」ではなく「キャンバする」という言い方が広まるといいのだが……。

●**ほかの国の人に見てもらう**　オンライン翻訳サイトで、その名前が他の言語でどんな意味を持つのか確認しよう。また、ドメイン名が取得できそうになったら、ソーシャルメディアのフォロワーに、その名前がそれぞれの国でどんな意味を持つか尋ねよう。このように人的資産を活用すれば、スラングやネガティブなニュアンスに気づきやすい。

●**アルファベット順の早い文字で始まる名前にする**　いずれあなたの組織や製品の名称がアルファベット順（五〇音順）のリストに掲載される日がくる。そのときはリストの最初のほうに出てくるほうがいい。たとえば、出展者が一〇〇〇を数えるカンファレンスを考えよう。出展者名簿の最初のほうに載りたいだろうか、それとも最後のほうに載りたいだろうか？

●**数字、X、Zで始まる言葉を避ける**　名前に数字を使うのはいただけない。「123」のように表すのか、「One Two Three」のように文字で綴るのかわからないからだ。XやZで始まる言葉は耳で聞いてもスペルがわかりにくいし、アルファベット順も遅い。

●**響きが異なる名前を選ぶ**　名前の音、響きはほかと区別がつかなければならない。たとえば、クランス（Clarins）、クラリチン（Claritin）、クラリア（Claria）。どれが化粧品で、どれが抗ヒスタミン剤で、オンラインマーケティングなのか？　ちゃんと覚えられたとしても、三つの言葉すべてをひとつの分野と結びつけてしまうだろう。

●**最初の単語が動詞になる可能性を持っているか、頭字語（アルファベットの略称）にしたときに何かしらしゃれた意味になるのでないかぎり、複数単語の名前は避ける**　たとえば「Google Technology Corporation」ならよい。牧師などを養成する準教会組織に「Hawaiian Islands Ministry」というのがあるが、この場合は略すと「HIM」になる。「hymn（賛美歌）」と同音異義語であるし、「Him」すなわち神のしゃれにもなる。

●**英語の最初の文字は大文字にする**　かつて共同創業した会社の名前をgarage.comにしたのはうかつだった。最初の「g」を小文字にしたため、文章のなかで埋もれてしまうし、固有名詞だということもわからない。私の名前がGuyではなくguyだったら気づいていたのかもしれないが。

くよくよせずに、いい加減でいこう

会社を立ち上げるさいの第一歩は、ワードやパワーポイントやエクセルを起動することではない。これらのアプリケーションを使うときはいずれくるが、それはいまではない。まずは、あなたがやるべきは製品のプロトタイプをつくり、顧客に使ってもらおう。

ボビー・マクファーリンの歌「くよくよせずに楽しくいこう（Don't Worry, Be Happy）」をもじって、私はこれを「くよくよせずに、いい加減でいこう（Don't Worry, Be Crappy）」と呼んでいる。一方、『リーン・スタートアップ』（日経BP社）の著者エリック・リースは、これを「実用可能な最小限の製品（minimum viable product＝MVP）」と呼び、そのコンセプトを次のように説明する。

> 必ずしもできるだけ小さな製品というわけではない。とにかく最小限の努力、最速のスピードで、「構築・計測・学習」のフィードバックループを回そうというのだ。……MVPのゴールはプロセスを始めることであり、終えることではない。

私はMVPにもう二文字加えて、MVVVP（minimum viable valuable validating product）としてみたい。実用可能（viable）、つまりフィードバックループを回してお金を稼げるとしても、それだけでは十分でないだろう。革新的かつ有意義で、世界を変えるという価値（valuable）がなければ！目標は高く持つべきだ。

さらにもうひとつ、あなたの製品は、スタートアップのビジョンを実証する（validate）ものでなければならない。そうでないと、実用可能な価値ある製品なのに、大きな目標やビジョンは必ずしも実証していない、という残念な結果になりかねない。

たとえば、最初のｉＰｏｄは実用可能な製品だった（いち早く市場投入され、利益を出した）うえに、価値も高く（音楽を手軽に合法的に購入できる初のデバイス）、人々のニーズや会社のビジョンを実証するものでもあった（消費者はエレガントなデバイスを求めており、アップルはコンピュータや周辺機器の販売にとどまらないビジネスに進出できた）。

もちろん、「くよくよせずに、いい加減でいこう」といっても、いい加減な製品を市場に出すのが許されるわけではない。たとえば、製品として新しい車をつくった場合なら、わが子をその車に乗せたいと思うかどうかが、ひとつの判断基準になるだろう。子どもがいなければ、飼い犬のゴールデンレトリバーでもいい。

「拡張」ではなく「採用」をめざす

起業したての時期には、「拡張可能性」をあまり考えないほうがよい。拡張というのは、いずれ何百万もの顧客ができ、何十億ドルもの売上があがるのだから、何度もくり返せる速くて安いプロセスを整備しておこう、という考え方である。

たしかに、売りに出される中古プリンターをピエール・オミダイアが逐一テストしていたら、イーベイは拡張できなかった。マーク・ベニオフがすべての営業電話をかけていたら、セールスフォース・ドットコムは拡張できなかった。スティーブ・ウォズニアックがアップルＩをすべてつくっていたら、アップルは拡張できなかった。

とはいえ、起業後まもない時期に大きな拡張性にこだわるのは間違っている。それは、馬車に競走馬を使うようなものだ。あるいは、料理長がつくる完璧な料理はいくつもの場所で再現できないからという理由で、レストランを始めるべきかどうか迷うようなものだ。レストランの拡張は、まず半径三〇キロ内の人たちに気に入ってもらえるようにしてから心配をしてはどうか？　つまり、事業がそもそも成り立つかどうかを確かめるのだ。

私がアドバイスしているチューター・ユニバースという会社を例にとろう。スマートフォン・アプリで家庭教師サービスを提供しているこの会社では、生徒がどんなテーマについても質問でき、一五分以内に返事を受け取れるというサービスをめざしたが、当初は全教科に対応できるだけの家庭教師がまだそろっていなかった。多くのスタートアップが直面する、「卵が先かニワトリが先か」問題だ。すなわち、家庭教師が十分いれば、生徒も十分集められる。生徒が十分いれば、家庭教師も十分集められる。

では、この種の問題に直面したとき、どうするべきか？　答えは簡単、ちょっとズルをするのだ。ある程度の市場規模に達するまでは、自社の社員を使って質問に答え、フィリピンで家庭教師（学歴が高く、英語がしゃべれる安価な人材）を雇えばいい。経験の浅い起業家は反対するかもしれない。「社員を使ったり家庭教師を雇ったりしていたら高くつくので拡張できない」と。

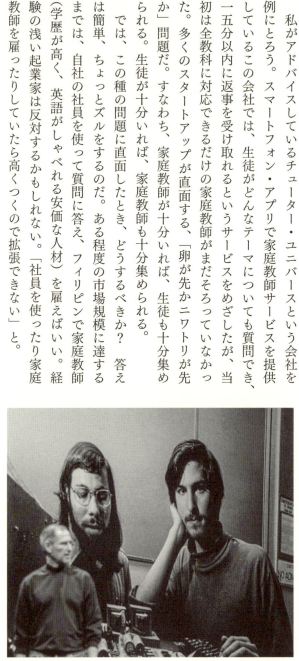

だとしても、かまわない。大事なのは次の三つを証明することだ。(1)情報が広まる、(2)生徒がアプリをインストールしてくれる、(3)指導にお金を払ってくれる。要するに、使ってもらえる製品だということを証明するのが何よりも重要なのだ。使ってもらえないのなら、拡張できなくてもどうということはない。使ってもらえるなら、拡張の方法は見つかるだろう。早々に拡張できなくて滅んだスタートアップを、私は見たことがない。製品を使ってもらえずに滅んだスタートアップなら無数にあるけれど。

ポジショニングを築く

自己紹介させてもらおう。おれの名はワイリー・コヨーテ……天才だ。ものを売ろうとか働きながら学校に行こうとかいうんじゃない。そこでさっそく本題に入るが、おれはウサギのおまえを夕食にいただくことにした。逃げてもムダだ！　おれはおまえより体格がいいし、頭が切れるし、足も速い……おまけに天才ときた。おまえなんか幼稚園の入学試験にも受からないだろう。

——『バッグス・バニー&ワイリー・コヨーテ／コヨーテ 天才の証明』

たいていの人は「ポジショニング」というとマーケティング部門の連中や、ばか高いくせに無知なコンサルタントが押しつけてくる、どこか無理のある行為だと考える。だが実際には、ポジショニングはマーケティングやコンサルタントや経営合宿をはるかにしのぐ効果がある。しかるべきポジショニングは、新しい組織の中心となる「魂」を代弁する。以下のことを語るのだ。

早々に拡張できなくて滅んだスタートアップを、私は見たことがない。

●なぜ創業者はその組織を立ち上げたのか。
●なぜ顧客はその組織をひいきにすべきなのか。
●なぜ優れた人材はそこで働くべきなのか。

ワイリー・コヨーテのほうが、起業家よりもポジショニングをよく理解しているかもしれない。そう、彼はコヨーテであり、夕食にウサギを食べる。スタートアップも、コヨーテと同じようにそのポジショニングをはっきりさせなければならない。そのためには「あなたの組織は何をするところか?」というシンプルな問いに答える必要がある。

そして、この問いにしっかり答えるためには、みずからの組織の優位性を把握し、並みいる競合とどこが違うのかを明確にし、そのメッセージを市場に伝えなければならない。

●**メッセージはひとつ**　メッセージをひとつ創出して伝達するだけでも難しいのに、多くのスタートアップは複数のメッセージを打ち立てようとする。ニッチ市場にとどまることなく、市場全体を相手にしたいからだ。「当社のコンピュータは、フォーチュン500企業の情報システム部門と、家庭の一般消費者を対象にしています」。安全でセクシーなボルボ、経済的で豪華なトヨタというのは無理がある。選べるメッセージはひとつ。最低でも半年はそれにこだわってみよう。

●**専門用語を使わない**　ポジショニングのなかで専門用語をたっぷり使っていたら、たぶんほとんどの人はそれがどんな製品なのかわからず、その製品は長持ちしない。たとえば「最高のMP3デコーダ」というのは、「MP3」や「デコーダ」が二〇〇四年に何を意味したか、世間の人が知っているという前提に立っている。ＭＰ３が標準的な音声ファイルフォーマットでなくなったらどうするのか？

●**「反対語テスト」をする**　ほとんどの企業は同じような言葉で製品を語る。まるで、「高品質」「力強い」「使いやすい」「速い」「安全な」といった製品説明を消費者が聞いたことがないと考えているかのようだ。私が言うことを確かめるため、「反対語テスト」をやってみよう。あなたは自分の製品を、ライバルと反対のやり方で表現しているだろうか？　もしそうなら、あなたが言っていることは独自の内容である。そうでなければ、そのポジショニングに意味はない。

●**メッセージを全組織に行き渡らせる**　とかくマーケティング部門は、プレスリリースを発表したり広告を出したりすれば、世の中全体がそのメッセージを理解すると考えるが、これだという完璧なメッセージができたら、まずは自分の組織の隅々にそれを行き渡らせるべきだ。取締役から受付係まで、全員が意味を理解するようにしよう。

●**反響を確かめる**　自分がどんなメッセージを送るかはわかっても、人々がどんなメッセージを受け取るかはわからない。そこで、あなたが送ったメッセージの感触を教えてもらい、それがじつはどのように解釈されているかを調べるとよい。結局のところ問題なのは、あなたが何を言うかよりも、相手が何を聞くかである。

●**広告ではなくソーシャルメディアを重視する**　広告でブランドを築こうとしてお金をムダにする企業が多い。だが、いまのブランドは、あなたがあなた自身のことをどう言うかではなく、人々があなたのことをソーシャルメディアでどう言うかに基づいて形成される。

●**流れに（いい意味で）身をまかせる**　市場にあなたのポジショニングを決めさせるべきではないが、結局はあなただって自分のポジショニングはコントロールできない。あなたが最善を尽くしてメッ

□
□ **あなたは自分の製品を、**
□ **ライバルと反対のやり方で表現しているだろうか？**
□

セージをつくり上げ、それを従業員、顧客、パートナーに浸透させれば、市場は奇妙で力強く、ときにはいらだたしいけれども、たいていはとても素晴らしいことをやってのける。市場みずから決定をくだすのである。これは、意外な顧客が意外な方法であなたの製品を使うがゆえに起きる現象だ。たとえば、エイボンの「スキンソーソフト」という保湿ローションは、母親たちが子どもの虫除けとして購入した結果、現在ではエイボンもそれを用途に加えている。

こうした事態が起きたときは、あわてないで、市場の言うことに耳を傾けよう。市場はたぶんあなたのために、ありのままのポジショニングを見つけてくれたのだ。なんとかそれでやっていけそうだろうか？　結局のところ、なんとなく嘘っぽいポジショニングを掲げるよりは、現実の流れに身をまかせたほうがよいのだ。

▼練習問題
ステップ① あなたの製品を使っているときの「顧客体験」を短い文章で書いてみよう。
ステップ② 顧客に頼んで、あなたの製品を使っているときの様子を短い文章で書いてもらおう。
ステップ③ ふたつを比較しよう。

キャズムを越える

ジェフリー・ムーアは著書『キャズム』(翔泳社)で、新製品導入のライフサイクルは次の五つで構成されると述べている。「イノベーター」「アーリー・アダプター」「アーリー・マジョリティ」「レイト・マジョリティ」「ラガード」である。

●**イノベーター**　リスクをいとわずに新しい製品を試そうとするので、誰よりも先に最新の優れた製品を手にする。

●**アーリー・アダプター**　イノベーターほどオタクではないが、新しい製品を使いこなす自信がある。

●**アーリー・マジョリティ**　イノベーターとアーリー・アダプターが製品を使いこなしているのを見てから導入するタイプ。

●**レイト・マジョリティ**　新しい製品を使いこなす自信がないので、多くの人たちに受け入れられるまで待つタイプ。

●**ラガード**　新しい製品に抵抗を示すタイプ。ほかに選択肢がなくなったときや、その製品がもはや新製品でなくなったときに購入することが多い。

この区分が意味するのは、まずイノベーターを対象にマーケティングを行ない、次いでアーリー・アダプター、さらにアーリー・マジョリティ、レイト・マジョリティという具合にターゲットを移行させることで、キャズム（溝）を越えようということだ。最終的にはラガードにも販売する。それぞれ

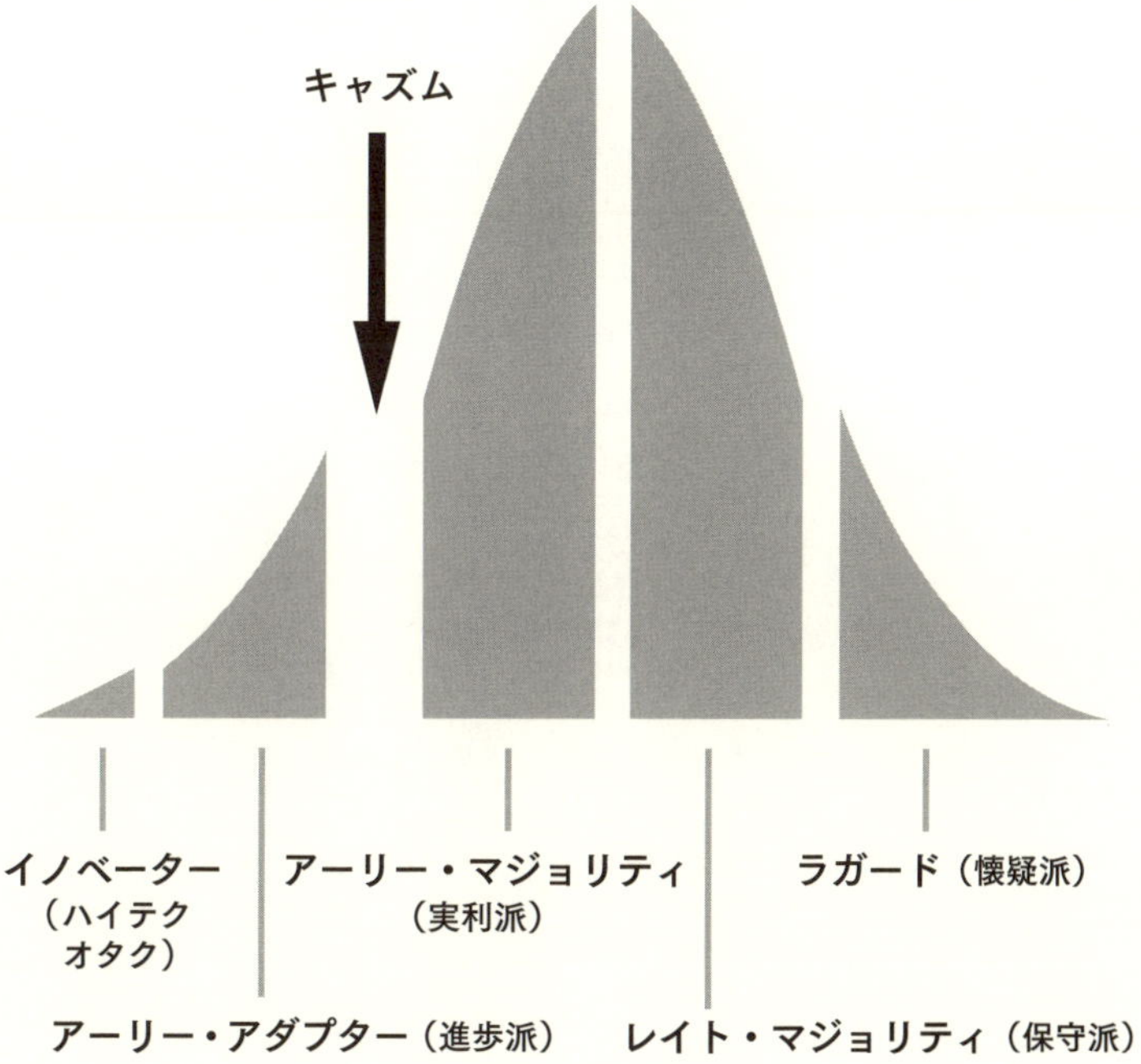

のタイプが、次のタイプで成功するための土台になる。たとえばイノベーターが導入すれば、アーリー・アダプターを説得するうえで大きな助けになる。

ほかに言いようがないのだが、キャズムを越えるには「取り入る」ことが必要である。なぜなら、イノベーターとアーリー・アダプターは、ブロガー、ジャーナリストなどの「専門家」である場合が多いからだ。彼らがあなたに期待するのはご機嫌とりだ。以下、専門家への正しい取り入り方を紹介しよう。

●**現実的になる**　優れた製品を持つ起業家を助けるのは難しくない。人はとかく革新的でクールな製品とかかわりを持ちたがる。どの程度おもねらなければならないかは、製品の質と反比例する。

●**同情を誘う**　感情に訴えかけられて平気な人がいるだろうか？　「どうかお助けください……当方、成功を夢見るちっぽけなスタートアップです」。じつを言えば、こう言われても平気な愚か者はいるが、そういう人はおもねるに値しない。少なくとも私には、この作戦は効果を発揮する。

●**実利を強調する**　お互いの利益になれば言うことはない。ギブ・アンド・テイクの精神だ。いますぐギブできる立場にないときは、将来のギブを約束しよう。

●**「恩」(ポイント)を稼いでおく**　社会心理学者のロバート・チャルディーニによれば、誰かに何かをしてもらったら、お返しに何かをする義務がある。したがって、分け隔てなく何かをしてあげ、後々のためにポイントを稼いでおくのも手だ。

●**お世辞を控える**　お世辞こそ最重要とお考えかもしれないが、あなたがおもねろうとする相手は、しょっちゅうお世辞を言われている人ばかりだ(その値打ちがあるかどうかはともかく)。だから、お世辞がいつも効果的とはかぎらない。たとえば私には、メールの最初に「あなたの『起業への挑戦』を拝読し、とても勉強になりました」と一文添えるだけでいい。あとは、なぜ助けがほしいのか、その理由を説明することに集中しよう。

たくさん種をまく

キャズムを越える方法はまだある。エマニュエル・ローゼンとイタマール・シモンソンの著書である*Absolute Value*によると、長い歴史を持つトリクルダウン（少しずつ導入の輪が広がっていく）式のアプローチは、いまや現実味が薄い。というのも、オンライン情報が高速化、無料化、完全化しつつあるからだ。たとえば、ＣＮＥＴやアマゾンなどのウェブサイトを使えば、製品の発表から数時間後にはレビューを読むことができる。

イノベーター、アーリー・アダプター、アーリー・マジョリティは、製品が出荷された数分後には意見を表明できる（情報リークがあれば、出荷前でも可能）。情報はもはや滴り落ちる《トリクルダウン》のではなく、スピーディに遠くまで、しかも無料で拡散する。たとえば書籍の場合、ニューヨーク・タイムズ誌のレビューを読むのを待ってからアマゾンで購入する人がどれだけいるだろうか？

情報の高速化、無料化、完全化は、マーケティングの概念をひっくり返す可能性がある。

●「インフルエンサー」の重要性が減る

いまや多くの人が製品を評価し、ただちに意見を発信することができる。昨今のいわゆるインフルエンサー（影響力の大きな人物）は、製品が出たことをレポートする役割はまだあっても、購入やトライアルを喚起するほどの力は必ずしもない。

●ブランドの重要性が減る

情報が不完全でその伝達スピードも遅かった時代は、ブランドが品質の証だった。だが、現在の書籍ビジネスでは、出版社の名前よりも、アマゾンの星の数と、見知らぬ人が書いた最初のいくつかのコメントのほうが、よほど気になるし重要性も高い。

●**過去の経験やロイヤルティが役に立たない**　理想の世界では、あなたが過去に製品を買い求めたメーカーは、未来にも優れた製品を生み出す。現実の世界では、そういうこともあれば、そうでないこともある。たとえば、フェイスブックは情報共有の機能が人気を博しているが、同社のEメールサービスを使う人はいない。私はマッキントッシュの大ファンだが、電話はアンドロイドを使っている。アップル製というだけでｉＰｈｏｎｅを使うわけではない。

ひとことで言えば、これからのマーケティングで重要なのは「メリット」である（「価値」と言い換えてもよい）。そんな世界で生き抜くためのヒントを以下に示そう。

●**無名の人を大切にする**　Lonelyboy15だとかLATrixieだとかのハンドルネームで投稿する市井の人が、有力なブロガーや昔ながらのジャーナリストに負けない影響力を持ったりする。あなたの理念に共鳴し、援助を申し出てくれる人はみんな持つべき友だちだ。無名の人はこれからの大いなる支援者なのだ！

●**コントロールなどできないと知る**　全知全能はしょせん幻。誰が助けてくれるかなんてわからない。マーケティングや広告で人々をコントロールすることもできない。だから、とにかく製品を送り出し、あとは流れに身をまかせよう。

●**たくさん種をまく**　プランターではなく、花畑に種をまこう。「数打ちゃ当たる」の戦法だ。種が多ければ多いほど、花も多く咲く。どの花がみごとなヒマワリになるかは、やってみなければわか

これからのマーケティングで重要なのは「メリット」である。

らない。

キャズムを越えるのか、スピードの速い完全な情報を使うのかと問われれば、答えは両方だ。ピラミッドのてっぺんのインフルエンサーを通じて働きかける相手もいれば、突撃ラッパで働きかける相手もいる。起業関連のテーマはなんでもそうだが、そこにあるのは正しいか間違いかではなく、うまくいくかいかないかだけである。何がうまくいくかは、実験しないとわからない。

ストーリーを語る

私は著名なＣＥＯや若手起業家による製品紹介をたくさん見てきたが、だいたいパターンは同じである。

本日はありがとうございます。私どもは顧客の声に注意深く耳を傾け、革新的、革命的、戦略的な新製品を開発いたしました。特許も出願中です。

この新製品なら、データの細かな分析がもっと安価にできます。以下、理解不能なカタカナ言葉で、当製品の曖昧な特徴を列挙したいと存じます。……

ではここで、製品担当マネジャーの○○××をご紹介いたします。私は使い方がわかりませんので、彼がデモをさせていただきます。本製品は今後リリース予定で、価格は未定です。本日こうして発表するのは、ライバル会社が同じような製品を出すと聞いたからです。

このような製品紹介は（たとえもっとまじめなものでも）うまくいかない。情報に焦点を当てているからだ（情報提供さえできていないが）。人は情報以上のものを求める。情報ならいやというほどある。求められているのは「信頼」だ。あなたへの信頼、あなたの製品への信頼、あなたが成功するという信頼、そしてあなたが語るストーリーへの信頼。事実ではなく信頼が山を動かす。

有意義なストーリーは信頼を喚起する。よいストーリーを語れば、人はあなたの望みどおりに動くばかりか、あなたの代わりにもっと先まで進んでくれる。そこには信頼があるからだ。

ロイス・ケリーの著書 *Beyond Buzz* から、信頼喚起に役立つ四タイプのストーリーを紹介しよう。

●**個人的なストーリー**　大袈裟な話でなくても、実体験が伝わればいい。「この車は長持ちします」よりも、「父はキャデラックのオーナーでしたが、二〇万キロ以上運転しても大きなトラブルはありませんでした」。「アンドロイド携帯は優秀です」よりも、「一〇代の息子にアンドロイド携帯を買い与えたら、いまのiPhoneより気に入ったそうです」。「完璧な市場をつくりたかった」よりも、「ガールフレンドがペッツ・ディスペンサー（キャンディの「ペッツ」の容器）をネットで売りたがった」（イーベイの起源を説明するとき、ピエール・オミダイアはこの話をする）。

●**大きな志**　英雄は世界をもっとよい場所にしたいと思い、もっとよい方法があるはずだと知っている。わが道を信じ、夜を日に継いで働きながら、人々に愛される優れた製品をつくりあげる。多くの人が気に入ってくれるのが意外でもあり、うれしくもある。たとえば、アップルの共同創業者スティーブ・ウォズニアックは、誰でもコンピュータを使えるようにしたかった。

●ダビデとゴリアテ　ゴリアテは順調なスタートを切り、持てる資源や人員の数量も明らかにダビデよりまさっている。この巨人を前にダビデに勝ち目はない。だが、若きダビデは画期的なテクノロジー――投石器――を用いて、世間の大方の予想に反して勝利を収めた。例として、大手航空会社に戦いを挑んだサウスウエスト航空、イーベイに立ち向かったエッツィー、フェイスブックに挑んだピンタレストなどがある。

●勇猛果敢　われらが英雄は不当な扱いを受けて苦しんでいる。それでも苦難に耐え、偉大な業績を残す。この話を聞いたあなたは、「私ならとうてい無理だ」と思う。例としては、筋萎縮性側索硬化症（ALS）のハイスクールフットボールコーチであるチャーリー・ウェデマイヤーや、第二次世界大戦中にユダヤ人を保護したシンドラー夫妻など。

製品の発売は、たんなるプレスリリースや一方的な主張、退屈な売り込みであってはならない。あたかもイノベーションや変革、エンパワーメントをめぐるストーリーを語り、それによって製品への信頼を高めよう。

安全で簡単な第一歩を提供する

イノベーションには行動の変化、現状の打破が必要なので、あなたはひょっとしたら相当無茶な要求をしているかもしれない。製品を使ってもらうには、高い山からスムーズに降りてきてもらう必要がある。その場合、途中の障害物は排除せざるをえない。だから最初の一歩は、次のようなものであることが望ましい。

●スタートが容易　まるで見込み客をわざと怒らせようとしているかのように、わざわざビジネスをやりにくくするような手順を設定する企業が少なくない。そのよい例がCAPTCHA《キャプチャ》だ。ここでは、自分がロボットではなく人間であることを証明するために、いろいろなウェブサイトで変則的な文字の判読と入力を迫られる。大文字と小文字、Iと1、0とOなど、紛らわしいことこの上ない。大きなお世話である。

●乗り換えが容易　できればなんの障害もなく、少しずつスムーズに製品を導入してもらうのが望ましい。ITビジネスでいえば、業界標準はもちろん、ライバルのデータフォーマットも受け入れるのがその条件だ。IT以外のビジネスでは、できるだけ同じプラグやパッケージ、クーポンなどを用いて、顧客に変更の手間をかけさせないことが重要である。

●使いやすい　「スタート」と「乗り換え」をクリアしたら、次は製品を使ってもらい、できればマスターしてもらうことだ。そのためにはデザインセンス、利用者のフラストレーションを防ぐための共感、顧客の立場になって考える能力が求められる。つまり、エレガントでわかりやすいユーザーインターフェース、明快かつ正確な取扱説明書、比類のない顧客サポートを提供しなければならない。

●共有しやすい　とても魅力的だから他の人にも教えたくなる――そんな製品をつくるのは簡単ではないが、もしつくれたあかつきには、人々が

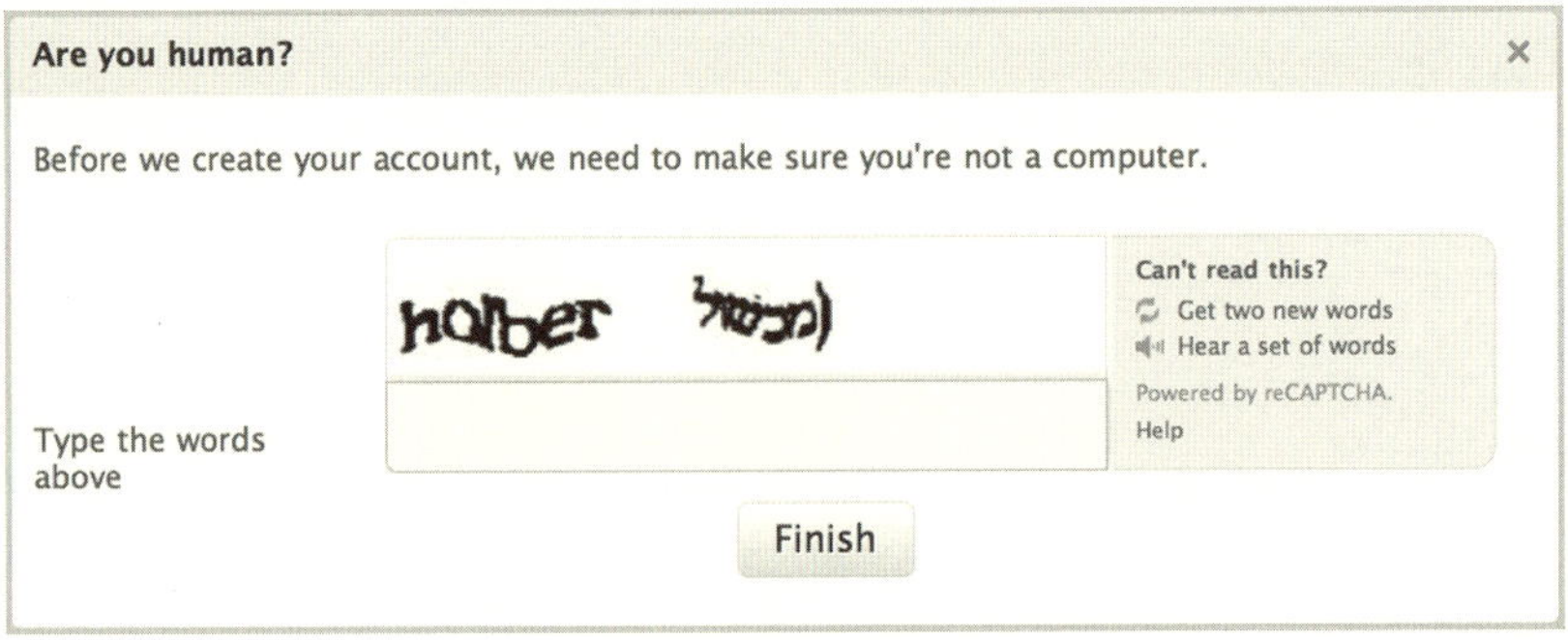

その素晴らしい製品情報を共有しやすくなるしかけをぜひ設けたい。ウェブサイトによっては「これをシェア」とか「これを友人にメール」みたいなボタンがある。それと同じような機能を採り入れよう。アドディス、シェアディスというサービスを使うとよい。

「安全で簡単な第一歩を提供する」のお手本は、サンジェビティという太陽光パネル企業だろう。パネル設置料の見積もりを頼むさい、たいていの住宅リフォーム業者ではまずアポイントメントをとる必要があるが、サンジェビティは相手の住所を尋ねたうえで、衛星写真を使って、家に太陽光パネルを設置する場合のサイズ、出力、費用を見積もってくれる。

オフィスを飛び出す

お釈迦様は父親の言うまま宮殿にとどまることなく、そこを飛び出し、実世界に暮らす人々が自身の宗教観に影響を与えることを知った。お釈迦様も外へ出たのだから、あなたもそうしようではないか。

たとえばビーチナットという会社は、添加物を含まない一〇〇%ナチュラルな離乳食をつくったとき、これを大々的に発表した。このプロジェクトのそもそもの始まりは、社員たちが一〇軒の家庭を訪ね、母親が赤ちゃんの食事をどんなふうにつくっているかを教えてもらったことにある。

その結果、母親たちは離乳食の中身を完全に掌握したがっており、メーカーを信用していないことがわかったのだ。

ビーチナットの社員はまた、母親が赤ん坊にアボカドを食べさせるのは、脂質がよく、消化しやすいからだということも知った。当時、アボカドを含む離乳食製品はなかった。社員たちが会社の外に出たからこそ、二種類のアボカド製品をラインナップに加えることができたわけだ。

MVVP製品を出すだけでは十分ではない。実際の顧客からその強みや弱みを教えてもらうときには、ネット上のコメントや各種のレポートだけに頼るのではなく、外へ出て、製品がどんなふうに使われているかを、その目で確かめてみよう。

「死前解剖」を行なう

医師は検死を行なって死因を調べる。事件を解決し、それ以上の死者を防ぎ、好奇心を満たすのが目的だ。しかし、死んだあとではもはや手遅れ。その人を助けることはできない。

起業家と投資家も、よく製品や会社の「死因」を分析する（とりわけ、それが別の誰かの会社だった場合）。でも人間の場合と同じく、死んでからでは手遅れだ。そこで、『決断の法則』（トッパン）の著者ゲーリー・クラインの言う「プレモータム（死前解剖、事前検死）」という考え方が参考になる。

まずは、会社の製品が失敗したという前提でチームメンバーを集める。失敗、しくじり、崩壊、なんでもいい。そして、なぜ失敗したのか、その理由を考えてもらうのだ。すべてが出尽くすまで、各メンバーはひとつずつ理由を発表しなければならない。次に、その一つひとつの理由が発生しないようにする方法を考えていく。

問題や課題の報告では、真実は見えてこない。普通の会議は心理戦や不文律に支配されるからだ。たとえば、友人に恥をかかせてはいけない、他人を批判してチームプレーヤー失格と思われてはいけない、敵をつくってはいけない……。だから、会議では全員が一〇〇％腹を割っているとはかぎらない。

これとは対照的に、死前解剖では互いを責めたり、他のグループを責めたりということがない（しかるべく実施すれば、だが）。全員で、起こるかもしれない仮の要因をすべて洗い出そうというのだ。文字どおり「すべて」である。ここでは、思いついたけれど発表するほどのものじゃない、などと遠慮してはいけない。

▼練習問題
製品発売の足を引っ張りそうな要因を一〇以上挙げよう。そのうちいくつをつぶせるだろう？

特許を仮出願する

製品の発売にさいして起こすべき最後の行動は、新しいテクノロジーやノウハウの特許を仮出願することだ。特許法は、法律家にとっても複雑きわまりない（ましてや起業家にとっては）。だから、その道の専門家が必要である。まずは米国特許商標庁のウェブサイトが参考になる。

ポイントは、米国は「先発明主義」ではなく「先願主義」の国だということ。だから、ゆっくりしてはいられない。特許を仮出願したら、一年以内に本出願へ進むかどうかを決める。審査終了までに五年間、費用は一万ドルかかることもある。

無事に特許を取得したら、それが現実的にどんな意味を持つのかを考えてみよう。ご両親はあなたを誇りに思ってくれるだろう。だが残念ながら、特許があってもビジネスが安泰とはかぎらない。裁判に勝つための何年もの時間、何百万ドルもの資金があなたにはないからだ。

もし、それだけの時間と資金があるなら、その事業はさぞや成功しているはずだから、成功そのものがある種の防御策となるし、特許侵害があれば最高の弁護士を雇って徹底的に戦えばいい。でもまあ、時間と資金がなければ、そんなことはどうでもいい。

支援を仰ぐ

景気がよいときは、インキュベーターやアクセラレーターといった起業支援プログラムが花盛りになる。インキュベーターは主にオフィススペースやシェアサービスを提供し、アクセラレーターはメンターシップ（指導・助言）や各種トレーニングのほか、顧客、パートナー、資金提供者とのコネクションづくりを重視する。

これらの支援形態は多種多様。たとえば以下のようなものがある。

●シードキャピタル　支援額は二万五〇〇〇～一二万五〇〇〇ドル（全出資額の五～一五％程度）。
つまり、インキュベーターやアクセラレーターの投資額は外部投資家のなかでもいちばん少ない。

それがいいのか悪いのかは一概に言えないが、インキュベーターやアクセラレーターがけっこう儲けていることは知っておこう。

●**親交・交流**　同じような事業ステージにいる起業家とやりとりする機会ができる。「不幸は道連れをほしがる」という。仲間から学ぶことは多い。インキュベーターやアクセラレーターの支援を受けてする起業と、ガレージで独力でする起業の違いは、家を出て大学へ通うのと自宅通学の違いである。

●**メンターシップと教育**　インキュベーターやアクセラレータープログラムの運営者、その友人、相談役などからアドバイスを受けられる。できれば業界のベテランや熟練の起業家が望ましい。気をつけないといけないのは、それがたんにクライアントを探しているコンサルタントかもしれないということだ。スタートアップでの実地体験が豊富な人物であることを確認しよう（前章の付録「本物の助言者を見きわめるには」を参照）。メンターとの接触機会がカジュアルな会であるところも多い（定期的に開かれる「ピザナイト」など）が、ほとんどのプログラムにはメンターシップや教育の正式メニューがあり、そこでさまざまな助言を受けられる。

●**事業開発**　潜在的な顧客やパートナー、従業員に紹介してもらえたら、信用が高まり、製品開発や営業にも弾みがつく。インキュベーターやアクセラレータープログラムの運営者は「紹介できます」と口をそろえて言うが、同じプログラムを受けている他のスタートアップに実情を確認したほうがいい。

●**追加資金**　多くのインキュベーターやアクセラレーターがデモンストレーションの機会をつくり、あなたをエンジェル（個人投資家）やベンチャーキャピタリストに引き合わせてくれる。投資が得られる保証はないが、それでも単独で投資家との接触を試みるよりよほど効率的だ。

●**事務作業**　会計、給与、税金、保険などの基本的業務は面倒だが、避けて通れない。これらは最も大切な資源である「時間」をあなたから奪い去る。インキュベーターやアクセラレーターのなかに

□ インキュベーターやアクセラレーターの支援を受けて
□ する起業と、ガレージで独力でする起業の違いは、
□ 家を出て大学へ通うのと自宅通学の違いである。

は、こうした作業を支援するためのスタッフや専門知識を提供してくれるところがある。そうなれば、製品を完成させ販売するという「本業」に集中できる。

●オフィススペース　インキュベーターの主なサービスは、オフィススペース、家具、インターネットアクセスの共有であるが、それらは結局、成功に不可欠な要因ではない。だから、そのためにインキュベータープログラムに参加するようではいけない。卓球台やコーヒーメーカーもまあ悪くはないが、スポーツオーソリティやスターバックスに行けばすむ話だ。コワーキングスペース（事務所スペース共有）の真のメリットは、二〇〇平米の三年リース契約にサインする余裕がないときに融通のきく選択ができることだ。

インキュベーター、アクセラレーターによっては、サービスの対価としてあなたの会社の一%以上の持分を要求するかもしれない。だから、そうしたプログラムへの参加は慎重を要する。サービスの結果的な良し悪しによって、最高の成果を得ることもあれば、最悪の結果を招くこともある。

右も左もわからない初めての起業家にとって、インキュベーターやアクセラレーターはとてもありがたいが、そこに加わるかどうかは簡単に決められるものではない。耳に入るのは、こうしたプログラムの「卒業生」の話ばかり。当然、べた褒めするだけだ。

インキュベーターやアクセラレーターに参加したら成功しにくくなる、とは言わない。Yコンビネーター、500スタートアップスといった有名なアクセラレータープログラムを卒業すれば、少なくともクオリティのはくはつく。スタートアップに投資しようとする者は誰もが、その会社を信じるに足る理由を探している。大学と同じだ。ハーバードやスタンフォードに行けば成功の可能性が減るはずはないので、そこの学位をはくづけに使う人は少なくない。

とはいえ、インキュベーターやアクセラレータープログラムを卒業することは、成功の必要条件でも十分条件でもない。ハーバードやスタンフォードに行かずに成功する人はたくさんいるし、ハーバードやスタンフォードの卒業生で成功しない人もたくさんいる。そうした大学やプログラムを卒業すれば成功の可能性は増えるかもしれないが、成功を導く要素はほかにもいろいろある。

たとえば、そのようなプログラムに参加しない、あるいはまわりにそういうプログラムがないとしよう。インキュベーターやアクセラレーターが果たすメリットを別の方法で入手できないかというと、そんなことはない。そう簡単には見つからないし、時間もかかる（安くはあがるだろう！）が、それでも代替策は存在する。失敗のしかたがさまざまなら、成功のしかたもさまざまなのだ。

付録

デモの名人になるには

演技とは裸のまま立ち上がり、ゆっくり向き直ること。
——ロザリンド・ラッセル（女優）

年に数回、スタートアップの幹部が、ベンチャーキャピタリストやアナリスト、ジャーナリストに六分間で製品のデモをする——このイベントの名前は「DEMO」（ごもっとも）。素晴らしいイベントだし、なかなか見応えもある。なにしろ起業家はベンチャーキャピタルなんて必要ないかのようにふるまい、ベンチャーキャピタリストは起業家なんて必要ないかのようにふるまっているのだから（売春宿で紳士を気どるようなもの）。

DEMOであれどこであれ、優れたデモンストレーションのスキルは、製品の発売、資金調達、販売、マスコミへのアピール、人材採用のために欠かせない。以下をヒントに、あなたもデモの腕を上げよう。

●**デモに値する製品をつくる**　デモの名人になりたければ、デモすべき偉大な製品をつくることだ。デモは優れたPRの機会だが、それを利用するのは準備ができてからにしよう。機会ができたからやるものではない。たとえ製品が平凡でも、デモをしなければ、そのことを知っているのはあなただけだ。デモをすれば、全世界に知れ渡る。

●**なんでもふたつ用意する**　機器類には「重複」が必要である。ステージに上がる前の晩にどの機器も故障するかもしれないと考えて、コンピュータ、電話、USBメモリーなど、デモで用いるものはすべてふたつ、場合によっては三つ用意しよう。

●**事前に準備を整える**　デモのあいだは、ハードディスク上でフォルダーやファイルを探すといったムダな時間はない。この六分間のために何週間もの準備期間が費やされるのだ。前もってすべてをセットアップしていなかったら、まったくのバカだ。

●自分がコントロールできない要素をなくす　デモ中にインターネットにアクセスできるだろうか？　イエス。でも、バックアップは必要だ。会場のホテルでネットに接続できるとしても、何百という人が一度にアクセスしたらどうなるか？　できれば、ローカルサーバーを使って、インターネットアクセスをシミュレートしよう。なにも本当のシステムを見せる必要はない。デモとはそういうものだ。

●「衝撃と畏怖」作戦を実行する　これは私の友人にして*Great Demo!*の著者、ピーター・コーハンからの受け売りだ。彼は、デモの最初の一分で聴衆の心をとらえなければならないと考えている（私も同感）。だから、少しずつ盛り上げるという戦術は感心しない。のっけから「衝撃と畏怖」を与えよう。あなたの製品にできる最強・最大の機能を見せつけるのだ。いきなりあっと言わせるのが目標である。

●冗談はやめる　自分の冗談がおもしろいだろうかと考えているようなら、それはおもしろくない。デモで冗談を成功させるくらいおもしろい人はめったにいない。冗談を言ってスベったときのデメリット――信用と勢いの喪失――は、うまくいったときのメリットよりずっと大きい。

●ひとりでやる　デモの名人はひとりでデモをする。創業者ふたりがいっしょにやれば頼もしいとお考えかもしれない。ふたりの折り合いがいかによいかを世間に示すこともできる、と。しかし、ひとりでもデモをするのは十分難しい。ふたりでインタラクティブなデモをするとなると、難しさは四倍だ。デュエットをしたければ、カラオケバーへどうぞ。

●専門用語を使わない　簡潔明瞭に話す力が第一だ。あなたは世界一のエンタープライズソフトウェア製品を持っているかもしれない。でも会場にいるあこがれのベンチャーキャピタル企業のコンシューマーデバイス担当パートナーが、あなたのデモを理解できなければ、オフィスに戻ってほかの担当者にその話を伝えてはもらえない。聴衆には耳よりも目で印象づけるのがい

□ デモがよければ、みんながあなたをつかまえ、
□ 製品のことをもっと知りたがる。デモがくだらなければ、
□ ノーベル賞受賞者でさえ見向きもされない。
□

い。

●終わるまでは質問を受けつけない　DEMOでは（ありがたいことに）質疑応答の時間はない。だがそれ以外の場合、質問は最後に受けたほうがいい。聴衆からはどんな質問が出るかわからない。質問を受けたことで隘路《あいろ》に入り込み、二度と戻ってこられない可能性もある。

●「感嘆符」で終わる　始まりを盛り上げて聴衆をあっと言わせたら、次にその背景やしくみを説明する。「何が」素晴らしいのかだけでなく、「どうして」そうなのかまで披露すれば、普通の人間にもできるということがわかってもらえる。もちろん終わりも盛り上げよう。スティーブ・ジョブズのプレゼンがまさにそうだった。彼はいつだって鞄のなかに「あともうひとつ(one more thing)」魔法を忍ばせていた。

私はこのアドバイスをたくさんのスタートアップにしてきた。オンラインでも何万という人が読んでいる。なのに、大部分のデモはいまだに使えない。なぜなら、彼らはこう考えているからだ。「このアドバイスは、自分たちのようなパラダイムシフトをもたらす特許申請中の革新的製品を持っていない人々、自分たちと違ってプレゼンテーションの才能がない一般大衆にしか当てはまらない」。あなたもそう思っているのではないか。それは間違いだ。あなたもその一般大衆だということを、いずれ身をもって知ることになるだろう。

付録

社内起業術

イノベーションは既存組織の外部から生じることが多い。それはひとつには、成功した組織は現状維持にこだわり、現状を変えるアイデアに抵抗するようになるからだ。

――ネイサン・ローゼンバーグ（経済学者）

大企業の社員にも志の高い起業家はいる。彼らもまた、革新的な製品の創造を夢見ており、プロトタイプ作成、ポジショニング、売り込み、自己資本経営、人材採用、資金調達、パートナーシップ、販売、サポートを必要としている。そこで、大企業の社員がそれらを実現するためのノウハウをお教えしておこう。

皮肉なことに、多くの起業家は大企業の社員をうらやんでいる。やつらときたら、莫大な財源、大きな営業組織、設備の整った研究施設、拡張可能な工場、定着したブランド、おまけに医療手当まであって幸せ者だ――。ガレージで起業をめざす者たちは思いにふける。そんな至れり尽くせりのインフラを利用して新しい製品が開発できたら、どんなに素敵だろうと。

いやいや。そうした恵まれた環境のなかで新しい製品をつくるのは、じつは必ずしも簡単ではない。ただ条件が違うだけだ。私はこの項を書くにあたって、ニール・アナリティクスのデータサイエンス担当ディレクター、ビル・ミードの協力を得た。ふたりで考えた社内起業向けの提言を以下に紹介する。

●**会社を最優先する**　社内起業家の主たる動機は、(唯一の動機ではないとしても) やはり会社をよくすることでなければならない。社内起業とは、注目を集めることでもなければ、勢力を広げることでもない。ましてや会社を飛び出す準備をすることでもない。製品のよいアイデアがあれば、多くの一般社員を味方にできるだろう。それがあなた自身のためではなく会社のためであれば、彼らはあなたをサポートしてくれるはずだ。

●**「金のなる木」を抹殺する**　大きな声で言うべきことではないが、あなたの使命はすでにある製品に引導を渡す製品をつくること――そういうケースがたびたびある。たとえば、マッキントッシュはアップルⅡを抹殺した。アップルにとっては、競合他社がマッキントッシュをつくっていたほうがよかっただろうか？　そんなはずはない。会社を最優先せよと言ったのは、そういう理由もある。つまり、あなたのしていることは現状を脅《おびや》かすものだから、少なくともそれが自分のエゴのためではなく、会社のためであると思ってもらわなければならない。ドル箱製品である「金のなる木」の抹殺。あなたがそれをやらなければ、別の誰かがやるまでだ。

●隠密裏に行動する　自宅のガレージを拠点に起業を志す若者は、できるだけ世間の注意を引こうとしなければならない。自分たちのやっていることが知られれば、資金調達、提携、販売契約、社員採用もラクになる。だが、社内起業家の場合はその逆が正しい。プロジェクトが無視できないほどに進捗《しんちょく》するまでは、あるいは会社でその必要性が認識されるまでは、ひとりでこっそり取り組んだほうがよい。社内の地位が上がれば上がるほど、あなたがしようとしていることの理解者は少なくなる。なぜなら地位が上になればなるほど、現状を維持し、自分のポジションを守ろうとする人間が増えるからだ。

●後見人を探す　多くの企業には、後見人タイプの人がいる。それなりの下積みを経ていまの地歩を築き、けちな社内政治からは距離を置いている人物である。彼らはどちらかといえば「聖域」に属し、経営トップから一目置かれているものだ。社内起業家はこうした後見人を探して、技術上、マーケティング上の助言をもらい、必要な時期がきたら保護を受けるようにしなければならない。

●別のビルで仕事をする　大企業のど真ん中に居を構える社内起業家は、その身をずたずたにされること必定である。各部門のマネジャーがいちいち「このプロジェクトはなぜダメか」をいちいち説明するからだ。「現行の大きな事業と比べたら、新規事業はつねに弱々しく将来性がなさそうに見える」とは、ピーター・ドラッカーの言葉である。マッキントッシュ部門は、アップルの他部門から離れた建物にあった。理想は、日々の単調な仕事とは一線を画しながらも、会社のリソースは得られるというくらいの距離だろう。

□ ドル箱製品である「金のなる木」の抹殺。
□ あなたがそれをやらなければ、
□ 別の誰かがやるまでだ。
□

建物が別だと自分たちのプロジェクトを秘密にしておけるし、陽気な海賊たちの団結心を高めることもできる。目ざわりな連中からの理想的な距離はおよそ〇・五～三キロ。つまり行こうと思えば行けるが、毎日通うのは控えたくなる距離である。

●希望を捨てていない人に希望を与える　「この会社は大きすぎるし、のろまでイノベーションどころではない」と考える皮肉屋の心には、それが実現するのを目にしたいと考える理想家も同居しているものだ。大企業のなかのよき人々は、無視され、忘れ去られ、恥をかかされ、服従を強いられることにあきあきしている。彼らは踏みつけにされているかもしれない。だが、死んではいない。現状維持の社風に一石を投じるつもりだと彼らに表明すれば、あなたは必要な支持と資源を得られるはずだ。そうなったら次なる目標は、彼らの気持ちを「イノベーションの実現を見たい」から「あなたがそれを実現する手助けをしよう」に変えることである。

●構造転換を予測し、これに乗じる　社内のゆがみやひずみは、社内起業家にとって歓迎すべきことである。きっかけが市場の変化などの外部要因であれ、CEO交代などの内部要因であれ、構造転換はあなたにチャンスをもたらす可能性がある。有能な社内起業家はこうした転換を予期し、それが起こったときに新しい製品を披露する用意ができている。「これまでの成果をご覧ください」。反対に、ダメな連中はこう言う。「ついに転換のときです。会社のお許しと半年の時間と分析チームがあれば、新しい製品戦略を考えてみせます」

●現存するものを利用する　大企業のなかでイノベーションを起こそうとするマイナス面は明らかだから、それについてはあれこれ書かれている。しかし、プラスの面だってある。イノベーションを容易にするのに、既存のインフラを使わない手はない。資源をかき集めるだけでなく、他の社員たちと打ち解け、彼らを味方につけよう。独力で解決策を講じようとすれば（極端な例だと自分用の工場を建てる)、敵をつくるだけだ。大企業に属する起業家に最も不必要なのは、社内の敵である。市場に出れば、敵はいやというほどいるのだから。

●データを収集・共有する　会計士か弁護士があなたのプロジェクトに気づき、その存在理由を問う日が必ずやってくる。運がよければその日はいくぶん先延ばしになるが、それでも必ずやってくる。⑴これまでの支出と成果に関するデータを集め、⑵それをオープンにすることで、その日に備えよう。大企業ではデータが「抗体」を抑制する。だが、抗体が現れてからではデータ収集が間に合わないおそれがある。

●バイスプレジデント（部長クラスの人間）に気づいてもらう　社内起業の第一歩として、バイスプレジデントにプロジェクトを承認してもらわなければならないだろうか？　そんなことはない。これは最後のステップのひとつである。バイスプレジデントという人種は、あなたのアイデアを自分で「発見」してから支援を申し出たときのほうが、責任をもってそのアイデアをサポートしてくれる。だから、バイスプレジデントがタイミングよく「偶然に」発見できるよう心がけたい。それは許可を求めるのとは違う。

●目標を達成したら解散する　社内起業のよさは、新製品を比較的すばやく開発できるという点にある。ところが残念なことに、起業家グループが他の社員たちから浮いたままだと、そもそもの武器だったはずの結束力がグループ崩壊の原因になりかねない。さらに、何をすべきか知っているのは自分たちだけだとメンバーが考えるようになり、独自の新しい官僚主義が生まれはじめたら、グループの力はますます弱くなる。もしプロジェクトがうまくいったら、グループを解散して、もっと大きな組織に統合することを考えよう。そのうえで新しいグループをつくり、次なるイノベーションをめざすのだ。

●頭を切り替える　多くの社内起業家は、本書のこのあとの内容が、大企業で経験、学習、あるいは指導してきたことの反対だと気づくだろう。

実際、既存企業のなかで起業するためには、新しい行動パターンを採用しなければならない。

頭を切り替えよう。

FAQ

Q1 いつごろ自分たちの製品について話しはじめるべきですか?

話す相手によります。あなたの成功を望む人なら、できるだけ早く話しましょう。あなたとかかわりあいのない他人なら、プロトタイプができてから話しましょう。有名人など影響力の大きい人なら、ここぞというチャンスを逃さずに話しましょう。

Q2 食べ物や飲み物や音楽付きの発売記念イベントを大々的に開くべきですか?

どうでしょうね。基本的に、発売というのは優れた製品をつくり、それを人々の手に届け、成功を祈ることにほかなりません。食べ物や飲み物や音楽がそれほど必要かどうか。私なら派手なパーティは開かず、数千ドル程度の予算でささやかなイベントをやると思います。

Q3 資金があまりないときは、どのように製品を発売すればよいでしょう？

ソーシャルメディアの活用に尽きます。これほど費用のかからない手法はかつてありませんでした。

Q4 発売時期は、早すぎるのと遅すぎるのとでは、どちらがましですか？

発売時期が近づくと、数週間と数カ月は大違いのように思われますが、それは幻想です。成功する人はいずれ、発売が何年だったかを思い出すのも苦労するようになります。

ですから、とんでもなく遅れているのでなければ、余裕は十分あります。市場そのものを見逃すようなことがあってはなりませんが（モトローラはスマートフォン事業に乗り遅れてしまいました）。

ゼロックスＰＡＲＣが、初のグラフィックユーザーインターフェース搭載コンピュータ（いわゆる「アルト」）を発売したのが一九七〇年代後半。次いでアップルが、一九八〇年代半ばにマッキントッシュを発売します。マイクロソフトがウィンドウズを出したのはもっとあとですが、最終的に市場を支配したのはマイクロソフトです。お粗末な製品を出し、完全な状態になるのを待つくらいなら、革新性や安定性（バグの少なさ）をうたえるだけの機能がそろってから売り出しましょう。

それからもうひとつ。資金が底をつきそうになったら、とにかく発売しましょう。無条件降伏なんてばかばかしいではありませんか。ラッキーパンチが当たるかもしれません。

Q5 社内起業家はそれなりの肩書や資格がないと、まともに相手をしてもらえませんか？

社内起業家にとって肩書の重要性は低いでしょう。会社のなかでは誰が優秀で誰がそうでないかなど、おのずとわかりますから。能力の証としての肩書は必要ありません。バイスプレジデント以上の肩書は、社内起業家としてまともに相手にしてもらえる可能性をむしろ低めると思います。

Q6 会社が私のアイデアを採用したとして、私がプロジェクトリーダーになれる、あるいは最低でも私の発言が聞き入れられるようにするには、どうすればよいですか？

あなたにはどうしようもありませんし、これはそもそも的外れな議論です。目標は自分の領土を確保し、新たな官僚主義を打ち立てることではなく、偉大な製品をつくることにあるのですから。

Q7 会社のためになるいいアイデアがあるけれど、社内で高い地位にいない——そんな場合でも社内起業家になれますか？　提案箱に眠ったままのアイデアで終わりませんか？　後見人タイプの人が近くにいないときは、どうすればよいですか？

まず、アイデアを提案箱に入れてはなりません。提案箱というのは、社員食堂でグルテンフリーのメニューを増やしてほしいとか、もっと柔らかいトイレットペーパーを使ってほしいと要望するためのものです。それから、後見人を見つけるとか、高い地位に就くといった話は本筋からそれています。要は信じた道を進むか、進まないかです。全面的な賛同を得たいのなら、小学校にでも戻ってください。正しい態度は、とにかくプロトタイプをつくり、あとで許しを請うことです。

推薦書籍

- 『なぜみんなスターバックスに行きたがるのか？』スコット・ベドベリー（講談社）
- 『キャズム：新商品をブレイクさせる「超」マーケティング理論』ジェフリー・ムーア（翔泳社）
- 『リーン・スタートアップ』エリック・リース（日経ＢＰ社）

第3章

リーダーシップをとる

自分の地位や肩書ではなく、自分がやろうとしている仕事をエネルギーにせよ。

——スニル・サンカマシ（ディープブルー社CEO）

若いころは、難しいのは財務経理、製造、オペレーションだと思っていた。学校へ行かないと学べないからだ。簡単なのは人材マネジメント、意欲喚起、リーダーシップだと思っていた。勉強や学習の必要がないから容易だろう、と。

おわかりだと思うが、私は一〇〇％間違っていた。本当は簡単なのが財務経理、製造、オペレーション。どれも大切だけど、学べば身につく。自分が学べないときは、誰か学んだ人を雇えばいい。難しいのが、人材マネジメント、意欲喚起、リーダーシップだ。

リーダーシップとは自分の望む決定をくだし、それをメンバーに命じることだ——とお考えなら、お気の毒と申し上げるしかない。それどころではない現実にあなたは打ちのめされ、グーグル検索でも見つからない世界へ飛ばされてしまうだろう。本章の目的は、あなたを、グーグルで「リーダー」

と検索したときに真っ先に表示されるくらい偉大なリーダーにすることだ。

楽観主義を身にまとう

何よりもまず、リーダーには「悪い日」があってはならない。どれだけ恐ろしくても落ち込んでいても、それを表に出してはダメだ。日々、楽観的な空気をかもしだす必要がある。問題点や課題に目をつぶれというのではない。そんなことをするのは愚かだし、悲観主義よりたちが悪い。だが私は、スティーブ・ジョブズが打ちひしがれているのを見た覚えがない。怒ったり、いらついたり、はては半ば被害妄想気味にわめき散らしているのは見たことがあるが、彼が敗北した姿は記憶にない。不安や疑念に襲われたら、配偶者、社外の仲間、信頼できる取締役に相談しよう。最悪、母親でもいい。ただし、従業員にだけは相談してはならない。彼らはいつだって、あなたの信じるものを信じなければならないのだから。

実行の文化を築く

ラクな人生を願うな。困難な人生に耐え抜く強さを願え。

――ブルース・リー

組織のリーダーは結果に責任を負う。そして結果は「実行の文化」の産物だ。予期せぬ状況が訪れ

□ 私は、
□ スティーブ・ジョブズが打ちひしがれているのを
□ 見た覚えがない。
□

ないかぎり、全員が約束を果たすという意味である。みんながみんなそうできるとはかぎらないが、会社が期待するのは結局、目標の達成であって、目標の未達ではない。

実行の文化を築くには、次の方法がある。

●目標を設定・伝達する　目標を定め、これを伝えるだけでも、組織の目標達成の可能性は高まる。全員が共通の認識を持ち、日々の行動の指針を得ることができるからだ。仕様の確定、プロトタイプやマーケティング資料の作成、顧客との契約、出荷、集金、採用……どんな仕事にもこれは当てはまる。

●進捗度合いを測る　達成へ向けた進捗の度合いを測ってこそ、目標は意味を持つ。「測定できれば実行できる」ということわざもあるくらいだ。別の言い方をすれば、正しい目標を選ばないと間違ったことが実行されてしまう。スタートアップでは毎週、結果を測定・報告しなければならない。組織が成熟し、テクノロジーや市場、人材が安定してきたら、月に一度でもいい。

●責任の所在をひとつにする　目標達成の責任者を見つけるのに一〇秒以上かかったら、どこかがおかしい。善良な人は責任を受け入れる。偉大な人は積極的に責任をとる。組織全体のために責任のありかをはっきりさせよう。人は、自分が責任を負っている、仕事の進捗を測定されているとわかると、成功したいという意欲が強くなる。

●解決策の一部になる　リーダーたるあなたは解決策の一部か、問題の一部かのどちらかである。つまり、実行の文化を築くか、奔放で不当な楽観主義の文化を築くか。あなたの仕事は「大人」として手本を示し、約束を果たすことだ。

●目標を達成した人に報いる　スタートアップで報いるべき相手は、結果を出した人である。ストックオプション、ボーナス、表彰、休暇、ランチをごちそうする……方法はなんでもいい。大切なのは、そこになんとなくいる人ではなく、目標を達成した人を認めてあげることだ。

● **問題が解決するまで、または問題でなくなるまでやり通す**　どうせ仕事をするなら、新しい流行《はや》りものにかかわりたいのが人情だ。いまの製品を修正するよりも、次なる画期的製品に取り組みたいではないか。でも、つまらなくなったからといってプロジェクトに注意を払うのをやめてはならない。バグの修正を退屈だと思うのはあなたであり、その製品を買ったばかりの顧客ではない。

「赤いピル」を飲む

これが最後のチャンスだ。もうあと戻りできない。青いピルを飲むと、不思議の体験はおしまい――ベッドで目が覚め、信じたいものをなんでも信じられる。赤いピルを飲むと、不思議の国にとどまり、「ウサギの穴」がどれほど深いかを思い知ることになる。

――『マトリックス』

映画『マトリックス』で、主人公のネオは赤いピルを選択する。世の中の過酷な現実に向き合うことを選んだのだ。もし青いピルを飲んでいたら、マトリックスという仮想空間で心地よく暮らせたかもしれないのに――。

スタートアップのリーダーも同じ選択に直面する。現実か空想か。成功したければ赤いピルを飲み、ウサギの穴がどれほど深いかを究明しなければならない。現実と真剣に向き合っていたければ、以下の一〇の問いかけが何よりも重要である。

①最優先事項は何か？
②出荷予定はいつか？
③出荷しなければいつ資金が尽きるか？
④顧客の獲得にいくらかかるか？
⑤オペレーションには正味でいくらかかるか？
⑥競争相手はどこか？
⑦競争相手にできて、われわれにできないことは何か？
⑧働きの悪い従業員は誰か？
⑨購入しようとしているけど、もらったり借りたりできるものがないか？
⑩リーダーとして私の手腕はどの程度か？

「モーフィアス」を確保する

どんな薬物も（真実さえも）、送達システムを必要とする。『マトリックス』では、それはローレンス・フィッシュバーン演じるモーフィアスだった。彼が真実をもたらした。さて、あなたの組織のモーフィアスは誰だろう？

いなければ確保しなければならない。モーフィアスには最低でも一〇年の事業運営経験、財務経理やオペレーションのバックグラウンドが必要だ。つまり、現実世界での組織運営に関する知識が求められる。「反対論者」ではなく「現実主義者」がほしい。

コンサルタント、監査役、銀行家、ジャーナリスト、アナリストなどの経歴はマイナスになる。助言や分析はやさしいが、実行は難しいからだ。その人の経歴が十分かどうかを判断するには、「誰かをクビにしたことがあるか」と問えばよい。答えがノーなら、別の人を探そう。

この人物はCEOの「陽」に対する「陰」だ。CEOが「何」を決めるとすれば、モーフィアスは「どんな悪い事態が起こりうるか」を問う。両者の関係は、「対立」ではなく「拮抗《きっこう》」である。事業ステージやタスクが変われば、違うモーフィアスが必要になるかもしれない。

- その製品には欠陥があると指摘する、研究設計担当モーフィアス。
- そのシステムでは量対応できないと指摘する、オペレーション担当モーフィアス。
- お金を使いすぎ（使わなすぎ）だと指摘する、財務担当モーフィアス。
- 誤った価値観を教え込んでいると指摘する、倫理担当モーフィアス。

スタートアップでは、何かを否定する人がたくさんいるが、なかにはよい否定もある。たとえば、「専門家」に成功できないと言われても、それを否定する場合のように。モーフィアスが必要な理由は、何かを否定するにしても、その否定が組織の害にならないようにするためである。

「反対役」を確保する

カトリック教会は、一五八七年から一九八三年まで、列聖（聖人資格）の候補者について、その資格がないと反論を述べる人たちを用意していた。このいわば反対役は、候補者の欠点を探し、聖人に

CEOが「何」を決めるのに対して、
モーフィアスは
「どんな悪い事態が起こりうるか」を問う。

ふさわしいかどうかを確認するのが役割だった。

だが、一九七八年にヨハネ・パウロ二世が教皇に選ばれ、一九八三年にこの慣習はなくなった。すると、列聖の数が爆発的に増えた。二〇世紀になって同教皇の前任者たちが認めたのは九八人だけだったのに、ヨハネ・パウロ二世の時代の列聖は五〇〇人にものぼったのだ。

モーフィアスと反対役は同じではない。モーフィアスは良し悪しを問わず真実を告げる。反対役はあえて（自分の意に反してでも）悪いことを言う。この役割の人物がいれば、批判を受け入れ、反対意見にも寛容な組織だと思われるからプラスになる。また、幻滅を感じている従業員もこの人になら接触しやすいので、内部のコミュニケーションが促進される。

とはいえ、あらゆる意思決定の場面で反対役が必要とされるわけではない。戦略的な意思決定にかかわれば十分である（カトリック教会の反対役も列聖の審査にしかかかわらなかった）。

自分より優れた人を雇う

スティーブ・ジョブズはこんなことを言っている。AプレーヤーはAプレーヤーを雇う。BプレーヤーはCプレーヤーを雇い、CプレーヤーはDプレーヤーを雇う——。Zプレーヤーまではじきである。これにより、企業には能なし社員が激増するというわけだ。

私はスティーブの考え方を少し修正し、「AプレーヤーはA+《プラス》プレーヤーを雇う」と言っている。CEOがしなければならないことがひとつあるとすれば、それは自分より優秀なマネジャーを雇うことだ。マネジャーがしなければならないことがひとつあるとすれば、それは自分たちより優秀な従業員を雇うことだ。そのためには、CEO（と経営陣）に三つの資質が要求される。

●自分たちより優秀な人がいると認める謙虚さ。
●A+プレーヤーとAプレーヤーを見分ける眼力。
●自分より優秀な人を雇うだけの自信・勇気。

多くの起業家は気づいていないが、スタートアップは組織の成長段階に応じて三種類のA+プレーヤーを必要とする。

●立ち上げのためなら週八〇時間労働もいとわない「カミカゼ」部隊。
●カミカゼ部隊の仕事を受けてインフラをつくる実動部隊。
●既存システムを稼動させることに喜びを感じる運営部隊。

このように、偉大なる従業員はCEOや経営陣より優秀なだけでなく、CEOや経営陣とは違った人物でなければならない。スタートアップには、それぞれが(重なり合うのではなく)補い合う、多様なスキルの人材が必要である。

あなたがエンジニアだったとして、あなたほど有能でないエンジニアがうようよいるスタートアップを想像してみてほしい。お粗末な製品ができること請け合いである。CEOが営業担当バイスプレジデントよりも優秀な販売員、マーケティング担当バイスプレジデントよりも優秀なマーケター、最高財務責任者よりも優秀な財務担当者であるスタートアップを想像してほしい。凡庸に甘んじること請け合いである。

偉大なる従業員は
CEOや経営陣より優秀なだけでなく、
CEOや経営陣とは違った人物でなければならない。

▼練習問題
雇った人材はそれぞれの持ち場であなたよりも優秀だろうか？

人々の能力を高める

アップルのマッキントッシュ部門などの例を引き合いに、Aプレーヤーか A＋プレーヤーを雇えと提言するのは簡単だが、あそこは必ずしもスタートアップというわけではなかった。Aプレーヤーや A＋プレーヤーを雇うのが望ましいのは間違いないが、スタートアップがいつもそんな高望みをしていられないこともわかっている。

ではどうするか？　「実績あるプレーヤーを雇える資金の獲得を願う」が答えではない。それには時間がかかりすぎるし、だいいち、まずは資金よりも経営者だ。だから答えは、「最低限の仕事ができる人材（minimum viable people＝ＭＶＰ！）を雇う」である。

これは、前述したエリック・リースのＭＶＰ（minimum viable product）と考え方は同じだ。完璧な製品や人材を待っていたら手遅れになりかねない。だから最低限の仕事ができる人材を雇い、実用可能な最小限の製品のときと同様、その人に磨きをかけていくのだ。

Ａプレーヤーや A＋プレーヤーとして母親のお腹から出てくる人はいない。誰にもどこかにきっかけがある。みずからを成長させなければ。次に挙げる人たちも、キャリアのスタートは見習いや実習生だった。

●ディック・チェイニー：議会（説得力に欠ける!?）
●ベッツィー・ジョンソン：マドモアゼル誌
●オプラ・ウィンフリー：ナッシュビルのＷＬＡＣテレビ
●スティーブン・スピルバーグ：ユニバーサル・スタジオ

みんながみんな、ジョンソンやウィンフリーやスピルバーグのようなＡないしＡ＋プレーヤーになるとはかぎらないが、リーダーシップの作法で重要なのは、人々にチャンスを与え、その能力を高めることである。

強みを重んじる

自分より優れた人を雇うとはすなわち、弱みがないから雇うのではなく、強みを求めて雇うことを意味する。偉大なリーダーは強みに注目して人を雇い、そうした強みが活かせる仕事を割り当てる。さらには別の強みを持つ人を雇い、弱みをなくすための教育研修などを担当させる。こうすれば、一人ひとりが最大限の力を発揮できる。弱みをさらさずになんとかやっていく、というレベルの話ではなく。

いちばん大事なのは、個人の貢献とマネジメントの能力を区別することだ。つまり、プログラミングの腕が最高のエンジニアや腕利きのセールスパーソンであっても、部下のマネジメントはできないかもしれないということだ。そういう人であっても、マネジメント職に就かせないかぎり問題はない。

世間では、人は時間とともに管理職に移り、個人としての貢献は減ると思われている。悪しき思い込みである。強みを発揮できる場所で貢献しつづける人はたくさんいるべきだ。そのなかの一部の人がマネジメントを担うようになればいい。

まずは欠点をなくす

よいリーダーは、自分の欠点を直してから他人を批判する。部下の欠点は、たぶんあなたの欠陥のせいだ。こういう格言がある——誰かをクビにしなければならないマネジャーがいたら、そのマネジャーも会社からクビを切られるべきだ。なぜなら、そもそもそんな事態になるべきではなかったのだから。

つまり、人を評価するときはまず、「もっといいマネジメントをしてあげられたのに」と反省の弁を述べなければならない。このような自己批判ができる人こそ、マネジャーとして成長する。結果が散々だったときに責任をとるからだ。同時に、部下のお手本となり、彼らの成長もあと押しすることができる（「あと押し」であって「強要」ではない）。

ダメなリーダーはたいてい、自分のことは「意図」で判断するのに、他人のことは「結果」で判断する。「私は目標を達成しようとしたのに、きみは達成できなかったじゃないか」というふうに。どういうわけか、他人の欠点を理解するより、自分の欠点を弁明するほうがラクなのだ。

これを反転させ、自分のことは成果で、他人のことは目標や意図で判断しなければならない。つまり、他人よりも自分に厳しく。とはいえ、ふがいない結果ばかり出している人は、いずれ意図で判断するわけにもいかなくなる。そのときは、採用か教育を誤ったと認めるしかない。

自分がしないことを人にやらせない

私のお気に入りのテレビ番組のひとつに、『ダーティー・ジョブズ』（邦題「突撃！　大人の職業体験」）というのがあった。この番組では、ホスト役のマイク・ロウが全米を回って汚い仕事を体験する。ごみ捨て、工場での塗料調合、下水掃除、農場での重労働あれこれ……。ロウは、リーダーシップの重要なコンセプトを体現している。すなわち「自分がしないことをけっして人にやらせるな」。変に自虐的になれというのではない。一定の限度内であれば、従業員との距離が縮まり、互いの対立感情がほどけるはずだ。

▼練習問題
次の表を埋めよう。

行動	あなたはやるか？	従業員にやらせるか？
夜行便のエコノミーで出張する		
すべてのメールに返信する		
朝早くから夜遅くまで働く		
ごみ箱のごみを捨てる		
自分でコピーをとる		

□
□
□
□
自分がしないことを
けっして人にやらせるな。

どんな仕事も楽しいものにしなければならない、とは言わない（そんなのは非現実的だ）。汚れ仕事を何もかも引き受けよ、というのでもない。重要なのは、従業員に共感し、彼らとともに働くことである（それがリーダーシップだ）。

成功を祝福する

一度勝利すれば、一〇〇回の敗北もなんということはない。だから組織がなにかで成功するたびに祝福しよう。そうすれば、従業員の意欲は大いに高められる。個人の勝利よりもチームの勝利をとりわけ重視したい。

How YOU Are Like Shampoo の著者ブレンダ・ベンスによれば、成功を祝福するとこんな効果がある。

- 従業員がもっと一生懸命働きたくなる。
- 共通の目標に向けてチームが一丸となる。
- 従業員がいつもの仕事から離れて盛り上がる。
- 組織にとって重要な目標が伝わる。
- 進歩している様子がわかって勢いがつく。
- 「勝ち組」で働いていることを従業員が思い知る。

ただし祝福にさいしては、有名なエンターテイナーがいる高級ホテルでのどんちゃん騒ぎはご法度である。お金のムダだし、従業員にもよくないメッセージを発する。キーワードは「楽しい」や「クール」であって、「贅沢」や「豪華」ではない。

たとえば、ノースカロライナ州立大学の産業拡張サービスは、一〇億ドル相当の経済価値の創出に成功したとき、これを全州のメーカーを巡るバスツアーの実施で祝福した。参加者は、各メーカーから製品サンプルを集め、それらを州知事に送り届けた。大学関係者にとっては楽しく、バスが立ち寄ったメーカーの従業員にとってはやりがいがあった。よき祝福とはこういうものだ。

正しい「立ち位置」を選ぶ

スタンフォード大学教授のロバート・サットンは、著書『マル上司、バツ上司』（講談社）のなかで、よい上司が持っている信念を一ダースほどリストアップしている。

①私の部下として働くのがどんな気持ちなのか、私はよくわかっていない。
②私の成功（そして部下たちの成功）は、明白でありふれたことをきちんとできるかどうかにかかっている。魔法のような、曖昧な、画期的なアイデアや手法が大事なのではない。
③明確な高い目標を持つことが大切だが、そのことばかりを考えても意味がない。私の仕事は小さな勝利を積み重ね、部下たちが日々少しずつ進歩できるようにすることだ。
④私の仕事で最も重要なのは（そして最も難しいのは）、押し出しの強さと弱さの微妙なバランスをとることだ。
⑤私の仕事は、人間の盾となって、外からのさまざまな口出しや雑念や愚行から部下たちを守り、私自身の愚行も彼らに押しつけないことだ。

⑥私がリーダーだということを、部下たちに納得させられるだけの自信を持ちたい。でも、間違えることも多いと自認するだけの謙虚さも持ちたい。
⑦自分の主張をぶつけるとともに、相手の話に耳を傾けたい。部下たちにも同じことを教えたい。
⑧私のリーダーシップ（そして私のチーム）の真価は、「部下がミスを犯したときにどうするか」で測られる。
⑨どんな組織やチームにも、イノベーションが欠かせない。だから私の仕事は、部下たちが新しいアイデアをどんどん思いつき、試すよう奨励することだ。ただ、よくないアイデアはことごとく、よいアイデアもたいていは断念してもらう必要がある。それをわからせるのも、私の仕事である。
⑩悪は善より強し。善を強めるよりも悪をなくすほうが重要だ。
⑪何をするかも重要だが、どのようにするかも重要だ。
⑫部下に権力を行使する私は、無神経な愚か者になってしまう危険がある。しかもそれに気づかないまま。

次のチェックリストもリーダーとしては気にしたい。たった四つしかないなかで、どの立ち位置を選ぶか——。

	無能	有能
ろくでなしではない	三番目に望ましい	いちばん望ましい
ろくでなし	いちばん望ましくない	二番目に望ましい

☐☐☐☐ **私がリーダーだということを、部下たちに納得させられるだけの自信を持ちたい。でも、間違えることも多いと自認するだけの謙虚さも持ちたい。**

▼練習問題
部下たちはあなたをどこに位置づけるだろうか?

心変わりする

二〇〇七年六月に最初のiPhoneを発表したとき、スティーブ・ジョブズは次のように述べた。「ウェブ2・0ベースのスタンダードを用いた当社の革新的アプローチにより、開発者の皆さんはiPhoneの安全性と信頼性を維持したまま、驚くべき新しいアプリケーションをつくることができます」。翻訳すると「iPhone上のアプリは認めない」。Safari(iPhoneのブラウザ)のプラグインソフトを通じてしか機能の追加ができなかったのは、iPhoneの「安全性と信頼性」を維持するためだった。

そして一一カ月後、アップルは次のような見出しのプレスリリースを発表した。「アップル経営陣、二〇〇八年世界開発者会議(WWDC)の基調講演で、Mac OS XレパードおよびOS X iPhoneを紹介」。翻訳すると、「プログラマーの皆さん、iPhone向けアプリケーションをそろそろおつくりください」。「そのためのアプリがある(そう、iPhoneならね)」というキャッチコピーは、こうして可能になった。

一般に、このような「反転」は、無知や無能のしるしだとされやすい。方針の変更なんて、アップルは間違っており、自分のしていることがわかっていない。リーダーは心変わりすべきでない。少なくとも、心変わりしたならその事実を隠せ——。

だが、これはまるで見当違いである。リーダーが大っぴらに心変わりしたとき、それは、誤りに気づく頭のよさがある、誤りを認めるくらいしっかりしている、そして正しいことをするためなら自分の評判など気にしないことを示している。どれもよい結果なので、むしろどんどん心変わりしよう。そして心変わりしたことを明らかにしよう。

こんなふうに考えてほしい。スタートアップを経営していて、すばやく心変わりできないとしたら、いったいいつするのか？　規模が大きくなればなるほど、考えを変えるのはますます難しくなるのだ。

従業員に「きみが必要だ」と伝える

Managing Humans の著者マイケル・ロップによれば、採用プロセスで最も重要な言葉は「きみがほしい」である。つまりリーダーは志望者に、その人が必要な人材であること、その仕事に最もふさわしい人材であることを強調しなければならない。

失業率が高いときは買い手市場だからそんな必要はない、とあなたは思うかもしれないが、それは間違いだ。偉大な人材はつねに売り手市場である。つねに。

誰かを雇うと決めたら、愛嬌《あいきょう》をふりまこう。その人を必要としていることを伝え、オフィスに招き入れ、同僚にいっしょに飲みに行くよう促し、その人の意見を訊こう。採用プロセスでいちばん危険な時期は、その人が前の職場に転職する旨を通知してから、新しい職場で実際に働きはじめるまでのあいだである。前の職場が引き止め策を講じるのはこの時期だ。引き止め策がないときは、大したことのない人を採用した可能性がある。

だから、その人が初めて出社してくるまでは安心できない。仮に初出勤してきても、まだまだ気を抜けない。優秀な人材を奪い去られた相手組織の気持ちになってみてほしい。新しい仕事に就いてから一カ月は、「考え直さないか」というアプローチが続くだろう。

次のセリフを言う

リーダーシップの作法、最後のヒントは、従業員や顧客、投資家、パートナーとの会話に次の四つのフレーズを積極的に採り入れることだ。よいリーダーになればなるほど、これらのセリフをためらいなく言えるはずである。

- 「わからない」
- 「ありがとう」
- 「正しいと思うことをせよ」
- 「私が悪い」

世間に名の知れた裕福なリーダーのなかには、こういうセリフを吐かない人もいるだろう。だが、彼らはたぶん良識にはむかう例外だ。ろくでなしでないと成功できない、とは私は思わない。

付録

取締役会運営術

軍隊というのはボーイスカウトみたいなものだ。ボーイスカウトには大人の監視があることを除けば。

——ブレイク・クラーク（俳優）

ここでは取締役会とのつきあい方を伝授しよう。このスキルはへたをするとスタートアップの生き残りを左右する。少なくとも、これをマスターすれば経営するうえでのゆとりが増す。

ひとつ目の問題は、いつ取締役会を設置するかである。外部から投資を受けるなら、その投資家が経営に発言権を持ちたがるので設置が必要だ。たとえそうでなくても、他人のお金を受け入れるときは、受託者責任の基準を高く保つために取締役会を設置したほうがよい。

ふたつ目の問題は、取締役会の構成だ。大口の投資家は重役の椅子を要求するはずだから、すでに一部は決まっている。一般的には、会社設立と深い市場知識、この二種類の専門性をそなえた人物が必要である。そろえるべき役者は、ざっと以下のとおりだ。

- **顧客**　顧客のニーズを把握している人。顧客である必要はないが、市場が何を求めているかを理解していなければならない。
- **事情通**　事業活動を現実的にチェックする人。たとえば、あなたの技術は物理法則に逆らっていないか？　技術系スタートアップでなくても同じこと。「そのタスクは可能か？」と問う人である。
- **父親ないし母親**　取締役会のなだめ役。亀の甲より年の功で、さまざまな問題をとりなし、折り合いをつけてくれる。
- **モーフィアス**　すでに述べたタフガイが取締役会にも必要だ。横になっているあなたに「スシの食べすぎだ」と言う役回りで、遵法や倫理にもうるさい。

●**ジェリー・マグワイア** 人脈豊富なエージェント役。その何よりも重要な財産は、分厚い名刺入れ（つまりは顔の広さ）と、それを喜んで使わせてくれることだ。

三つ目の問題は、取締役との良好な関係づくりだ。月に一度、せめて四半期に一度、取締役会を開催しよう。時間のムダだと思っても、タガが緩まないような環境づくりは必要である。自分の会社なんだから監督役などいらない、という理屈は一〇〇％成り立たない。

いくつかヒントを差し上げよう。

●**木を救う** 紙は多いより少ないほうがいい。多忙な取締役を文書漬けにするのは間違いだ。財務経理報告書は五ページ程度、内容は損益計算書、キャッシュフロー予測、貸借対照表、成果および問題点の一覧とする。

●**時間を節約する** 取締役会の理想的な頻度と長さは、月一回、二〜三時間。これを実行するには、報告書の事前作成、以前の取締役会で出た確認事項の整理、会議（おしゃべりではない）に臨むという心構えなど万全の準備が求められる。おしゃべりをしたければ、別の機会にフォースクエア（位置情報を利用したソーシャルネットワーキングサービス）をチェックすればいい。

●**役立つ指標を提供する** 財務経理報告書だけでは心もとない。顧客数、インストール数、ウェブサイトの閲覧者数といった金銭以外の指標も重要である。ただし、この情報を付け足すとしても三〜四ページ以内にする。

●**簡単なことを前もってしておく** 取締役会は戦略的イシューを話し合う場であって、報告書に含まれる事実情報を伝える場ではない。事実の伝達に割く時間は極力なくし、今後どうやって改善するかの検討に多くの時間を割くべきだ。そのためには、事前に報告書を送っておくのがよい。ただし、読んでくれるとはかぎらないか

自分の会社なんだから監督役などいらない、という理屈は100％成り立たない。

ら、会議のさいにざっと確認する必要はある。

●難しいことも前もってしておく 悪い知らせを発表する最悪の場所とタイミング、それは取締役会の席だ。ハイエナの群れに肉を食いちぎられたいのなら話は別だが。よくない知らせがあるときは、事前に一人ひとりと面会して状況を説明し、対応策について意見をもらおう。

●前もって見解を聞き、説得する 悪い知らせで取締役をびっくりさせてはならないのだとしたら、当然、重要な決定の前には心の準備をしてもらう必要がある。次の取締役会で重要な問題を論じることがわかっていれば、それぞれの取締役と事前に話をしよう。その場で見解を聞かされ、あなたの考え方も変わるかもしれない。

FAQ

Q1 自分がリーダーに向いているかどうかは、どうすればわかりますか?

前もってわかることはまずありません。リーダーの役回りはたいてい降りかかってくるもので、それにあわせて人は成長するのです。当面は心配しすぎないこと。代わりに、MVVPをつくり、市場に出し、改良し、お金に換えることに集中しましょう。それがいちばん大事です。

Q2 なぜ、スティーブ・ジョブズはあんなすごいリーダーになれたのですか?

「ユニーク」という言葉の意味は「ふたりといない」です。スティーブはまさにユニークでした。人々がじつはほしがっているのに、そのことに気づいていない——そういうものをつくる能力があり、なおかつ不思議なセンスのよさをそなえていました。完璧主義者で、ちゃちなものはけっして認めませんでした。仕事がしやすい上司だったとは言いませんが、いっしょに働けたことは光栄に思います。

Q3 実行に踏み出さないメンバーがいたら、クビにすべきですか?

それほど簡単にはいきません。実行しなかった本当の理由を探ってください。その人にはどうすることもできない問題が存在するのかもしれません。そうした問題をあぶり出し、できる手を打ちましょう。あなたが取締役会から認めてほしいと思う手続きや手順を、その人にも認めてあげるとよいでしょう。それだけの手続きを尽くしてもダメなら、決断をくだすしかありません。

Q4 取締役はどのように雇えばよいですか?

大きくは、あなたの夢にあなたに負けず劣らず賛同してくれる経験者を探すことです。半年くらいはかかると思ってください。夢に共感してもらってから、取締役就任を打診しましょう。その逆ではいけません。

Q5 取締役会をもっと活用して価値を引き出したいのですが。

いいですね。起業家のなかには取締役会に恐れをなし、これをきちんと運営できていない人が多すぎます。取締役にも仕事と責任を与えましょう。むこうもあなたに責任を負わせているのですから。いちばん望ましいのは、とりたてて問題がないときでも、ときどき一対一で会うこと。会議ではもらえないようなアドバイスをもらえるかもしれませんし、助言を求めれば絆が強まります。

推薦書籍

● 『あなたの職場のイヤな奴』ロバート・サットン（講談社）

第4章

自己資本で経営する

弾薬が豊富なら望みを高く持っても大丈夫。

――ホーリー・R・エバーハート

ガレージ・テクノロジー・ベンチャーズの私のパートナーであるビル・ライヘルトは、起業家によくこんなことを言う――晴れた日にプールの底で雷に打たれる確率のほうが、ベンチャーキャピタルから出資を得られる確率よりも高い。大袈裟なようだが、実情はもっと悪い。

たいていの起業家は、ごはんに醤油という粗食に耐えながら、事業をどうにか発掘し、かたちにしなければならない。幸い、スタートアップに要する費用はとても安くなった。無料の場合さえある。自己資本による起業がいまほどやりやすい時代はない。それは以下の理由による。

- 開発ツールがオープンソースまたは無料。
- クラウドベースのサービスのおかげでインフラが安価。

●クラウドベースの「中間層」アプリケーションのおかげで開発が容易・迅速に。
●在宅勤務やフリーランサーを利用すれば、オフィススペースを削減可。
●ソーシャルメディアという有力なマーケティング手法も安価。

なんと素晴らしい世界！　本章では、資金にめぐまれない創業当初の日々を自助努力でいかに乗り切るかを伝授する。

利益よりキャッシュフローに注意する

ザ・ニューヨーカー誌が創刊されたばかりのころ、オフィスは狭くて家具も少なかったので、ドロシー・パーカー（同誌創刊に参加した女性作家）は近くのコーヒーショップで過ごすのを好んだ。ある日のこと、そこにいるドロシーをハロルド・ロス（同誌の初代編集長）が見つけた。

「なぜあっちで仕事をしないい？」「誰かが鉛筆を使っていたのよ」

起業家はどんなビジネスでもほとんど独力でやれる。選択の余地がなければなおさらだ。他人資本に頼らないですむビジネスモデルには、以下の特徴がある。

●当初の必要資本が少ない。
●販売サイクルが短い（一カ月未満）。
●支払期間が短い（一カ月未満）。

●リピート販売がある。
●ソーシャルメディアや口コミで売り込める。

こうした条件から想定されるのは、次のような特徴をそなえた製品およびターゲット市場である。

●人々はすでにあなたの製品が必要だとわかっている。あるいは、そのことがすぐ明らかになる。潜在顧客が抱える悩みについて彼らを「教育」する必要がない。
●製品に「自動的な説得力」がある。つまり人々は、自分たちが抱える問題と、あなたがそれをどう解決してくれるかを知れば、みずからに言い聞かせてその製品を購入する。
●市場の巨大トレンドが押し寄せ、障害を取り除いてくれる。インターネットがそうだった（ただし、どんなトレンドもいずれは勢いがなくなるので、そのときまでに「リアルビジネス」を築いておかなければならない）。
●すでに広く出回っている製品に便乗できるため、リスクが軽減される。

自己資本経営の場合、利益ではなくキャッシュフローに気を配る必要がある。この先ずっとの話ではないが、現金に余裕ができるまではこれを実践すべきである。

クラウドを活用する

二〇一〇年ごろまで、ＩＴビジネスを始めるときは部屋中にサーバーを置き、人を雇ってその面倒

自己資本経営の場合、
利益ではなくキャッシュフローに
気を配る必要がある。

さいにバックアップ施設が取って代わるようにしなければならなかった。

だが、二〇一〇年ごろからこの前提が一変し、スタートアップが購入すべきハードウェアは各従業員向けのノートPCということになった。メインコンピュータはクラウドのなか、つまりネット上のホスティング、Eコマース、データベース、アプリケーションサービングを専門とするラックスペースやアマゾン・ウェブ・サービスといった企業のサーバー上にある。

おかげでスタートアップは、サーバー一台当たり月何千ドルも支払っていたのが、全部で月数千ドル払えばすむようになった。クラウドベースのインフラには、総じて次のようなメリットがある。

●価格納得性　自身でインフラ（ハードウェア、ソフトウェア、スタッフ、予備）をそろえる総費用を考えると、クラウドベースのインフラは賦課《ふか》方式なのでわかりやすく、それが大きなセールスポイントになる。

●順応性　キャパシティやパフォーマンスのニーズは刻々と変化する。クラウドベースのシステムはその増減に順応できる（できれば「増」のほうがうれしいが）。二〇一〇年以前は、キャパシティを増やすのに何日もかかったけれども、クラウドベンダーなら設定を変え、あなたへの配分を増やせばいい。

●信頼性　ラックスペースやアマゾンなど、確かなクラウドサービスを提供する会社には、たくさんの人員がいる。こうした企業はたしかにサイバー攻撃のターゲットになりやすいが、クラウドベースのシステムのほうが最終的には自分でやるよりも信頼性が高い。

「実績ある」チームはあきらめる

経験とは、誰もが自分の過ちにつける名前である。

——オスカー・ワイルド（作家）

自己資本経営をするなら、著名なベテラン業界人たちを雇ってドリームチームをつくるのはあきらめよう。重視すべきは、いかに安上がりですむか。経験はないが才能と活力と好奇心にあふれる若者を雇うのだ。実績のない人を雇えば、ベンチャーキャピタルから資金を調達する見込みは減るだろう。でも次の表のように、実績のない人材もそう捨てたものではない。

	経験者	未経験者
給料	高い。なのに、給料に見合う仕事をしてくれるとはかぎらない。	安い。そのうえ、たいてい給料に見合う仕事をしてくれる。
特典	秘書、高級ホテル、ファーストクラスでの移動、リムジン、最高級機器。	セルフサービス、モーテル、エコノミークラス、相乗り、オークションで購入した機器。
活力レベル	いまだ活発（できれば）。	制御可能（できれば）。
知識	自分の無知を認めない。でも、なんでも知っていると思われている。	自分の無知を知らない。なので、なんでもやってみる。

このうち、最も重要なのは最後の要素だ。無知は幸福というが、それは力をも与えてくれる。スタンフォード大学のオペレーションズリサーチ担当教授だった、ジョージ・ダンツィク博士の素敵な物語を紹介しよう。カリフォルニア大学バークレー校の博士課程に通っていたある日、彼は統計の授業に遅刻した。黒板を見ると、ふたつの問題が書かれている。てっきり宿題だと思ったダンツィクは、自宅でその問題を解決した。ところがその問題は、じつはまだ証明されていない統計上の法則だった。ダンツィクによると、卒論のテーマについて担当教授に相談したところ、「例のふたつの問題をバインダーに入れて提出してくれたらそれで十分」とのことだった。

一九八〇年代（まだ若かったころ）の私は、新しいオペレーティングシステムを世に広めることがどれほど大変かを知らなかったので、アップルから仕事を与えられたとき、それに飛びついた。でも、今の私はそれがどれほど大変かを知っているので、二度とやってみようとは思わない。経験者とはそういうもの。知りすぎているのだ。

知らぬが仏——無知はときとして絶大なパワーの素になる。

▼練習問題

インターネットで以下の起業家の経歴を調べてみよ。会社をおこすのに「ふさわしい」経歴の持ち主が何人いるだろう?

- ビル・ゲイツ（マイクロソフト）
- マイケル・デル（デル）
- ピエール・オミダイア（イーベイ）
- ジェリー・ヤング（ヤフー）
- アニータ・ロディック（ザ・ボディショップ）

知らぬが仏——
無知はときとして絶大なパワーの素になる。

サービス業としてスタートする

サービス業のメリットは、キャッシュフローがすぐに生じることだ。この手の自己資本経営の典型が、ソフトウェア会社である。おとぎ話は以下のように展開する。

- ニッチ市場にサービスを提供するために、何人かのプログラマーが集合する。特定の顧客をカモにコンサルタントとして営業する。請求は時給ベースで、支払いは三〇日以内。
- このサービスを提供するうちに、彼らは顧客向けのソフトウェアツールを開発する。顧客が増えるにつれてツールの性能が強化され、やがて彼らは、このツールを使える会社がたくさんあることに気づく。
- 彼らはもらったコンサルティング料を使って、ツールのさらなる開発を進める。この時点でコンサルティング業は十分に成長し、安定したキャッシュの源になっている。
- ツールの開発が完了し、彼らはそれを顧客以外に販売しようとする。売上は急増。会社はコンサルティングをやめる。理由は「コンサルティングは大儲けするってことがないから」。
- 会社は上場する、あるいはグーグルに買収される。創業メンバーはテスラの電気自動車やワイナリーを購入する。

だが、おとぎ話はたいてい実現しない。もう少し厳しめのストーリーは、以下のように展開する。

●ふたりの男があるソフトウェアのアイデアを思いつく。これでオラクルやマイクロソフト、シマンテックも商売あがったりだ。
●ふたりは製品をつくりはじめる。ベンチャーキャピタルから資金を調達することもあれば、エンジェルから投資を受けることもある。資金にただ困窮するだけかもしれない。
●人類史上初めて、起業家の予想以上に製品開発に時間がかかる。また、顧客はガレージで創業したふたりから製品を買おうとしない。会社は資金繰りが苦しくなる。
●キャッシュを得るため、ふたりはコンサルティングをしなければならないと決心。未完の製品を手に、何かいいビジネスはないかと探し回る。彼らはこの決心を前向きな一歩ととらえる。顧客が必要とする製品の開発に役立つのだから。
●ところがなんと、顧客はふたりの製品を本当に必要とする。彼らはそれを完成させ、販売しはじめる。売上は急増。ふたりはコンサルティングをやめる。理由は「コンサルティングは大儲けするってことがないから」。
●会社は上場する、あるいはグーグルに買収される。創業メンバーはテスラの電気自動車やワイナリーを購入する。

研究開発に対して顧客にお金を払ってもらうのは、製品をベースとする企業にとっては一時的な戦略にすぎない。長い目で見れば、サービス事業は製品事業とは根本的に異なる。前者は労働、そして時間やプロジェクトごとの請求を旨とする。後者は研究開発、出荷、そしてサーバーからの何千というダウンロードにコストを吸収させることにほかならない。

直販する

多くのスタートアップが、多層的な販売システムを実行しようとする。つまり製品を販売業者に売り、販売業者がそれをエンドユーザーに売るのである。ここで考えられているのは、実績のある販売業者には強みがあるということだ。たとえば営業力、ブランド認知、顧客との関係など。

とにかくそういう理屈なのだが、これはたいてい破綻する。大部分の販売業者は需要をつくりたいのではなく、需要を満たしたいからだ。彼らはあなたが市場を築くのを手伝うことになんの関心もない。すでに確立された市場に入り込みたいだけだ。マルクス（ただしグルーチョのほう）ではないが、自分を受け入れてくれるような販売業者とはかかわらないほうがよい（訳注：コメディアンのグルーチョ・マルクスが言った、「私をメンバーとして受け入れるようなクラブには入りたくない」のもじり）。

多層的な販売システムについて考えるときに注意すべき問題は、さらに三つある。

- そのシステムはあなたを顧客から隔離する。新しい製品の何がよくて何がよくないのか？　できるだけ早く、できるだけナマの声を聞くべきである。
- 利幅が薄くなるので、たくさん販売しなければならないが、スタートアップが大量販売を達成するのは難しい。
- 販売業者を説得して製品を扱ってもらうのも、そのシステムを通じて顧客に製品を届けるのも時間がかかる。

だから、顧客に直接販売するべきである。製品の欠陥を正し、売上が安定するようになったら、みずからの取り組みを加速、拡大、補完するために販売業者を利用すればよい。でも、販売業者があなたの製品の評価を定着させてくれるだとか、直販したときのように質の高い顧客の声を聞かせてくれるだとか考えてはならない。

市場リーダーを基準にポジショニングする

Bootstrapper's Bible の著者であるセス・ゴーディンは、自己資本経営の有効な手法として、市場リーダーを基準にしたポジショニングを強く主張している。製品を一から築き上げようとするのではなく、競争相手の既存のブランド認知を利用するのである。たとえば次のように。

- レクサス「メルセデスやＢＭＷ並みのクオリティながら三割安い」
- サウスウエスト航空「ドライブと変わらぬ安さ」
- セブンアップ「ノンコーラ」
- エイビス「(ハーツよりも) 一生懸命」

市場リーダーや標準的なビジネス手法を基準にしたポジショニングにより、マーケティングやＰＲ、プロモーション、広告の費用は大幅に削減できる。あなたも業界における「究極の基準」を選び、あなた自身の製品の重要な差別化ポイントをクローズアップしよう。たとえば、

- コスト
- 使いやすさ
- 利便性
- 工業デザイン
- 信頼性
- スピード／性能
- 選択の幅
- 顧客サービス
- 地理的な位置

競争相手はブランドを築くために多額の資金や長い年月を費やして、あなたに大変な便宜を図ってくれたのだ。しかし、落とし穴もある。このやり方を成功させるには、三つの条件がある。

- めざすリーダーは、基準となるだけの価値を持ちつづけねばならない。たとえば、ウォールストリートの寵児《ちょうじ》だったころのエンロンを基準に自社をポジショニングしていたら、どうなっていたか。
- リーダーがぬかりなく行動し、あなたの優位性をくつがえすということがあってはならない。たとえば、自社のコンピュータをＩＢＭより速いと位置づけたあとに、ＩＢＭがさっそく超高速モデルを発表して対抗するといったケース。
- あなたの製品は競争相手の製品よりも正真正銘、明らかにまさっていなければならない。もしそうでなければ、あなたがどう宣伝しようと歯牙《しが》にもかけてもらえない。悪くすれば信頼性を失い、失

競争相手はブランドを築くために
多額の資金や長い年月を費やして、
あなたに大変な便宜を図ってくれたのだ。

った信頼性はなかなか取り戻せない。

それでも、市場リーダーを基準にしたポジショニングは当面のあいだ、低予算で自社の事業を説明するのに適した方法といえる。

大きいことにこだわる

起業家がはした金を惜しんで「大局」を見失うと、自己資本経営は失敗する。会社を新しく立ち上げるのは、自分のデスクをつくるためでもなければ、ベンチャー資本で椅子を奮発してハーマンミラーを儲けさせるためでもない。起業家が対処すべき「大きいこと」と「小さいこと」は、以下のとおりである。

- **大きいこと** 「MVVVPの開発」「製品の販売」「製品の強化」
- **小さいこと** 「名刺やレターヘッド」「事務用品」「家具・調度」「事務機器」

小さいことはすばやく、そこそこのやり方で対処しよう（完璧でなくてかまわない）。アクセンチュアのコンサルタントだったリック・スクラーリンは、こう言っている。「コストコまでひとっ走りすればかたがつく」。あとは、大きいこと、大事なことにエネルギーや資源を集中させよう。

▼練習問題

「それなしではやっていけない」ものがあったら、一週間待ってみて、それでもやっているかどうか確認しよう。

人員を抑えてアウトソースする

ＣＥＯが直面する昔ながらの問題がある。すべてに対応できなくて売上の機会をみすみす逃すのと、売上を多く見積もりすぎて従業員を解雇するのと、どちらがよくないか？

私は、販売機会を逃すと考えただけで耳鳴りがする。でも、従業員を解雇するほうがもっとよくない。人員過剰はとんでもない連鎖反応を引き起こす。たんに頭数を減らせばよいという話ではない。次のような問題に直面せざるをえなくなるのだ。

- 長期契約を結んでしまった余分なスペース。
- 余分な家具類やコンピュータ。
- 解雇があるという組織内のトラウマ。
- 解雇された人に残るトラウマ。
- 解雇の一方で（新たな現実に備えて）別のタイプの人材を採用しようとする。
- 組織が内部崩壊しているのではないことを世間にわからせようと苦心する。

自己資本経営をしたければ人員を抑えること。頭数の少なさによって生じる問題には、短期的な解決策がある。できるだけたくさんの非戦略的機能をアウトソースするのだ。とはいえ、研究開発、マーケティング、販売といった戦略的機能はスタートアップにとっての肝だから、これをアウトソースするのはリスクが高い。アウトソーシングの候補となる業務は、

- 顧客サービス
- 技術サポート
- 経理
- 施設管理

自己資本経営に反するとんでもない事例は、ドットコムバブルがはじけた二〇〇一年に破綻したオンライン食料雑貨店、ウェブバンである。この会社はかつて、エンジニアリング企業のベクテルに一〇億ドル支払って、二六の市場に数々の施設をつくった。おまけに、アクセンチュアのトップだった花形CEO、ジョージ・シャヒーンをクビにしたときは、毎年三七万五〇〇〇ドルの収入を一生涯保証すると約束した。「うっそー!」としか言いようがない。

「形式」ではなく「機能」を重視する

お金を賢く使うには、形式ではなく必要な機能を重視しよう。たとえば、適切な法務、経理、PR、マーケティングまたは採用業務(機能)に、著名な大手事務所(形式)が必要とはかぎらない。

自己資本経営をしたければ人員を抑えること。

分野	形式	機能
法務	フォーチュン500に属する顧客企業のため、全世界にオフィス。	あなたの法的責任を理解。
経理	「ビッグ6」の一角。かつての顧客は服役中。会議室にクルミ材の壁。	コストをコントロール。財務的に安定したオペレーション。
PR	アジアの美術史を専攻した見てくれのよい顧客担当者が一〇万ドルのマスコミ向けイベントを企画し、あなたのスピーチはすごいとおべんちゃらを言う。	効果的なポジショニングを創出・調整し、マスコミやブロガーと密接な関係を築く。
マーケティング	壁一面のテレビCMや印刷広告の賞。媒体の手配しかしない社員。	あなたの顧客を理解し、配慮する。現顧客を介して未来顧客を引きつける。
採用	自家用機を所有する上場企業のCEOをヘッドハントしたことで有名。	ストックオプションで報酬を受け取る優秀な社員を採用。

各種サービスの提供者への支払いは、スタートアップのコストのかなりの部分を占める。そこで、彼らを見きわめ、正しい選択をするためのヒントをお教えしよう。

● **あなたにとって必要な業務を専門とする会社を選ぶ**　たとえばストックオプションの細かい手続きのために、親戚の離婚専門弁護士やウォールストリートの法律事務所を雇うべきではない。

● **必要不可欠な機能には出し惜しみしない**　たとえば投資家は、あなたのような事業に「おきまりの」弁護士や会計士を利用してもらえば安心する。でも「おきまりの」にとどまらず、その分野で「最大の」ところに依頼しよう。

●**あなたの事業に関係する（会社だけでなく）個人に紹介してもらう**　最も頼りになる紹介先は、成功した起業家である。彼らに心当たりを尋ねてみよう。

●**なんでも交渉する**　料金、支払いスケジュール、月次報酬など、世の中に交渉できないものは何もない。景気がよくても遠慮せず交渉を。それはゲームの一部なのだから。たとえば図々しく頼めば、多くの会社が請求を遅らせてくれるものだ。

形式ではなく機能を重んじるというこの論法は、スタートアップのほぼすべての要素に当てはまる。たとえば、ドットコムバブルの象徴のひとつにハーマンミラー社のアーロンチェアというのがあった。これは一脚七〇〇ドルもする椅子で、クールなオフィスになくてはならないものとされた。

素晴らしい椅子だったが、七〇〇ドルの価値があったかどうかは知らない。これに座れば長時間のハードワークにも耐えやすいのだろうが、たぶん間違った仕事に使ってしまったのだ。

そういえば、ウェブバンの破綻にともなうオークションでは、この椅子が一一四脚売れたらしい。

FAQ

Q1 自己資本経営もそろそろ終わりだというのは、どうすればわかりますか?

キャッシュフローが黒字になり、売れば売るほど利益が出ると確信できるようになったら、自己資本経営も終わりだとわかるでしょう。

Q2 自己資本経営をやりすぎたら、成長を――あるいは成功をさえも――あきらめることになるのでしょうか?

自己資本経営をやりすぎた組織というのを、私はひとつとして挙げることができません。資金不足よりも資金過剰のためにチャンスをふいにする危険のほうが大きいのです。悪く言えば、ベンチャーキャピタルとはステロイドのようなもの。即効性はてきめんですが、時間とともにあなたをむしばむ可能性があります。資金の出所が自分であれ、外部の投資家であれ、やらなければならないのは投資した人にとっての価値を高めることだと肝に銘じてください。

Q3 自己資本で組織を立ち上げることに成功した場合、それでも他人資本を入れなければなりませんか? 昔ながらのやり方ではいけませんか?

どちらも「いいえ」です。他人資本は唯一の方法ではありません。ひとつの方法にすぎません。ゴールは優れた事業を打ち立てること。どう資金を調達しようが問題ではないのです。

Q4 ベンチャーキャピタルから数百万ドル調達できなかったら、まともにとりあってもらえませんか？

それしきのことでとりあってくれないのは小さな人間です。もし、まとまった資金が調達できたら、信頼性の向上に利用すればよいでしょう。でも、それで成功が保証されるわけではありません。ベンチャー資金が調達できなくても気にする必要はありません。偉大な事業の確立をめざして、ひたすら前を向きましょう。

Q5 スタートアップは、家族・友人、クレジットカード、住宅資産を資金源にしないほうがよいでしょうか？

三つの方法にはそれぞれ危険がともないます。人間関係の破滅、個人資産の危機、住宅の喪失。しかし起業とは、必要なことはなんでもするというのが作法です。誰だって大きな成長市場、完璧なテクノロジー、無限の資本を望むでしょう。その条件があれば、みんな起業家になれます。問題は、それどころではない条件下で何をするか、何ができるかです。起業にリスクがなければ、もっとたくさんの人がチャレンジしているでしょう。

第5章

資金を調達する

この前講演をしたとき、聴衆がみんな同じようなことばかり質問するんだ。「どうやってベンチャーキャピタリストと接触すればよいですか?」とか「彼らにはどのくらいの株式を渡すべきですか?」とか。事業の立ち上げ方を訊いた人はひとりもいなかったよ!

――アーサー・ロック(実業家)

資金調達は、組織を立ち上げるうえでの必要悪だ。楽しくもないし、簡単でもない。時間もかかる。自己資本で経営できれば調達資金も少なくてすむ。運がよければ資金調達の必要さえない。だが、それを完全に回避できる起業家はまずいない。本章では、資金調達の三つの方法(クラウドソーシング、エンジェル投資家、ベンチャーキャピタル)と、この必要悪を乗り切るためのノウハウを伝授する。

クラウドを利用する

資金調達とひと口に言っても、いろいろな方法がある。その昔、高貴なお金持ちはそもそもの開業資金を持っていた。資金がもっと入り用になったときも、担保や人脈には事欠かなかった。

それから数百年後、ベンチャーキャピタルというものができたおかげで、年に何千人もの起業家が、パワーポイントのプレゼンテーション、プロトタイプ、紙ナプキンの走り書きをもとに資金を調達できるようになった。また、エンジェル投資家は、ベンチャーキャピタリストが相手にする会社よりもリスクの高いスタートアップに資金提供することで、このプロセスをさらに民主化した。

そして、二〇〇七年にインディゴーゴーが開業し、その二年後にはキックスターターが登場した。きわめて民主的で透明でオープンな資金調達法、クラウドファンディングの幕開けである。そのしくみはこうだ。

●まずプロジェクトを立ち上げる。説明用の動画や文章をつくり、参加者への報酬を設計し、プロジェクトが進捗すると情報を更新する。
●株式を売って資金を調達するのではなく、報酬やインセンティブを示して事前注文を受け付ける（まだ存在しない製品にお金を出してもらう）。インセンティブとしては、割引、記念品、ギフトのほか、本のなかのキャラクターに命名する権利、あなたのチームに加わる権利などもある。
●ソーシャルメディアやEメールで、クラウドファンディングプロジェクトを宣伝する。従来型の資金調達のアピールポイントは「お金が儲かる」だが、クラウドファンディングのそれは「人よりも先にクールな何かが得られる」「人助けという内発的報酬が得られる」。
●いろいろな人がお金を出してくれるおかげで、プロジェクトを完遂できる。あなたはすべての注文に応じ、口コミで情報が広まる。うまくいけば偉大な会社ができる。

クラウドファンディングが最もふさわしいのは、一般消費者向けのデバイス、アクセサリー、ゲーム、工芸品、ファッションのほか、映画や慈善事業などの社会プロジェクトである。反対に、バイオテクノロジーや起業向けソフトウェアにはあまり向かない。必要な資金のケタが違うし、衝動買いにもなじまないからだ。

キックスターターによると、二〇一三年には二〇〇カ国以上の約三〇〇万人が同社のサービスを使って計四億八〇〇〇万ドルを提供し、その結果、一万九九一一のプロジェクトが成功を収めた。同じ年に話がまとまったベンチャーキャピタル取引の六倍にはなるだろう。

起業家が資金を調達したという意味で成功を収めたクラウドファンディングには、次のようなものがある。

●スマートウォッチの「ペブル」――調達額一〇〇〇万ドル
●iPhone用ドックの「エレベーションドック」――調達額一四〇万ドル
●映画「ヴェロニカ・マーズ」――調達額五七〇万ドル

これらは極端な成功例だ。通常、クラウドファンディングが有効なのは五万〜二五万ドル程度。ベンチャーキャピタルが投資するにはちょっと少なすぎる金額である。すべてのプロジェクトが何百万ドルも調達するわけではない。だが、クラウドファンディングには好ましい点がたくさんある。

●ベンチャーキャピタルの調達ほど面倒ではない（ベンチャーキャピタルで資金を調達しようとしたら、半年間それにかかりっきりということも少なくない）。たとえば、事業計画を書く必要もないし、デューデリジェンス（適正評価）を受ける必要もない。
●株式の希薄化がない。クラウドファンディングの場合、投資をして株式を受け取るのではなく、事前購入や寄付をすることになる。株式を売らないメリットは、投資家への報告義務がないことだ（もちろん、プロジェクトを実行する道義的責任はある）。
●よいテスト機会になる。ベンチャーキャピタリストは何が売れるかなんてちっともわかっていない。でも、あなたのプロジェクトがクラウドファンディングで人気なら、彼らは運用中の年金基金のお金ではなく、自分の手取り収入を投じるにちがいない。

続いて、クラウドファンディングを成功させるためのヒントをいくつか紹介しよう。キックスター

□ **ベンチャーキャピタリストは何が売れるかなんてわかってない。**
□ **だが、あなたのプロジェクトがクラウドファンディングで人気なら、**
□ **自分の手取り収入を投じるにちがいない。**
□

ターの「クリエイターハンドブック」やインディゴーゴーでも、いろいろなヒントが入手できる。

●**動画をつくる**　魅力的で活力にあふれた二分以内の動画が最大のカギだ。この出来がプロジェクトの成否を分ける。

●**個人的なストーリーを語る**　動画やEメール、ソーシャルメディアの投稿ではストーリーを語らなければならない。いちばんいいのは個人的なストーリーだ。たとえば、自転車のパンクをもっと早く修理したかったのでこのプロジェクトを立ち上げた、みたいな（インディゴーゴーの「パッチンライド」プロジェクトをご覧あれ）。

●**Eメールやソーシャルメディアを使う**　トーク番組の「エレンの部屋」に出られるアリアナ・ハフィントンでもないかぎり、ゲリラ的なマーケティングキャンペーンでプロジェクトを成功に導くしかない。つまり、知り合いのEメールアドレスやソーシャルメディアのアカウントを使って情報を流すのだ。

●**報酬を活用する**　二番目に重要なのが報酬やインセンティブだ。わかりやすいところでは、割引、謝辞、サイン本、あるいはトートバッグやTシャツなどのギフトが挙げられる。製品を直接届けたり、インストールしたりする方法もある。まだ存在しないものにお金を払ってもらうのだから、そのリスクテイクに報いなければならない。

●**予算を示す**　サポーターになってくれそうな人たちを納得させるには、受け取ったお金をどう使うかという予算を提示するのがよい。そうすれば、ちゃんとプロジェクトをやりきるだろうという信用が生まれる。

エンジェルを口説く

ふたつ目の資金源はエンジェル投資家、すなわち自分のお金をスタートアップに投資する裕福な個人である。ベンチャーキャピタリストは金儲けが第一で社会還元が第二だが、エンジェルは社会還元が第一で金儲けは二の次だ。

エンジェルはふたつの方法で社会還元する。若者の起業を助けるのがひとつ。有意義な製品の販売を助けるのがひとつ。エンジェルから資金調達するうえで心がけるべきことは次のとおりだ。

●**エンジェルを見くびらない**　彼らはプロの投資家ほど金銭的リターンにこだわらないかもしれないが、かといってお人好しというわけではない。トップクラスのベンチャーキャピタリストに売り込むときと同じレベルのプロ意識でアプローチしよう。

●**自分の若いころを見ているような気にさせる**　多くのエンジェルが望む副次効果は、青春時代や起業家だった昔を追体験することだ。またぞろ会社を始めることはできない、あるいはそのつもりはないとしても、あなたがそうするのを見るのが楽しいのである。これをベンチャーキャピタルならぬ「ボイヤー（のぞき見）キャピタル」と呼ぼう。

●**配偶者に理解させる**　エンジェルの「投資検討委員会」はその配偶者である。同僚、提携業者、専門家といった連中ではない。だからこそ平易な言葉で事業を理解してもらうのが大切になる。試しに、あなたの事業に投資するかどうかを妻や夫に訊いてみよう。

●**善人でいる**　ベンチャーキャピタリストは相手がいやなやつでも投資するだろう。「カネはカネ」だから。ところがエンジェルはそうはいかない。彼らは父親や母親のように起業家にほれ込むのだ。「いい子だからチャンスをやりたい」。だから、お行儀よく素直にしていること。

● **彼らの知り合いと契約する**　エンジェル投資は、お金儲けであると同時に社交も兼ねている場合が多い。だから、その「クラブ」のメンバーを誰かつかまえることができれば、類が友を呼ぶ。エンジェル投資家にとって、知り合いのエンジェルが投資したかどうかは、事業の質の良し悪しを判断する大きな材料になるのだ。

ベンチャーキャピタリストと交渉する

じつは、スタートアップがごく初期の段階で調達する資金の額は、成功の可能性と逆の相関関係がある。

——フレッド・ウィルソン（ベンチャーキャピタリスト）

ベンチャーキャピタリストからの資金調達は、精神衛生によくない長いプロセスである。それも、うまくいけばの話だ。ベンチャーキャピタリストがどういう人種かを説明するために、私のお気に入りの話をひとつ紹介しよう。

ある女性ベンチャーキャピタリストが父親としゃれたレストランへ食事に出かけた。車を店の前に停めれば、あとはボーイが駐車場に停めておいてくれる、そういう種類の店だ。道中、父親は「こんな派手なBMWを買って」と娘をやさしくたしなめた。娘はレストランの前に車を停め、ふたりはなかへ入って夕食をとった。

何時間かして店を出ると、車はさっきの場所にそのまま停まっていた。ここぞとばかりに娘は父親に言った。「ね？　だからBMWにしたのよ。おしゃれな車はレストランも店の前から動かさないの。そしたら車を回してもらうのを待たなくてもいいでしょ」。と、そのとき、怒った様子のボーイが近づいて彼女に話しかけた。「カギをお持ちになったので、お車を移動できませんでした」

ベンチャーキャピタリストは起業の扉を開き、販売や提携に弾みをつけることができる。将来の投資家探しを手伝ってくれる。ミスを防いでくれる。人材採用を手伝ってくれる。世間にとりあってもらえるようサポートしてくれる。しかし……

- 彼らはエンジニアリングやマーケティング、販売、製造、財務、オペレーションについて、あなた以上に詳しいわけではない。それでも彼らは何億ドルというお金を扱っているので、なかなかそうは思われない。
- 彼らから投資を引き出しても成功が保証されるわけではない。ベンチャーキャピタリストはたくさん賭けを打つが、そのほとんどは失敗すると踏んでいる。もし野球選手だったら、打率が低すぎてプロにはなれないだろう。
- 彼らの忠誠心は、口でどう言おうと、あなたが約束を守れないようになりはじめてから一年が限界だ。ベンチャーキャピタリストは友人ではない。いちばんの関心はお金儲けである。必ずしも悪い人ではないのだが、これはあくまでビジネスだということを忘れないように。

以上、資金調達の三つの主な方法を見てきた。これを表に整理してみよう。そのあとで、エンジェルとベンチャーキャピタリストからの資金調達について、もう少し詳しく検討する。

「カギをお持ちになったので、
お車を移動できませんでした」

	クラウドファンディング	エンジェル	ベンチャーキャピタル
調達最高額	二万五〇〇〇～一〇万ドル	二五万～五〇万ドル	一〇〇万～五〇〇万ドル
期間	九〇日	一八〇日	二七〇日
ラウンド当たりの希薄化	該当せず（投資ではない）	二〇％	二五～三五％
努力レベル	中	中	高
製品タイプ	消費者向けのデバイス、書籍、アートプロジェクトなど	ソフトウェア、ウェブサービス	ハードウェア、ソフトウェア、バイオテクノロジー、ウェブサービス
デューデリジェンス	最小限	中	高
押しつけがましさ	最小限	中	高
体験	楽しい	我慢できる	悲惨

口をきいてもらう

献本ありがとうございます。すぐに読ませていただきます。

——モーゼス・ハダス（古典学者）

出版、映画、音楽、ベンチャーキャピタルの世界では、次のような夢みたいな筋書きがある。ある組織に原稿、脚本、楽曲または事業計画書を提出する。ほかにも提出した人は山ほどいるのに、あなたのは出色のできばえなので、ぜひ打ち合わせを持ちたいと声がかかる。一回の打ち合わせでもう契約が成立し、あなたは大ヒット作をつくり、その後は貧しい人を救って一生を過ごす――

しょせん夢だ。

誓って言うが、次こそが本当の物語である。あるスタートアップは、一流のベンチャーキャピタル企業から投資を受けるのをあきらめていた。脈がないと感じたからだ。私はそのベンチャーキャピタルの役員に、なぜダメだったのかと尋ねてみた。するとどうやら、彼の同僚がヨーロッパで同じ事業をしているスタートアップを知っていたらしい。しかも、そのスタートアップは「ヨーロッパで一〇〇%の市場シェアを達成し、米国進出も間近」とのこと。だから、いまさら参入しても手遅れだ、と。

それはなんというスタートアップかと、私はその同僚に尋ねてみた。すると、わからないとの答え。友人から聞いたのだという。そこでその友人に連絡をとったが、やはりわからないという。どうやら別の友人からそのスタートアップのこと、そしてそこが東欧のある小さな市場で九八%のシェアを誇っていることを耳にしたらしい。

確認しよう。ある友人が別の友人に話し、その友人が同僚に話し、同僚がパートナーに「わざわざあそこに目をつけなくてよい」と話したのである。この物語からわかるように、意思決定者の目をこちらに向けさせるためには、信頼できる第三者に口をきいてもらう必要がある。大事なのは機会均等なプロセスではない。ベンチャーキャピタリストがこれならと思う人（以下参照）に紹介してもらい、自分のほうへ機会をたぐり寄せることだ。

●現在の投資家　すでにあなたが投資を受けている場合、その投資家が提供できる最も価値あるサー

大事なのは、
自分のほうへ機会をたぐり寄せることだ。

ビスのひとつは、さらなる投資家探しの手伝いである。これは当たり前のことなので、遠慮なく助けを請おう。ほかの投資家の薦めがあれば、たいていの投資家は少なくとも耳を貸してくれる。

●弁護士・会計士　弁護士や会計士を選ぶときは、その能力だけでなく人脈にも注目しよう。資金の出し手を紹介してくれないかと訊いてみればよい。仕事ができる法律事務所や会計事務所は少なくない。それなら、仕事もできれば口もきいてくれる、そんなところを探そう。

●ほかの起業家　起業家が、その投資家に電話かEメールで「なかなかいかしたスタートアップだから話を聞いてみたら?」と言ってくれれば心強い。投資家のウェブサイトで、どんな会社に投資しているのかを当たってみよう。どこかに知り合いがいるかもしれない。いなければ、知り合いになるまでだ。たぶん、投資家自身よりも、そうした会社の幹部のほうが話がつながりやすい。非営利組織を立ち上げようとしている場合なら、意中の財団や基金がどこに出資しているかに注目してみよう。

●大学教授　投資家は大学の先生の言葉に弱い。たとえばシリコンバレーでは、スタンフォード大学の技術系教授からの電話かEメールひとつで、たいていのベンチャーキャピタリストやエンジェル投資家が気をつけをする。あなたは優秀な学生でしたよね!

もしこういう人たちを知らなかったら? 世間が狭すぎる。資金調達は機会均等な活動ではないのだから、そんな世間を脱け出して人脈をつくることだ。第8章「ファンを増やす」では、人脈づくりのコツについてもふれているので参照してほしい。

相手を知る

投資家候補との打ち合わせを充実させるには、事前の調査がポイントになる。まず、相手にとって何が重要かを知ろう。それには、会議に招いてくれたパートナーに以下の質問をすればよい。

- 私たちの組織について知りたい三つの最重要事項は何か？
- 私たちのアイデアになぜ関心を持ったのか？　なぜ打ち合わせの機会を持ってもよいと思ったのか？
- 何か特別な問題、疑問、あるいは「地雷」に備えておいたほうがよいか？

次に、相手のベンチャーキャピタル企業のウェブサイトのチェック、グーグル検索、報告書の閲読、業界通へのヒアリングなどを通じて、さらなる情報を収集する。知るべきは以下の情報だ。

- **組織のバックグラウンド**　そのベンチャーキャピタルはどのような経緯でスタートしたか？　当初のパートナーは誰だったか？　どんな投資に成功しているか？
- **パートナー**　誰が働いているか？　彼らは以前どんな組織に勤めていたか？　どこの学校を出たか？
- **現在のポートフォリオ**　どんな企業が投資対象か？　大きな成功例にどんなものがあるか？　あなたのスタートアップと対立するか、それとも相乗効果があるか？

第三に、チーム内でブレーンストーミングをして、売り込みを強力かつ有意義なものにするためのしかけ、工夫などを検討する。いろいろな可能性があるが、相手の前でそれを見きわめるのは難しい。重要なのは、事前に、つまりプレッシャーがあまりないときにこの検討を行なうことだ。

エンジェル投資家はウェブサイトを持っていない可能性が高いが、グーグルやリンクトインなどを探れば、たくさんの関連情報がわかるはずだ。

「トラクション」を示す

一般に投資家は、実績あるチーム、実績あるテクノロジー、実績あるマーケットを求めている。しかし、いっさいの誇張を許さぬ客観的な要素がひとつある。そう、売上が実際にあがっていることだ(シリコンバレーではこれを「トラクション」と呼ぶ。車のタイヤが路面をしっかりつかんで進むという意味)。

トラクションは、まさに肝心要《かなめ》である。それは、人々が喜んで財布からお金を出し、あなたのポケットに入れているという証だから。それが達成できれば、チームやテクノロジーやマーケットはそれほど問題ではない。実績のないチームに投資して利益を出すよりも、実績あるマーケットで実績あるテクノロジーを持つ実績あるチームに投資して損を出すほうがいい、という投資家を私は知らない。

成功したクラウドファンディングプロジェクトが大きな力を持つのも、そのせいである。実際にお金が集まることで資金調達の必要性がなくなる(もしくは遅れる)ばかりか、製品のポテンシャルが証明され、投資家が関心を持つようになるのだ。

トラクションは業態によっていろいろなかたちをとる。製品を持つスタートアップの場合なら、その定義は以下のようになる。

●登録者数
●ダウンロード数
●有料顧客数
●収益
●ウェブサイトのアクセス数

非営利組織の場合は変数が異なる。

●学校：生徒数、テストの成績
●教会：礼拝の出席者数
●美術館：来館者数
●ボランティア組織：寄付金の額、ボランティア時間数

すると、こういう質問をしたくなるのが道理である。「製品を仕上げるお金がないときに、どうやってトラクションを示せばよいのか」。答えはふたつある。第一は「起業が簡単だなんて誰も言ってない」。第4章「自己資本で経営する」を復習して、やるべきことをやりなさい。第二は「トラクションには階層がある」。「マズローの欲求階層」に倣《なら》うことを許していただけるなら、序列は次のよう

になる。

①実売上（製品がない組織に関しては先述の変数）
②実地テスト、パイロットサイト
③実地テスト、パイロットサイトまたは製品使用に関する事前契約
④実地テストのための客先開拓

階層が上になればなるほどよい。少なくとも実地テストのつてがないと、資金調達には苦労するだろう。多くの起業家が、「このアイデアはものになると信じています！」と言えばそれなりにトラクションを示せると考えているけれども、本当にそう思っていたらひどい目に遭う。

空想をかきたてる

投資家とのミーティングに現れる起業家は、文字どおりひとり残らず、その市場規模を「証明する」スライドを何枚か用意している。コンサルティング会社に、「このラマ放牧用ソフトウェア市場の規模は、四年以内に五〇〇億ドルになる」と明言させるわけだ。

おもしろいのは、どんな起業家も五〇〇億ドル市場をめざしていると宣言することだ。本当は、その起業家本人を含め、部屋にいる誰もその数字を信じてはいない。ならばいっそ空想をかきたてたほうがいい。明らかにニーズが高いので聞き手が自分で計算できる、そんな製品を提供するのである。

この方法はいつもうまくいくわけではない。それほど顕在化していない市場もあるからだ。しかし、

「このアイデアはものになると信じています！」と言えばそれなりにトラクションを示せる、などと思っていたら、ひどい目に遭う。

うまくいったときは目をみはる効果がある。例を挙げよう。あなたのウェブサイトでは、ソフトウェアを買ったり借りたりしなくても、また複雑な製品の使い方を学ばなくても、簡単にグラフィックが描けるようになると仮定しよう。

空想は以下のように展開する。

- ウェブサイト、ブログ、ソーシャルメディア、書籍、オークションサイト、ショッピングサイト、プレゼンテーションなどにかかわる人はみんな、注目を集めるためにグラフィックを必要とする。
- しかし、ほとんどの人はグラフィックデザイナーでもアーティストでもないし、デザイナーになるために時間やお金をかけようとは思わない。
- したがって短時間で美しいグラフィックが得られる、無料で使いやすいサービスがあれば、多くのユーザーが興味を持つ。
- グラフィック要素、ストックフォト、プレミアム機能を彼らに販売すれば、すぐお金になる。

このやり方は、グラフィックソフトウェアの市場規模が五〇〇億ドルであるとの調査結果を引用するよりも効果的だ。なぜなら投資家は、こういう会社ならデザインを民主化して大きくなる可能性がある、と自分で判断できるからだ。

敵をつくる

投資家は投資しようとするスタートアップに競争相手がないことを望んでいる、と多くの起業家は考える。だが残念ながら、賢明な投資家がそんな起業家を見たら、次のいずれかの結論に達する。

- 市場がないから競争相手がいない。市場があれば、ほかにもそこをねらう者がいるはずだ。
- この創業者は無知なので、ほかにも同じことをしているスタートアップがあるということをグーグル検索すらできない。

言うまでもなく、存在しない市場に働きかけようとするスタートアップも、無知をさらけ出すスタートアップも、資金調達できる可能性は少ない。ある程度の競争は、市場が存在しそうだという証になるし、それなりに下調べをしたとのアピールにもなるからよいことなのだ。

自分たちがいかに競争相手よりまさっているか、それを示すのがあなたの仕事である。競争相手がいない、ではダメだ。以下のような表を使って、自分たちとライバルにそれぞれ何ができて何ができないかを説明するとよい。

会社	われわれができてライバルにできないこと	ライバルができてわれわれにできないこと
わが社		
X社		
Y社		
Z社		

自分たちにできて競争相手にできないことを書き出すのは誰も疑問に思わないが、自分たちにでき

なくて競争相手にできることを書き出すのはなぜか、と思う起業家は多いだろう。その理由は、あなたに四つの望ましいスキルがそなわっていることがわかり、信頼が増すからだ。

- 真実を語る。
- 競争相手を評価する。
- 自社の弱みを理解する。
- 知っていることを簡潔明瞭に伝える。

この表はまた、顧客のニーズに応じたあなたの能力を示すことで、製品と市場との適合性をアピールするためにも使える。つまり「われわれにできること」リストは、とりもなおさず、あなたの製品に対するニーズがあるという証明なのだ。あいにく、以上のような要素を考慮している起業家はめったにいない。みんな、自分たちがよく見えるような表をこしらえる。多くの場合、露骨におかしいとは言えないまでも、あまり関係のなさそうなパラメーターを持ち出して。

もしも直接の競争相手がいないのであれば、それが見えるまでズームアウトしよう。競争相手がまったくいないのは、たぶん何もないのと同じである。間接的なライバルには、以下のような例がある。

- **現状維持の文化**　「いつもこのようにしてきました」「上司の許可がいります」
- **時間や注目度をめぐる競争**　たとえば美術館は他の美術館と競争し、さらに水族館やオンラインゲーム、ショッピングモールとも競争している。
- **グーグル、アップル、アマゾン**　これらの会社はある意味、みんなと競争している。

勇気を持とう。みずからの強みと弱みをオープンに論じよう。弱みを率直に認めれば、強みの信憑《しんぴょう》性《せい》も増すというものだ。

計略にはまらない

運がよければ、あなたは「引っかけ問題」を出す投資家にめぐり会うだろう。なぜ、運がよいのか？　引っかけ問題を出すのは、あなたに関心がある事情通の投資家だからだ。このチャンスを活かして、あなたも事情通であることを知らしめよう。よくある質問と模範回答は次のとおり。

投資家の引っかけ問題	言いたくなる答え	言うべき答え
なぜご自分がこのスタートアップを経営するのに適任だと思われるのですか？	なぜご自分がそのベンチャーキャピタル企業を経営するのに適任だと思われるのですか？	ここまでうまくやってこられました。でも必要とあらば身を引く用意はあります。
ご自分は長くＣＥＯをやると思われますか？	パートナーの方々はあなたにどんな資質を見出したのでしょう？	いままで製品を市場に出すことに専念してきました。それを成功させるためならなんでもやります。必要とあらば身を引くことも含めて。われわれがそうした変化を遂げるための条件は次のとおりです……

弱みを率直に認めれば、
強みの信憑性も増すというものだ。

投資家の引っかけ問題	言いたくなる答え	言うべき答え
組織の支配権を握ることはあなたにとって重大な問題ですか？	事業を成功させるためなら、週八〇時間働くこともいとわないこの私に、自分の持分を気にするかですって？	いいえ。事業を成功させるためには、優れた従業員と優れた投資家が必要です。みんなにそれなりの持分を渡さなければ。私はパイを大きくすることに集中します。パイの取り分を大きくすることではなく。
流動性の方針についてどうお考えですか？	史上最高額のＩＰＯ（新規公開株）をめざします。	流動性を夢見る前にやるべきことがたくさんあります。私たちはこの会社を成功に導き、独立した大きな組織にしようとしています。いまは雌伏のときですが、そのために力のかぎり働いています。ＩＰＯは夢のような大目標です。ちなみに将来の買い手としては次の五社が考えられます……

ネコを一匹つかまえる

恋人と別れる方法は五〇はあるだろうが、ベンチャーキャピタリストがあなたにノーと言う方法はもっとある。あいにく、ベンチャーキャピタリストはあからさまに拒絶することを好まない。彼らが好むのはSHITS《くそったれ》テクニックだ（show high interest, then stall＝関心が高そうに見せたうえで、はぐらかす）。よくある言い方は、たとえば以下のとおり。

- 「まだ早すぎます。売上実績が出れば投資しましょう」
- 「もう遅すぎです。もっと早くお話を聞きたかった」
- 「ほかに投資してくれそうなところがあれば、われわれもひと口乗りましょう」
- 「御社の分野のことはわからなくて」
- 「投資先企業のひとつと利益相反が生じるのです」（断言するが、あなたの会社がカネになると思ったら、彼らはその利益相反を解決するだろう）
- 「私はいけると思ったのですが、パートナーがうんと言わなくて」
- 「貴社の技術に拡張性があることを証明してもらわなければ」

だいたいの場合、投資家の本心は「地獄が氷で覆《おお》われたら考えてやる」くらいのものだ。しかしなかには、心から興味を持っているのにまだ確信にいたっていないというケースもある。この場合、いずれは出資を受けられる可能性もあるが、それはネコを群れさせるのと同じくらい難しい。

ネコをうまく群れさせるためのカギは、まとめて何匹かつかまえようとするのではなく、一匹をしっかり確保することだ。この一匹が大きくて美しくて有名であれば言うことはない。「不幸は道連れをほしがる」と言うが、ベンチャーキャピタリストも道連れをほしがるものだ（ただし、あなたの身内以外のネコであること）。

ベンチャーキャピタリストを口説くという作業は、たんに売り込みや紹介状を通じて客観的で数値化可能な有力情報を提供することではない。それは分析的作業であると同時に、恋人とのデートにも似ている。一見素っ気なさそうなベンチャーキャピタリストが、ずっとあなたのことを見ているのだ。

- 売り込みのさいに答えられなかった質問にあとで答えたか？
- 売り込みのあと、自分の主張を裏づける補足情報を提供したか？
- 有力な顧客と契約したり、目標を早めにクリアしたりして投資家を驚かせたか？
- ほかの優良投資家が小切手を切ってくれたか？

このように粘り強く行動すると、報われることがある。最初の売り込み後にこうした姿勢や事実を見せていけば、ネコも群がってくるかもしれない。ただし、これといった改善もないまま接触しつづければ、あなたへの評価は「粘り強い」から「厄介者」に変わる。厄介者にお金を出す人はいない。

企業財務専門の弁護士を雇う

弁護士は必要だが、どんな弁護士でもいいというわけではない。ベンチャーキャピタルやアーリーステージの案件に慣れた弁護士であること。つまり、離婚や刑事事件、家族法、不動産などが専門の友人や親戚に頼んではならないということだ。脳腫瘍に関するアドバイスを皮膚科医にもらおうとはしないだろう。それと同じように、企業財務のアドバイスを離婚専門の弁護士にもらおうとするのはナンセンスである。

デューデリジェンスから資金の送金まで、法的なアドバイスはきっと必要になる。とくに、投資の条件などを規定した法的文書やタームシート（条件概要書）の作成には欠かせない。ウィルソン・ソン

□ これといった改善もないまま接触しつづければ、
□ あなたへの評価は「粘り強い」から
□ 「厄介者」に変わる。厄介者にお金を出す人はいない。
□

シニ・グッドリッチ&ロサティ法律事務所の私の知人たちは、素晴らしいタームシート作成ツールをつくって、起業家がこの文書をよく理解できるようサポートしている。友人や親戚を使って経費削減をするという「賢い決断」がうまくいかず、結果的に多額の費用を使わざるをえなかった起業家を、私はたくさん見てきた。この作成ツールには、四八ページ分の質問が用意されている。それを見ると、手続きがどれだけ複雑か、なぜ経験豊かな弁護士が必要かがわかる。

「並行処理」をめざす

本はものごとを順番に論じていく性質があるので、資金調達(そして起業全般)は逐次的《シリアル》なプロセスだという印象をお持ちかもしれない。たとえば、クラウドファンディングで資金調達し、プロトタイプをつくり、エンジェルから資金調達し、製品を発売し、ベンチャーキャピタリストから資金調達し、事業を拡大し、上場し、テスラとワイナリーを買うという具合に。

だが実際のところ、資金調達(そして起業全般)は並列的《パラレル》なプロセスである。たとえば、クラウドファンディングプロジェクトを進めながら、エンジェル投資家やベンチャーキャピタリストに会い、友人や家族に借金を申し込むという具合に。さらにはプロトタイプをつくり、顧客を集め、パートナーシップを築き、従業員を採用・教育する必要もある。

あなたはこういうライフスタイルを選んだのだ。慣れるしかない。

未来を予測する

本書をお読みになっているあなたは、資金調達を始めようとしているところかもしれない。あるいはシードラウンド（種付け）を終えたところか。いずれにしても、それぞれの資金調達ラウンドが持つ意味をトータルに理解しておくと役に立つ。

●シードラウンド＝肉がジュージュー焼ける音　最初に調達する外部資金で、一〇万〜二五万ドルが目安。提供者は友人・家族、エンジェル。この時点ではいわば夢、空想、妄想を売っている。言い換えれば、このラウンドは肉の焼ける音といえる。

●シリーズA＝ステーキ　このラウンドには、ベンチャーキャピタリストがかかわってくる。出資額は一〇〇万〜三〇〇万ドル。賭け金が大きいので、ジュージューという音ではごまかせない。売上をあげる製品が必要だ。言い換えれば、このラウンドは実際のステーキである（これらの比喩はトリプルポイント・ベンチャーズのベン・ナラシンに拝借した）。

●シリーズB＝ステロイド　ステーキは美味だった。顧客にも好評だ。いよいよ年間売上一億ドルという魔法のような数字をめざして、ステロイド剤の投与が必要になる。この資金を使って事業を拡大するわけだ。幸い、起業家にドーピング検査はない。

●シリーズC＝ごますり　ここまでくれば、たぶんもう資金は必要ない。資本主義体制が崩壊したり、グーグル、アップルないしアマゾンが参入してきたときに備えた予備のラウンドである。この時点ではあなたが売るのではなく、投資家が買っている。だから彼らは勝ち馬に乗るべく、あなたにおべっかを使うのだ。

二度と調達できないと思って使う

最後の提言は、（金額にかかわらず）なんとか資金調達したあとに何をすべきか、である。何カ月もひもじい思いをした起業家は、いざ資金を手にすると、おしゃれな家具やクールなオフィススペース、従業員向けの無料の食事、大企業出身のＭＢＡ保有者にムダ金をはたく傾向がある。

もし次のように考えているふしがあれば、あなたの今後はちょっと危ない。

- 投資するための資金を投資家が出してくれたのだから、投資しようではないか。
- 従業員に食事を提供すれば、外でランチをとることもないから、もっと働いてくれるだろう。
- 今後の急成長は確実だから、それに備えて設備を整えておかなければならない。
- いつでももっと資金調達できる。

最もよいメンタリティは、「二度と資金調達できない」と想定することである。出荷予定日を守れないかもしれないし、予測売上を達成できないかもしれない。投資家の信頼を失うかもしれないし、資金不足に陥るかもしれない。不況や伝染病の爆発的流行が起きないともかぎらない。一寸先は闇だ。すべてが順調なときは誰でも生き残れる。偉大な起業家は、すべてが不調なときでも生き残る。これ以上資金を調達できないとわかっていたら、手持ちのお金をどう使うだろう？

大笑いする

本章を締めくくるにあたって、私がありがたくも耳にした、異色の売り込み例をいくつか紹介しよう。まあ笑ってほしい。

最もよいメンタリティは、
「二度と資金調達できない」と想定することである。

●イスラエルを中東の遊園地にする。
●ロサンゼルス上空をジオデシックドームで覆う（ドームの目的がロサンゼルスの汚染物質を封じ込めることだったたか、ロサンゼルスに汚染物質が入り込むのを防ぐことだったかは覚えていない）。
●飛行船をつくって空中病院にする。
●月の土地を売る。
●サンフランシスコ上空に巨大なカメの風船を浮かせ、ホテルにする。
●催眠療法で胸を大きくする。
●見えない車をつくる（米国の企業が出資しなければイラクの手に渡るだろう、との警告付きだった）。
●鼻に付ける電池式の暖房デバイスを販売する。
●サンドイッチを「プリントアウト」する。
●世界の新しい通貨をつくる（この起業家は一兆ドル規模の投資を求めていた）。

クレイジーに思えるかもしれないが、３Ｄプリンターとビットコインは実現しているではないか！

付録

ベンチャーキャピタリストの嘘トップ10

ベンチャーキャピタリストは単純な人間だ。投資すると決心して「私の勘は正しい」と自分に言い聞かせる（別名「デューデリジェンス」）か、投資など絶対しないかのどちらかである。ただ、単純ではあるが、必ずしも率直ではない。だから、ベンチャーキャピタリストから確かなイエスを引き出すのが難しそうなときは、決定的なノーを引き出そうとしたほうがいい。

ところが起業家もまた単純な人間だ。決定的なノーを言われなければ、答えはイエスだと思ってしまう。だからベンチャーキャピタリストと起業家のあいだには誤解が生じやすい。両者の意思疎通をスムーズにするため、ベンチャーキャピタリストの嘘トップ10をここに発表しよう。

①「すぐに決めますよ」　たしかに、すぐに決めようと思えば決められる（結局、彼らが危険にさらすのは自身の資金ではない）。なのに、すぐに決めはしない。なぜなら、じつは勇敢で向こう見ずな「イノベーションの触媒」でもなんでもないからだ。金融セクターの大半の関係者と同様、彼らはリスクを嫌い、右へならえをしたがる。

②「私は気に入ったのですが、パートナーがそうはいかなくて」　つまりノーということだ。こう口にするベンチャーキャピタリストの言い分は、「私はものわかりがいいお利口さんなのに、ほかの者がダメなんです。私を責めないでください」。これは責任逃れである。パートナーがその案件を気に入らなかったのではなく、本人が乗り気ではなかったのだ。本当に乗り気なら契約が成立しているだろう。

③「リード投資家がいるのなら、ついていきます」　つまりノーということだ。このベンチャーキャピタリストが言っているのは、「あまり信じちゃいないけど、セコイアがリード投資家になるなら話に乗るよ」ということだ。言い換えれば、「資金が必要なくなったら喜んでもっと出す」。あなたが本来聞きたいのは、「リード投資家がいないのなら、私たちがなりましょう」というセリフだ。それこそが本当の信者である。

④「トラクションを示してくだされば投資します」　つまりノーということだ。この嘘は次のように訳せる。「おたくの話を信じちゃいないけど、十

分な売上を出してそれを証明してくれれば納得しないでもない。ノーとは言いたくないんだ。次のグーグルにならないともかぎらないからね。そうなったら、私はとんだマヌケじゃないか」

⑤「ほかのベンチャーキャピタリストと共同投資したいですね」 太陽が昇るように、はたまたカナダ人がホッケーをするように、ベンチャーキャピタリストが意地汚いのは間違いない。つまり、この発言の裏を返せば、「よい案件なら独り占めしたい」わけだ。あなたが本来聞きたいのは、「全額出しましょう。ほかの投資家は必要ありません」という言葉である。すると今度はあなたが、ほかの投資家はパイの取り分を小さくするのではなく、パイそのものを大きくするのに役立つのだと彼らを説得することになる。

⑥「あなたのチームに投資します」 これは不完全な物言いだ。チームに投資するというのは本当だとしても、あなたにはそれが「あなたをクビにすることはありません。あなたがいるから投資したのです。クビにするはずがないでしょう」と聞こえているはずである。ところが、このベンチャーキャピタリストはそんなことを言いたいのではない。言いたいのはこういうことだ。「あなたのチームに投資します。すべてが順調にいっているかぎりは――。もし順調ではなくなったら、あなたはクビです。余人をもって代えがたい人なんていませんから」

⑦「貴社に割く余裕はたくさんあります」 このベンチャーキャピタリストは、たぶんオフィスのデータ回線の容量について話しているのであって、自分のスケジュールについて話しているのではない。すでに一〇社の取締役を兼務しているのだから。ベンチャーキャピタリストが一社当たりに割くのは、取締役会も含めて月五～一〇時間と考えるべきである。たったそれだけだ。だから取締役会は短くしよう！

⑧「ありきたり《バニラ》のタームシートですね」 ありきたりのタームシートというようなものはない。タームシートがアイスクリームだとすれば、最も一般的な味は「ロッキーロード」（訳注：チョコ

にアーモンドとマシュマロのチップが入ったアイス「ロッキード」と、文字どおりの「でこぼこ道」という意味をかけている）である。タームシートの複雑さや落とし穴にわずらわされないためには、やはり離婚専門の身内の弁護士ではなく、企業ファイナンス専門のベテラン弁護士が必要だ。

⑨「うちのクライアント企業に紹介できますよ」

これは嘘のダブルパンチである。まず、ベンチャーキャピタリストはクライアント企業にあなたのことを紹介できるとはかぎらない。その会社に嫌われているかもしれないからだ。そんなベンチャーキャピタリストから紹介されるほど不幸なことはない。第二に、たとえクライアント企業に紹介できたとしても、その会社があなたのMVVVPに責任をもって肩入れする保証はない。

⑩「私たちはアーリーステージ投資を得意としています」　ベンチャーキャピタリストは二〇〇万ドルの会社に一〇〇万ドルつぎ込み、次なるグーグルの三分の一の株主になることを夢見る。それがアーリーステージ投資である。私たちはみんな、グーグルの驚くべき投資収益率（ROI）についてなぜ知っているのか？　マイケル・ジョーダンについて知っているのと同じ理由である。どちらもめったに現れないからだ。珍しくもなんともなければ、誰も取り上げることはないだろう。じつのところ、ベンチャーキャピタリストは実績ある市場（たとえばEコマース）で、実績ある技術（たとえばノーベル賞受賞研究を支える技術）を擁する実績あるチーム（たとえばシスコの創業者）に投資したいのだ。

FAQ

このFAQは本書で最も長い。それは大部分の人にとって資金調達がいかに難しいかということの表れである。本章の趣旨の範囲内で、私は資金調達に関する最も多い質問に答えた。専門的な内容ばかりを取り上げている。

Q1 いくら調達すればよいですか?

答えはふたつあります。ひとつ目は、次の大きなマイルストーンに達するのに必要な金額だけ調達する方法。たとえば、最初のプロトタイプの段階を終え、次は市場に出せる最初の製品へ、というようなケースです。つまり、このマイルストーンに到達できれば、もっと高い評価をもとに資金調達できるという理屈です。

そしてふたつ目、投資家があなたを高く評価してくれている場合は、彼らが出すと言う金額を遠慮なく受け入れます。目標は、二度と資金調達しなくてすむようになること。そうすれば心配事がひとつ減ります。

ただし、評価額の如何にかかわらず、調達した分は還元しなければなりません。たとえば、ある企業が五〇〇〇万ドル調達した場合、言えることがふたつあります。第一に、その会社は豊富な資金を手に入れた。第二に、その会社は五億ドルのリターンを出して投資家をハッピーにしなければならない。後者は大きなプレッシャーになります。

アーリーステージで投資家が気前よく資金を提供する可能性は低いので、私からスタートアップへの基本的アドバイスは、「次のマイルストーンに達するのに必要な金額だけ調達する」です。

Q2 わがスタートアップの評価額をどう設定すればよいですか?

その昔、私はよく「フルタイムのエンジニアひとりごとに五〇万ドル、MBAひとりごとに二五万ドルの価値がある」と言っていました(そして私もMBAを持っています)。みんなは冗談だと思ったようですが、私は大まじめでした。

いくつかアドバイスを。まず、投資家などごめんこうむるという奇特なスタートアップでないかぎり、みずから評価額を設定する必要はありません。それは投資家がやってくれるので、あなたはその金額をつり上げればいいのです。これを交渉といいます。

第二に、非公開企業の評価情報は不完全です。ウォールストリート・ジャーナル紙で株価をチェックするような具合にはいきません。せいぜいできるのは、似たような企業をもとに大まかな額を出すことくらいです。計算のしかたはこんなふうになります。同様の会社が三〇〇万ドル調達したとします。スタートアップはふつう、こうした調達時に株の二〇~二五%を売りに出すので、調達額が三〇〇万ドルなら評価額は一二〇〇万~一五〇〇万ドル。これを起点に交渉することになります。

このへんのところは「マッシャブル」「テッククランチ」「ヴァージ」などのウェブサイトを見ればわかります。ウィルソン・ソンシニ・グッドリッチ&ロサティ法律事務所も、顧客の資金調達事例をもとに役立つレポートを発表しています。

第三に、数学の成績がとくによくない人でも、スタートアップに対する保有比率は大きいほうがよいと考えますが、それは一面的な見方です。重要なのは、その会社の何%を持っているかではなく、保有株の価値がどれくらいか、です。たとえば、一〇〇〇万ドルの会社の五一%を保有するより、グーグルの株の〇・〇〇一%を保有するほうがよいのです。

ですから、資金調達の希薄化効果を最小化するために、ご自身のスタートアップの評価額を最大化しようと躍起になる必要はありません。要は予想以上に儲かるか、まったく成果が出ないかです。会社の価値そのもののほうが、保有比率よりも大事です。

Q3 起業家は、投資を望むベンチャーキャピタリストによる評価額を受け入れるべきですか?

最初の提示額に二五%の上乗せを要求しましょう。交渉ですから当たり前です。もしそういう要求をしなければ、ベンチャーキャピタリストはあなたが交渉下手なのではないかと危惧するかもしれません。なぜもっと高い評価を受けるべきかという理論武装をしておくのもよいでしょう。本書にそう書いてあったから、ではダメです。

でも最終的には、合理的な評価額なら受け入れ、話を前へ進めましょう。あと数%増えたところで大差はありません。

Q4 当社に五〇〇万ドル投資したいというベンチャーキャピタリストがいます! 今後のやりとりについて、彼がどう考えているのかを知っておきたいのですが。

万事が順調に進んでいるかぎり、ベンチャーキャピタリストはあなたをほうっておいてくれます。彼の生活を理解しておきましょう。一〇社もの取締役を務め、その会議が少なくとも四半期ごと、場合によっては毎月開かれます。投資資金を調達しなければならないので、約二五の投資家に情報提供を怠らず、彼らを満足させておく必要があります。毎日、何件かの投資案件をチェックします。ほかにも五つのパートナーと取引をしています。あなたに細かい注文をつける時間はありません。それに、もし細かい注文をつけなければならないと思ったら、そもそも投資していないでしょう。

もっと大切な質問は「よきベンチャーキャピタリストからは、どんなサポートを期待できるか」です。答えは次のとおりです。「月に五時間、私のために時間を割くなかで、顧客やパートナーになりそうな相手を紹介し、私の会社の幹部候補者の面接をしてくれる」

Q5 満期がずっと先なので、当社の流動化スケジュールと合う——そんな新しいファンドを持ったベンチャーキャピタル会社はどうすれば見つかりますか？

考えすぎです。ファンドのタイミングは大きな問題ではありません。要は「このスタートアップなら儲けさせてもらえる」とそのベンチャーキャピタルを納得させられるかどうかです。納得すれば資金を出してくれます。また、ベンチャーキャピタル会社があなたを選ぶのであって、その逆ではありませんし、流動化スケジュールを予測する方法もありません。

Q6 各ランク（ティア1、2、3）のベンチャーキャピタリストには、どういう順番でアプローチすべきでしょう？　上位つまりティア1からですか、それとも逆ですか？

これも考えすぎです。アプローチできるところには選り好みせず売り込みをかけましょう。資金調達の努力を九カ月続ければ、どのお金も同じように通用することがわかります。それに、どこが上位でどこが下位かは判断不可能です。

Q7 各ランク（ティア1、2、3）のベンチャーキャピタリストから期待される内部収益率（ＩＲＲ＝

投資金額に対して、現在価値でどれくらいのリターンがあるかを示す比率）はどの程度ですか？　彼らはその予測にどのくらいこだわりますか？

相当考えすぎです。何よりもまず、ベンチャー投資家が自分たちはティア1ではないと認めることはないでしょう。認めたとしても、それは彼らのパートナーや投資家に対して「われわれはティア2なので一〇％回収できれば十分」と言っているわけではありません。

あらゆるベンチャー投資家が、あなたへの投資に高いリターンを望んでいます。目標平均値でよいと思ってはいません（言っておきますが、彼らはあなたの会社が「炎上」する可能性も高いと知っています）。しかし、あなたの質問はさらにもうひとつ的を外しています。ベンチャー企業はたしかにＩＲＲの実績でランクづけされますが、ＩＲＲの見込みを計算して個々の案件を評価することはありません。

実際には、投資家は現金ベースのリターンを見ています。きょう一〇〇万ドルつぎ込んだら、四～五年後にいくら取り戻せそうか（五〇〇万ドルであれば五倍のリターン）。現金ベースのリターンに対する期待度は、ベンチャー企業のランクではなく、投資家のタイプや投資分野によって異なります。立ち上げ間もないハイテク企業ならば、三年から五年で五～一〇倍のリターンをもたらす現実的計画があることを投資家に納得させられるかどうかです。

Q8 ここまでの売上がぱっとしない（あるいは存在すらしない）ことを認めるべきですか？

はい。ただし、私ならこう言います。売上がぱっとしないのではない、「きわめて革新的な製品を擁して販売を始めたばかり」なのだと。また、だからこそ、自己資本経営で収益をあげられる期間は長ければ長いほどよいのです。

Q9 すべてが初めての経験であると、ベンチャーキャピタリストに認めるべきですか？

その必要はないでしょう。いずれわかることです。いや、とすると、本当のことを言うほうがいいのかもしれません。ただし、この状況を改善するため、経験豊富な取締役や相談役に加わってもらいましょう。また、「この組織にとって正しいことをやります。それが正しいのなら身を引くことも辞しません」と明言しましょう。

Q10 ベンチャーキャピタリスト同士はよく話をしますか？　ひとりの前で失敗を犯したら酒場で話題になり、私の評判はガタ落ちになるでしょうか？

ベンチャーキャピタリストがあなたの話をする可能性は低いでしょう。つまらぬ会議や無知な起業家をいちいち話題にするだけの時間がないからです。話題にのぼるためには、よほどのバカをやらかす必要があります。

Q11 資金調達の前に法律事務所や会計事務所と契約すべきですか？

その必要はありませんが、三つの理由から法律事務所とは契約するほうがよいでしょう。第一に、企業ファイナンスないしベンチャーキャピタル業務で定評のある法律事務所を選べば、あなたが事情通である証拠になります。第二に、優れた法律家は投資家を探す助けになります。第三に、資金調達にともなうさまざまな事務処理には、企業ファイナンス専門の経験豊かな弁護士が必要です。会計事務所はさほど重要ではありません。まだ「会計」すべきことなど多くないでしょうから。

Q12 株式の流動性が実現するまでのプロジェクト全体を支える資金を出してもらうのと、最初の一〜二年に必要な分をお願いするのとでは、どちらがよいですか?

どちらでもありません。流動性が実現するかどうか、実現するとしてそれはいつか、そのためにはいくら必要か? これはたぶん見当がつきません。あなたが投資家から得るべきは、次なる大きなマイルストーンに達するための資金と、予定どおりいかなかったときのための半年分の蓄えです。

Q13 投資資本を引きつけるためには、事業が完全に波に乗り、利益を出している必要がありますか?

ベンチャーキャピタル事業は循環的です。過食症的とも言われます。宴もたけなわの最中は、パワーポイントを立ち上げることさえできれば誰でも出資を受けられます。下剤を飲むだんになると、たいていのベンチャーキャピタリストは用心深くなり、「完全に波に乗り、利益を出している」企業を求めます。あなたの仕事は、実績のない企業に早くから資金を投じるベンチャーキャピタリストを探すことです。実績のある企業だけに投資すると語るベンチャーキャピタリストは嘘をついています。本音はこうです。「わからないから、そう言っておたくをシカトしてるんだ。本当に確信を持てたら、思いきって賭けるんだけどね」

Q14 ターゲット市場に明らかなリーダー企業が存在したら、私は出資を受けられないでしょうか?

「場合による」と明言できます。市場のライフサイクルの早い段階で、なおかつ市場が大きくなることが明らかであれば、出資を受けられます。コモドールはPC市場の明らかなリーダー企業でしたが、多数の企業がそれに続いて出資を受けました。他方、資本集約的な成熟産業(たとえば自動車)の場合はそれは難しいでしょう。投資家にもよります。市場リーダーに恐れをなす投資家もいれば、リーダーがいるのは市場がある証拠だから、そこに戦いを挑もうとする投資家もいます。

もうひとつ考慮すべき点があります。ご質問は出資に関してでした。でも、出資の可能性と実現の可能性は同じではありません。市場リーダーと戦う――あなたのその考えは出資を得られないかもしれませんが、実現の可能性はまだまだあります。投資家のネガティブな反応に、あなたの行動を止めさせてはなりません。

Q15 少数の大口投資家とたくさんの小口投資家、どちらがよいでしょう?

選べるなんて幸せというものです。少数の投資家とはすなわち対処すべき人間関係が少ないことを意味します。投資家を増やせば、それだけ質が下がる可能性はありますが、次のような事情から、投資家の数は増やすに越したことはありません。(1)投資家が多いというのは、門戸を開き、人材を採り、噂を流すことであなたを助けてくれる人が多いことを意味する。(2)追加資本が必要になったとき、すでに取引のある複数の資金源が存在するほうがよい。(3)意見が合わなかったとき(必ずそうなる)のことを考えると、ひとり(ひとつ)の投資家に権勢をふるわせるのは危険である。

Q16 エンジェルから資金提供を受ける場合は、利子込みで返せるようになったときに株式を確保できるよう、株式買取条項を設けておくのが妥当ですか?

やってみてもかまいませんが、品格は欠きます。エンジェル投資家は、資本コストと受取利息の差で儲けようとする銀行とは違います。彼ら個人投資家は、最もリスクの高いときに資金をつぎ込んでくれるのですから、それなりの恩恵を受けるべきです。株式買取条項を加えるなんて罰当たりです。スタートアップに必要なのはその反対、できるかぎりの神のご加護なのですから。

Q17 すでに投資してくれている投資家も、ほかの投資家候補への売り込みに同席すべきですか？

その投資家候補が了承するなら、これはふつうプラスに解釈されます。「この投資家はわれわれとの会議に同行するほど関心が高い」と。有名な投資家であれば、是が非でも同行してもらうべきです。

Q18 すでに大手プレーヤーが参入している数十億ドル市場を持つ製品コンセプトと、当面は競争相手がいない数十億ドル市場を創造する可能性がある製品アイデア、どちらのほうが投資家にアピールしますか？

これは投資家によります。「素晴らしい新世界」的な投資を好む投資家も一部にはいますが、大部分は野牛と同じです。そう、群れのみんながそうしているから、自分も頭を下げたまま崖に向かって突進するのです。ある意味で資金調達はナンバーズくじに似ています。小切手を切ってくれる投資家をひとり見つけるためには、何回も売り込みをしなければなりません。選り好みはしていられません。

Q19 自社製品が他社に比べていかに問題解決に役立つかを売り込むのと、投資家がいかにX％のリターンを得られるかを売り込むのとでは、どちらを重視すべきですか？

前者です。けっして後者ではありません。流動性がいつどのように実現するかは、誰にも予測できません。予測しようとしてもバカにされるだけです。

Q20 ある投資家からの資金獲得をいつあきらめるべきですか？

私は投資家を説得して色よくない返事をくつがえした起業家を見たことがありません。投資家がノーと言ったときは（「ベンチャーキャピタリストの嘘」で見たように、言い方はさまざまです）、その決定を潔く受け入れましょう。ただし、「証拠」ができたら再チャレンジです。証拠とは、製品を完成させること、一流どころと取引を始めること、よそから資金を調達すること、優れたチームを築くこと。粘り強さと証拠がものを言います。

Q21 投資家に許容されるCEOの給与としては、どのくらいが妥当ですか？

具体的な数字で答えるのは難しいですが、二〇一四年前後の技術系スタートアップであれば、年一二万五〇〇〇ドルというところではないでしょうか。もっと一般化すればこうです――CEOは最も給料が低い社員の四倍以上もらってはならない。

Q22 エンジェル投資家は、起業家にも「身銭を切って」もらいたがります。私にはこの事業に投資するお金などありません。これをどう克服すればよいでしょう？ 「身銭を切る」ということについて、最近のベンチャーキャピタリストはどう考えていますか？

ベンチャーキャピタリストやエンジェルにとって、起業家が身銭を切るのは歓迎すべきことですが、必要事項ではありません。もちろん、自分がお粗末なアイデアに資金をつぎ込んでしまったので、他の投資家にも追従させようなどと考えてはなりません。投資を断られた唯一の理由が身銭を切らなかったことにあると思うのなら、いずれにせよ色よい返事はもらえなかったでしょう。もっと大切なのは、どれくらい長くその製品に取り組み、どれだけの進捗を見たかです。

逆に、あなたが身銭を切るから資金を提供しようなどという投資家は無能ですから、相手にする必要はありません。それにたいがいの場合、あなたは何カ月も汗を流すという「身銭」を切ることになるでしょう。

Q23 エンジェル投資家にリターンはどの程度かと訊かれたら、なんと答えるのがよいでしょう?

最もよいのは、「あなたは手だれの投資家ではない。もし手だれの投資家なら、答えのない質問をするようなバカなまねをしないから」と言うことです。でもきっと、あなたにそれだけの度胸はないでしょう。そこで、あなたのスタートアップの財務予測をいっしょにチェックしてもらってから、「どのへんが現実的だと思われますか?」とその投資家に尋ねてください。

Q24 ベンチャーキャピタリストとの会議には、何を着ていけばよいでしょう?

地域によります。東海岸ならジャケットにネクタイ着用。西海岸ならもっとカジュアルに、チノパンとポロシャツでもかまいません。天才的なオタクであれば、地域を問わず、清潔なTシャツにジーンズでも大丈夫でしょう。

Q25 利益配当または五~一〇年後に創業者から株を買い取ることによるリターンに、投資家は関心を持つものでしょうか?

その投資家があなたの母親であるならば。相手がプロの投資家なら、IPOや買収のチャンスなしに資金調達するのは無理でしょう。エンジェル投資家であれば、あなたへの投資は空想や同情の産物かもしれません。その場合、流動性はさほど問題になりません。ですが、利益配当や株式の買い取りに魅力を感じる投資家はほとんどいないでしょう。

Q26 機密保持契約（NDA）にサインする投資家などほとんどいないとすれば、どうやってアイデアを保護すればよいですか?

おっしゃるとおりです。NDAにサインする投資家はほとんどいません。いたとしても、アイデアをしゃべるだけでそれが保護できなくなるという発想はちょっといただけません。私自身は、起業家が投資家にアイデアを話し、その投資家がアイデアを盗んだという事例を見たことがありません。

投資家はアイデアをただ思いつく人間ではなく、アイデアを実行できる人間を探しています。アイデアは簡単です。難しいのは実行です。そこにこそお金が落ちています。率直に言って、アイデアを実行できる投資家はまずいません。だから彼らは投資家なのです……。

話がそれました。NDAを利用するさいのポイントを以下に挙げます。

アイデアのプレゼンのためだけにNDAを要求するくらいなら、いまの仕事をお続けください。非常識すぎます。アイデアを聞くだけのためにNDAにサインする投資家がいたら、それは必要とされる投資家ではありません。

エグゼクティブサマリー（概要）やパワーポイント資料は遠慮なく配りましょう。ただし、これらの文書は投資家を次のステップへといざなうもの、「魔法のソース」を開陳するものであってはなりません。投資家があなたの案件に関心を持ち、ソースコードをはじめとするもっと詳しい情報を知ろうとしたら、NDAの締結を求めます。デューデリジェンスの段階で、投資家がこの手の情報を求めるのは普通です。同じく、あなたがNDAを求めるのも普通です。

特許を申請したら、NDAの下で魔法のソースについて話し合っても安心です。特許侵害訴訟を起こすための時間やお金ができるというわけではありませんが。アイデアを保護するいちばんの方法は、それをうまく実行することです。

Q27 さらによい条件をめざすのをやめて手を打つ頃合はどのへんでしょう?

給料を払えなくなったら、探索や交渉を打ち切る潮時でしょう。実際のオファーと希望との差が二〇%以内なら御の字です。最善の条件を探すことではなく、事業を築くことに集中しましょう。長い目で見れば、いくら儲かるかを決定するのは事業の質であり、何年も前に投資家と結んだ取引ではありません。

Q28 株式の希薄化、事業上の真のニーズ、投資家が出そうとする金額、のどれを心配すべきですか?

優先順位はこうです。事業上の真のニーズ、投資家が出そうとする金額、そして希薄化。

推薦書籍

- 『eボーイズ：ベンチャーキャピタル成功物語』ランダル・E・ストロス（日本経済新聞社）

第6章

売り込む

その言葉は少し言い直せ。おまえの財産が台なしにならないように。

——ウィリアム・シェイクスピア『リア王』

「われ思う、ゆえにわれあり」は忘れてよい。起業家にとって重要な文句は「われ売り込む、ゆえにわれあり」である。売り込みは資金調達のためだけではない。合意を得るためでもある。合意をもとに、売上、パートナーシップ、新入社員など多くの成果が生まれる。

問い「起業家が売り込んでいるのはどうやってわかる？」

答え「唇が動いている」

本章では、あなたのスタートアップや製品を手短で簡潔に、かつ効果的に売り込む方法を伝授する。

準備する

打ち合わせ場所に行ったらプロジェクターがない。それはあなたのせいだ。あなたのノートPCとプロジェクターの相性が悪い。それはあなたのせいだ。売り込みの途中にプロジェクターの電球が切れた。それもあなたのせいだ。出だしがぐずぐずしている、話にまとまりがない、聴き手が関心を失う……すべてあなたのせいだ。

おわかりだろうか？

スタートにしくじったら、それを取り返すのは不可能に近い。だから早く現場に着いて準備を整えよう。プロジェクターは自分のものを持参する。プレゼンテーション資料が入ったPCを二台持ち込む。VGAアダプターをふたつ持ち込む。USBメモリーにプレゼンテーション資料をコピーしておく。万事休すになったときのために、資料をプリントアウトしておく。

お膳立てをする

いざ会議が幕を開けたら、これから始まる売り込みのお膳立てをしなければならない。まずは「どのくらいお時間をいただけますか？」と尋ねよう。そうすれば聞き手の時間を尊重していることが伝わる。また、聞き手に最低限の時間を割く約束をさせることができる。

次に、「私がお伝えできる三つの最重要事項はなんでしょう？」と尋ねよう。これから言おうとしていた内容を相手がすでに知っていることが判明するかもしれない。そのときは割愛すればいい。逆に、わかっているだろうと思っていたことがじつは割愛できないと判明することもある。最後に「ひととおりご説明してから、最後に質問を受け付けるというかたちでよいでしょうか?」と尋ねよう。途中でさえぎられることなく、スムーズなトークの流れを確保しようというわけだ。

これらは前もって知っておくべき情報だが、五分程度あれば答えてもらえる。誰もが同じ期待をいだけるようにお膳立てを整えれば、すでに一歩先んじたも同然である。

次の一分(六分目)で自分の説明をする

私はこれまで売り込みを最後まで聞いて、「最初の一五分で語り手のこれまでの人生を、次の一五分で出席メンバー一人ひとりの経歴を説明してほしかった」と思ったことなどない。

残念ながら多くの起業家が、売り込みとはストーリーであり、冒頭はつねに自伝形式でなければならないと信じている。自分をはじめとするメンバーそれぞれの話をすることで、「なかなかのチームだ」と聞き手を納得させようとのハラである。ところが実際には、聞き手はみんな、「ここは何をするスタートアップだろう?」と考えている。航空機にたとえるなら、ボーイング747が低い轟音《ごうおん》とともに三キロほど飛ぶようなプレゼンテーションではなく、F18戦闘機が一〇〇メートル弱の空母の滑走路から勢いよく飛び出すようなプレゼンテーションが望ましい。

つまり、プレゼンが始まって六分たつころまでには、自分たちが何をするスタートアップかを説明していなければならない(最初の五分は、先に述べた三つの質問に答えてもらう時間)。あなたが何をしているかさえわかれば、聞き手は以後の話を落ち着いて、集中して聞くことができる。「特許申請中、革新的、エンタープライズクラス、拡張可能、革命的、先発者、パラダイムシフト、顧客中

誰もが同じ期待をいだけるように
お膳立てを整えれば、
すでに一歩先んじたも同然である。

心」みたいなバカなセリフを、自己紹介に織り込んではならない。以下のような簡潔な表現を心がけよう。

- ソフトウェアを販売しています。
- ハードウェアを販売しています。
- 恵まれない子どもたちを教育しています。
- 児童虐待を予防します。

▼練習問題
タイマーを一分にセットする。友人たちを相手に、あなたのスタートアップが何をしているかを一分で説明しよう。そのあと友人たちに、あなたのスタートアップが何をしているかを書いてもらおう。回答を集め、あなたが言ったつもりの内容と比較しよう。

一〇／二〇／三〇ルールを守る

私にはメニエール病という持病がある。症状は耳鳴り、難聴、めまい。治療法はないが、その原因や対処法については諸説ある。私なりに確信しているのは、私のメニエール病はひどい売り込みを数多く聞いてきた結果だということである。

「パレートの法則」は、効果の八〇%は原因の二〇%に由来するというもの。「メトカーフの法則」

□ 私なりに確信しているのは、
□ 私のメニエール病はひどい売り込みを
□ 数多く聞いてきた結果だということである。
□

は、ネットワークの価値はユーザー数の二乗に比例するというもの。「プレゼンテーションの一〇／二〇／三〇ルール」は、売り込みのスライドは一〇枚、時間は二〇分、使うフォントは三〇ポイント以上というものだ。売り込みに関するこれほど重要なルールはないし、それはメニエール病の蔓延を防ぐうえでも役に立つ。

《一〇枚のスライド》

プレゼンの目的は、関心を高めることだ。スタートアップについてもれなく説明し、聞き手をねじ伏せることではない。関心を持ってもらい、二度目のミーティングに結びつけるのがねらいである。だから、プレゼンで使うスライドは一〇枚かそこらがいい。一見不可能に思える少なさだが、そのおかげで絶対不可欠な要素に集中せざるをえない。多少の上乗せはよいが、一五枚を超えてはならない。必要なスライドが多くなればなるほど、あなたのアイデアは魅力を失ってゆく。一〇枚の内訳は次のとおり。

●**タイトル**　組織名、あなたの氏名・肩書、住所、Eメール、携帯電話番号。このスライドを見せているときは、前述した「お膳立て」のための三つの質問をし、あなたのスタートアップが何をしているかを説明する。ずばり要点を述べること。

●**問題と機会**　あなたが解決しようとする問題、和らげようとする痛みを記述する。目標は製品の効力を全員に認めさせること。使うあてのない解決策だと思われないように。将来の市場規模に関するコンサルティング会社の調査を引用するのは極力避ける。あなたの製品が痛みを和らげるのではなく、これまで不可能だったことを可能にする場合は、その「素晴らしい新世界」の全貌を知らせよう。

●提供価値　痛みをどう和らげるのか、どんな意義を見出しているのかを説明する。聞き手があなたの売るもの、あなたの提供価値を理解できるようにする。ここは突っ込んだ技術説明の場ではない。あなたのスタートアップの要点だけを示す。たとえば、「格安旅行のウェブサイトです。あらゆる旅行サイトを検索し、見積価格をひとつの報告書にまとめるソフトウェアを開発しました」という具合に。

●魔法のソース　製品を背後で支える技術、秘術、魔法について述べる。文章は少なく、図表やフローチャートを多めに。このスライドでは、技術的に実行可能なアイデアであることを聞き手に納得させなければならない。MVVPやプロトタイプがあれば、それを示したい。運がよければ以降のスライドは必要なくなる。グーグルのグレン・シャイアーズが言ったように、「百聞は一見にしかずというが、ひとつのプロトタイプは一万枚のスライドの価値がある」。

●ビジネスモデル　いかに儲けるかを説明する。顧客は誰か、販売チャネルは、粗利は？　概して、未実証のユニークなビジネスモデルはおっかない。もし革命的なビジネスモデルがあるなら、おなじみのビジネスモデルの言葉でそれを説明すること。すでにあなたの製品を使っている組織があれば、ここで名前を出そう。

●市場進出プラン　どうやって顧客に届けるのか、マーケティングのポイントはどこかを説明する。さほどお金のかからない効果的な市場進出戦略があることを聞き手に納得させる（「口コミ」と言いたくても我慢すること。それは希望的観測であって戦略ではない）。

●競合分析　競合状況を十分に示す。説明不足より説明しすぎのほうがよい。競争相手をけなしてはならない。顧客、投資家、パートナーを問わず、みんなが知りたいのはあなたが優れている理由で

「百聞は一見にしかずというが、ひとつのプロトタイプは1万枚のスライドの価値がある」

あり、競争相手がダメな理由ではない。

●**経営陣**　経営陣、取締役会、顧問団の主要人物、主な投資家を紹介する。完璧なチームでなくてもいい。そもそもシスコやユーチューブの共同創業者なら、資金調達の必要もないだろう。あなたの学歴や職歴がめざす市場にふさわしいことさえ伝われば十分だ。どんなスタートアップにも欠点はある。大切なのは、欠点があることを承知し、それを直そうとしているかどうかである。

●**財務予測と重要指標**　三〜五年間の予測を提供する。金額だけでなく、顧客数、コンバージョン率などの重要指標も盛り込む。ボトムアップ方式の予測をする（詳細は後述）。長めの販売サイクルや季節性を考慮する。予測のもとになる仮説を理解してもらうことが、数字そのものと同じく重要。

●**現状、ここまでの成果、スケジュール、資金の用途**　製品の現状、当面の見通し、調達しようとしている資金の用途を説明する。プラスの材料や傾向を詳しく語る。最後に行動重視の姿勢を示す。

流動性ないし出口戦略についてひとこと。いつ、どのように、流動性を実現するのか、そもそもそれが実現できるのかどうかもわからないのに、多くの起業家は次のようなスライドを加えたがる。「流動性実現の方法はふたつ。株式公開または買収」。ご親切にどうも。投資家があなたの出口戦略について尋ねたら、その人が何もわかっていないことを意味するが、それに答えてこれらふたつの選択肢を示すなら、あなたもほぼ同類ということだ。

流動性に関するスライドを加えるべきだとすれば、それは投資家が知っていそうにない買い手企業を少なくとも三つ挙げられるときにかぎられる。それは、あなたが業界のことをよくわかっている証拠になる。反対に、グーグル（あるいはあなたの業界のグーグル的存在）が買収してくれると言おうものなら、投資家はみんなあなたを指さして笑うだろう。頭の鈍い投資家は別にして。

なお、一〇枚のスライドのほかに、あなたのテクノロジーやマーケティング、現顧客、その他の重要戦略について詳述したスライドを数枚準備しておいてもよい。もっと詳しい説明を求められたときのために、事前に用意しておくほうが得策だ。ただし、質問されなければ使わないこと。

《二〇分》

約束の時間は一時間のことが多い。だが、売り込みは二〇分で終われるようにしたい。理由は三つある。

- ウィンドウズのノートPCを使っている場合、プロジェクターとの接続に四〇分かかるかもしれない。ウィンドウズをアップグレードしたばかりなら、丸々一時間かかるかもしれない。
- 前の会議が遅れたら一時間もらえないかもしれない。私は前の会議が時間どおりに終わるのを見たことがない。でも残念ながら、あなたの会議は時間どおりに終わらなければならない。
- 話し合いの時間をたっぷりとりたい。二〇分のプレゼンテーションのあとに四〇分のディスカッションでもよいし、スライドごとにディスカッションを挿入してもよい。

あなたはこう考えているのではないか。「ガイが言っているのは、一般庶民や能なし連中のことだ。そういう輩《やから》は二〇分で一〇枚のスライドしか使うべきではないけれど、われわれは違う。なにしろ革新的で、パラダイムシフトを起こす、業界一番乗りの、特許申請中テクノロジーがあるのだから」。残念ながら、私が言っているのはあなたのことだ。扱う製品は問わない。ドッグフード、永遠の命、ナノ粒子、光学部品、癌の治療薬……。ともかくスライドは一〇枚、時間は二〇分、それに尽きる。

《三〇ポイントのフォント》

このアドバイスは、プロジェクターを使って行なうどんな売り込みにも当てはまる。考えてほしい。投資家はたいてい歳をとり、視力が低下しているはずだ。フォントサイズに関する経験則を言えば、こうなる。最年長の投資家の年齢を二で割ったフォントサイズを使いなさい。もうひとつ経験則を言うと、フォントが大きくなればなるほど、スピーカー（話し手）の質も高くなる。スティーブ・ジョブズは一五〇ポイントのフォントを使った。あなたが使うのは八ポイントのフォントだ。

フォントを大きくし、文字量を少なくするのは、スライドは読むためのものではなく、聴衆を導くためのものだからだ。それはあなたの口から出る言葉を言い換え、補強しなければならない。聞き手が読むスピードは、話し手がしゃべるスピードよりも速い。だからスライドに内容を詰め込みすぎると、聴衆は先にそれを読み、あな

たの話を聞いてくれない。

▼練習問題
売り込み用のプレゼン資料から単語をひとつ削るたびに一〇〇ドルもらえるとしたら、結果はどうなるか考えてみよう。

どうしても小さなフォントを使わなければならないとしたら、内容を詰め込みすぎている。ひとつのスライドが語るのは重要なポイントひとつにすべきだ。テキストや箇条書きは、そのポイントを裏づける記述でなければならない。

細かな点にこだわる

ときとして……ナイフはそれを使う者に牙をむくことがある。……ナイフは注意深く使いたい。誰を傷つけようがナイフにとっては関係ないのだから。

——スティーヴン・キング（作家）

一〇／二〇／三〇ルールを守れば、九〇％の起業家に売り込みで勝てる。これを一〇〇％に近づけるためには、次のような細かい点にもこだわりたい。

●スライドを読んではならない　スライドの文字をそのまま読んではならない。スライドの文章をもとに、口頭でこれを説明・修飾すること。

●**背景は暗めにする**　背景が暗いと重々しく内容が濃い印象を与える。背景が白かったり明るかったりすると、安っぽいし素人っぽい。それに、白いスクリーンを二〇〜六〇分見ていたら（使用するコンピュータの機種によっては）疲れてしまう。白い背景に黒い文字で書いた映画のクレジットを見たことがあるだろうか？

●**マスターページにロゴを入れる**　どのプレゼンテーションも、あなたのスタートアップのブランド認知を高めるチャンスである。だからスライドのマスターページにロゴを挿入して、どのスライドにもロゴが表示されるようにしよう。

●**標準的な書体を使う**　プレゼンテーションは世界最大の書体コレクションをひけらかす場ではない。いずれあなたのPCとは異なる書体を搭載したPCでプレゼンテーションする必要が出てくるかもしれないので、よくある普通の書体を使おう。明朝体なら読みやすいし、ゴシック体なら安全確実だ。

●**アニメーション機能は使わない**　パワーポイントには、アニメーションの機能が六〇通り以上ついている。これは五九ほど多すぎる。多くの起業家がプレゼンテーションを盛り上げようとしてアニメーションやトランジションの機能を使う。だが、「左下からスライドイン」でプレゼンテーションがよくなると本当にお考えだろうか？　表現力、感情、意気込みを伝えるのに使うべきは身ぶり手ぶりであって、パワーポイントの効果やアニメーションではない。

●**箇条書きにする**　ほとんどの起業家は箇条書きを使わない。長い文章を書いてそれを読み上げる。これは間違いである。ポイントのわかりやすい短い表現を箇条書きにしよう。また、たとえ箇条書きを使っても、多くの起業家はそれを一気に披露する。だから聞き手はそれを先に読んでしまう。

「左下からスライドイン」で
プレゼンテーションがよくなると
本当にお考えだろうか？

これも間違いである。順番に、クリック↓1番↓説明、クリック↓2番↓説明、クリック↓3番↓説明、と話を進めよう。プレゼンテーションのなかでアニメーションを使うべきはここだけだ。

●箇条書きは一階層のみ　箇条書きに箇条書きを重ねるのは、一枚のスライドに情報を詰め込みすぎていることを意味する。ひとつのスライドで伝えるべきポイントはひとつ。それを箇条書きでサポートする。いずれにせよ、一〇／二〇／三〇ルールのうちの三〇ルールを守っていれば、箇条書きに箇条書きを重ねるのは難しいはずだ。

●図表やグラフを使う　長い文章より箇条書きがよいが、箇条書きよりさらによいのは図表やグラフだ。図表を使って事業のしくみを説明しよう。グラフを使ってトレンドや業績数値を説明しよう。そして箇条書きのときと同じように、クリックひとつで図表やグラフを登場させよう。

●印刷可能なスライドにする　図表やグラフは前のものに重ねて表示されることがある。プレゼンテーションのあいだはそれでかまわないが、印刷する場合は注意が必要だ。印刷にも耐えられるスライドにしよう。

話すのはひとり

多くの起業家はこう考える。投資家はチームに投資する。だから売り込みにさいしてはチームワークを実証しなければならない——。そんなわけで、プレゼンの場には四~五人のメンバーが顔を見せ、各自が分担してしゃべる。

全員がしゃべるべきだというこの論法は、学芸会にはうってつけだ。両親や祖父母は、かわいい子や孫の活躍を目にできるし、ビデオ撮影のチャンスもたっぷりある。人生は楽しく、公正、公平である。しかし、売り込みは学芸会ではない。

プレゼンでは、CEOがその八割を担当しなければならない。残りのチームメンバー（しかもそれはふたりまで）は、自分の専門分野に関するスライドを一枚か二枚担当する。そうすれば、質問があったときに詳しい回答をすることもできる。だが、大部分の売り込みはCEOみずからの仕事だ。それができないなら、できるまで練習しなければならない。それともCEOを代えるか。

聞き手がCEOの言ったことに反論してきたとき、チームメンバーはよくCEOを救出しようとする。たとえば、多層的な販売システムについて疑問を投げかけられたとする。あるチームメンバーは、よかれと思って次のように述べる。「おっしゃるとおりです。私も顧客に直販すべきだとずっと考えていました」

これはまずい。柔軟な思考、開かれた環境、幅広い専門知識の表れではない。団結力のなさの表れだ。正しい対応は、「大切なご指摘です。その点については追ってご連絡させていただいてよろしいでしょうか」とCEOが言うことである。

高さ一〇〇〇フィートにとどまる

本書で戦争のたとえ話が出るのはここだけだ。約束する。破壊的戦力をもたらす三つの方法を考えてみよう。

● **B－1ランサー**　これは大陸をまたいで任務を遂行する長距離爆撃機であり、高度な防衛システムに侵入することができる。高度三万フィート（約九〇〇〇メートル）まで到達可能。価格は二億ドル。

●**ネイビーシールズ**　敵地での特殊作戦を専門とする精鋭を集めた海軍特殊部隊である。海上から攻撃して海上へ戻ることにより、通常とは異なる戦闘能力を発揮し、ターゲットをリアルタイムで監視する。

●**A‐10ウォートホッグ**　これはいわゆる近接支援機である。シンプルで無骨。地上一〇〇〇フィート（約三〇〇メートル）の飛行が真骨頂だ。価格は一三〇〇万ドル。

売り込みが武器であるなら、その大半はB‐1ランサーかネイビーシールズだろう。B‐1的売り込みは超然たるものだ。大袈裟な身ぶり手ぶり、パワーポイントのいかしたアニメーション機能、それに「戦略的」「パートナーシップ」「アライアンス」「先発者の優位」「特許技術」みたいな言葉がふんだんに使われる。財務やコンサルティングのバックグラウンドがあるMBA保持者の専売特許だ。

一方、技術オタクやエンジニアは、ネイビーシールズ的売り込みを得意とする。自分たちの技術の微妙なニュアンスを説明し、自分たちにしかわからない頭字語（略語）をたくさん使う。まちがいなく、このタイプの人たちは技術をすみず

みまで知り尽くし、それをあますところなく説明したがる。

だが、どちらも感心しない。Ｂ-１的売り込みはちょっと高度が高すぎる。聞き手はそのスタートアップが何をしているのか、なぜ成功するのかを知りたいのだ。大言壮語は必要ない。逆に、ネイビーシールズ的売り込みは高度が低すぎる。細かな点ばかりを重視するからだ。

理想的な事業の売り込みは、Ａ-10ウォートホッグ（一〇〇〇フィート）にたとえるとしっくりくる。そこは雲の上の世界ではなく、緊張を強いられる地上の世界でもない。約束は守るという証になるだけの詳細情報と、プランがあるという証になるだけの鳥瞰《ちょうかん》情報を提供すればいい。

「それで？」の声に答える

ガレージ・テクノロジーの同僚だったビル・ヨースが教えてくれた話だ。ＩＢＭでキャリアをスタートさせた彼は、プレゼンテーションのあいだ、肩の上に乗っかった小男をイメージせよと会社で教えられたという。ビルが何かを言うたびに、その小男が「それで？」とささやきかけるのだ。

起業家たる者はみな、この小男をいつも肩に乗せ、そのささやきに耳を傾けるべきである。あなたが述べていることの重要性は必ずしも自明ではないし、ましてや相手が感心するとはかぎらないからだ。

首尾よく小男の問いかけに答えたら、売り込みにおいて最も力を発揮する言葉を続けよう。「たとえば――」。そして、あなたの製品の特徴を現実にどう活用するかを論じるのだ。例をいくつか挙げよう。

あなたの発言	小男の問いかけ	あなたの答え	詳しい説明
私たちの補聴器は、デジタルシグナル処理を用いています。	それで？	音の明瞭さが増します。	たとえば、さまざまな会話が行き交うカクテルパーティで、人々が話しかけてくる内容を聞き取ることができます。
携帯デバイスにおける一二八ビットの暗号化を可能にします。	それで？	システムへの侵入がきわめて困難です。	たとえば、ホテルの部屋から本社と電話で安全に話したいときに役立ちます。
○○さん（著名人）に顧問になっていただいております。	それで？	一流の方にも十分魅力的なサービスといえます。	たとえば、○○さんの業界の方々に、私どもを推奨いただいております。
私たちの新しい学校ではモンテッソーリ法を導入しています。	それで？	当校は子どもたち一人ひとりに焦点を当て、それぞれが自主的に学べるようにします。	たとえば、特定分野の才能にめぐまれた子どもがほかの生徒より進んだ学習ができるようにします。

絶えず売り込みを

場数が内容をはぐくむ。売り込みに慣れ親しんだときにこそ、その効果は最も高まるものだ。慣れ親しむのに近道はない。何度もくり返すのみだ。

この境地に達するには二五回かかる。すべてを本来の聞き手に対して行なう必要はない。相手は共同創業者、従業員、親戚、友人、それに飼い犬でもよい。

練習せずにうまくやろうと思ってはならない。スティーブ・ジョブズは製品紹介の練習を何時間かすればすんだが、あなたはスティーブ・ジョブズではない。練習がお粗末だと、本番もお粗末になってしまう。だから、とにかく場数を踏もう。メニエール病になるよりもいやなことがあるとすれば、それはメニエール病の原因になることだから。

▼練習問題
自分がプレゼンをしているところを録画しよう。気まずい思いをせずにそれを見ることができたら、もう準備OKだ。

正しい数字を提供する

社会主義がアメリカに根づかなかったのは、貧しい人々が自分のことを搾取されたプロレタリアートとは思わず、一時的に苦境に陥っている百万長者だと思うからだ。

——ジョン・スタインベック（作家）

売り込みの資料をテーブルに広げ、財務予測や投資回収率に基づいて出資対象を決める——投資家

練習がお粗末だと、
本番もお粗末になってしまう。

はそんなことをしない。ベンチャーキャピタリストに提出される売り込み資料は、どれも似たりよったりだ。四年目または五年目の売上高が必ず五〇〇〇万ドルになる。そんなもの、エクセルを扱える人なら誰でも導き出せる。

一般に、ベンチャーキャピタリストが三～五年の予測を必要とするのは、投資しようとする事業の規模を理解し、ビジネスモデルの前提条件をチェックし、資本がどれほどいるのかを判断するためだ。三人の有力投資家は、財務予測に求めるものを以下のように語っている。

- **モハンジット・ジョリー（ドレーパー・フィッシャー・ジャーベットソン）**　「五年間の予測と、ある程度見えている最初の二年に関しては詳しい前提条件がほしいですね。あとの三年は、売上の伸びを見て、その起業家が大きな野心を持っているかどうかを知るのと、資本集約度、人員数の増加といった重要指標を知るのがねらいです。総じて、財務情報は『胆力』みたいなものを試す部分が大きい。しかるべき時間がたったら、われわれが望むリターンを提供できるだけの大きさになるか？　その前提となる条件はまともか？　みたいなことです」
- **ダグ・レオーネ（セコイア・キャピタル）**　「信じるか信じないかはご自由ですが、スタートアップの財務情報は意味がなくなりました」とダグが言うので、私は尋ねた。「するとセコイアに対する売り込みや事業計画では、その点についていっさいふれなくてよいのですか？」。ダグの答え。「スタートアップの場合は不要です。われわれが気にするのは、マーケットの大きさ、マーケット構築までの期間、エンジニアの数、ユーセージ（使用状況）、エンゲージメント（顧客との接触度）などです」
- **イアン・ソビエスキ（バンド・オブ・エンジェルズ）**　「私のアーリー（シード）ステージ投資が彼

らの五年間の予測数字と合わないのはわかっています。それでも起業家には、そのビジネスについてどう考えているかを示す詳しい数字を出してほしい。財務予測は、サイエンスというよりも、起業家が築こうとしているものを数字で表した印象派の絵画のようなものです。また、その計画の根拠となる、証明可能な仮説や実験を示してしてほしい。これがあれば起業家は、会社が大きくなったときにビジネスモデルの各要素をテストすることができます。そのときは事業計画のいわば転換点ですが、シリーズA、B、Cの資金調達ラウンドによっても変わってきます」

大事なのは、投資家は各項目別の細かな予測数字までは求めていないということだ。彼らが求めているのは、どんな前提条件を立てているのかがわかる大枠の予測である。

財務予測を改善するひとつの方法は、トップダウンではなくボトムアップで計算することだ。誤った方法の場合、最初に大きな数字を持ってきて、それに達成が容易な市場シェアをかける。たとえばドッグフード販売の場合なら、次のようになる。

- 動物愛護協会によると、アメリカでは八五〇〇万匹の犬が飼われている。
- 犬一匹につきドッグフードを一日二缶食べる。
- したがって市場規模は一日当たり一億七〇〇〇万缶。
- 控えめに一%の市場シェアを達成したとして、一日当たり一七〇万缶。
- 一缶一ドルで売るとする。
- すると一日の売上は一七〇万ドル（これも控えめな見積もり）。年間売上にしてたったの六億二〇〇〇万ドル。

次に正しい方法でやってみよう。こちらはゼロから始めて、どれくらいの顧客を射止められるかを予測する。

- 検索エンジン最適化、パートナーシップ、ソーシャルメディアなどを駆使して獲得できる自社サイト訪問者は月間五万人。
- 一％（五〇〇人）が毎日二缶、月に六〇缶を購入。月間売上は、五〇〇人×六〇缶×一ドル／缶＝三万ドル。
- 訪問者数や購入者の比率はもっと多くなる可能性もあるが、現実的な基準値は月三万ドル、年三六万ドル。

三六万ドルは六億二〇〇〇万ドルに遠く及ばない。おそらく三六万ドルというのは悲観的すぎるが、実際の結果は六億二〇〇〇万ドルよりも三六万ドルに近くなるはずだ。

すべてをオープンにする

あなたのスタートアップに、すぐにはきれいにできない負の要素があれば、資金調達プロセスの早い段階で投資家に開示しよう。公表するのが遅れれば遅れるほど公表しづらくなり、信用も損なわれる。

たとえば、ガレージ・テクノロジー・ベンチャーズがかつて投資したある会社は、別の投資家候補先とコンサルティング契約を結んでいることを開示した。だが、これが明らかになったのはクロージングの直前だった。この投資家は株式を購入するだけでなく、コンサルティングの報酬に株式と現金を受け取っていた。結局、この土壇場で明るみに出た問題のせいで、ある高額投資家が撤退した。この会社がもっと早くにすべてを公表し、やましいところはないと説明していたら（実際、やましいところはなかった）、もっとスムーズにことは運んでいただろう。

あなたの経歴にもキズがあるなら（たとえば、過去に立ち上げた会社や勤めていた会社が倒産したというような）、事実を隠そうとしても、投資家たちはいずれ知るだろうから意味はない。市場、他の従業員、顧客、そして投資家など、自分以外のせいにするのもみっともない（真実はどうあれ）。お薦めは「懺悔《ざんげ》」することだ。つまり負の経歴のそしりを受け入れ、罪を告白するのである。賢明な投資家ならこれを評価するはずだ。事実、幾多の投資家が失敗経験のある起業家に資金をつぎ込んで大儲けしてきた。大切なのは、「失敗に学び、再挑戦しようとしている」ということである。

黙ってメモをとり、まとめ、くり返し、フォローアップする

たいていの人は、話すのをやめたときのほうが興味をいだかせる。

——メアリー・ローリー

私はあるスタートアップのCEOとCOO（最高執行責任者）がベンチャーキャピタリストへ売り込みにいくのに同行したことがある。その数日後、私はそのベンチャーキャピタリストと会い、あのときの経営者はどうだったかという話になった。すると彼は「CEOはよくしゃべったけど、COOは

ずっとメモをとっていた。ＣＥＯは何ひとつ書きとめなかった。たぶんあのＣＯＯは優秀だね」と言った。

このベンチャーキャピタリストが、何か大した話を会議の席でしていたかどうかは記憶にないが、そんなことは問題ではない。売り込みの場では、黙ってメモをとり、相手の話に耳を傾けるのがよい。そのほうが、強い印象をもたらすからだ。

メモをとるという目に見える行為は、相手に次のようなメッセージを伝える。「あなたは頭がいい。あなたの話は書きとめる価値がある。私は学びたい。私はまじめだ」。こうしたメリットがあるだけでなく、メモをとれば記録していた情報の価値も手にできる。万々歳だ。

そのうえで、会議の終わりに、正しい情報を得たかどうかを確かめるために、自分が聞いた内容をまとめ、それを復唱すればなおよい。さらに、売り込みのさいにした約束はすべて翌日までにフォローアップしよう（追加情報の提供など）。

一から書き直す

第二次世界大戦後、米軍のジープの多くがフィリピンの人々に寄贈または売却された。ジープニーと呼ばれるこれらの車は、定員を増やすために改造をほどこされ、もとの姿がわからないほど派手な色で装飾された。なかにはメルセデスに変身したものもあったりする。

多くの売り込みは、しばらくたつとジープニーのようになってくる。最初は基本的・実用的な文書なのだが、投資してくれそうな人たちからの意見を受けて編集や切り貼りがくり返される。会議のたびに編集や修正や切り貼りが増え、しまいには原形をまったくとどめなくなる。

□ メモをとるという行為は、相手に次のようなメッセージを伝える。「あなたは頭がいい。あなたの話は書きとめる価値がある。私は学びたい。私はまじめだ」

私の提言は次のとおりだ。売り込みが五回程度を数えたら、プレゼンテーションの内容を白紙に戻して、一から書き直す。この「バージョン2・0」はパッチワークにするのではない。それまでに学んだことがらを全体として反映させるのだ。

まずは売り込み、それから計画

この五年、計画というのは見たことがない。見たことがあるのはプレゼンだけだ。
——ダグ・レオーネ（セコイア・キャピタル）

大英図書館によると、かつてケルト神話には「それを使って飲み食いした者の嗜好《しこう》やニーズを必ず満たす」魔法の器があり、この神話が「聖杯」伝説につながったという。つい最近まで、起業家にとっての「聖杯」は事業計画だった。

かつて起業家は事業計画を書き、それをもとにパワーポイントのスライドを作成した。彼らにとって事業計画は絶対無比の存在であり、売り込みはその一部であった。

事業計画はそれを読む万人の嗜好やニーズを満足させ、魔法の効果——資金提供したいという抑えられぬ衝動——を引き起こすとされた。

だがこの考え方は時代遅れであり、聖杯たるべき事業計画はいまもって、達成不可能な神話のままだ。もはや事業計画を書く時代ではなくなった。「まずはそれを読みたい」という投資家もいなくなるだろう。みんなが聞きたがっているのは、あなたの売り込みだ。

そう、立ち上げ間もない会社にとって必要なのは、パワーポイントやキーノートを使ったプレゼンテーションだけだ。事業計画が求められることもたまにはあるかもしれないが、そのさいも投資家はすでに決定をくだしている可能性が高い。上場直前になったら、事業計画を作成しなければならないかもしれない。でもそのときは、投資銀行や弁護士に適当に書いてもらうこともできる。

付録

売り込みの書き直し

私はインスリルという会社のアドバイザーをしている。実店舗を通じて電子書籍を売るノウハウを出版社に提供している会社だ。あるとき、CEOのケビン・フランコが、カナダ・アルバータ州のカルガリーで開催される「テックショーケース2014」で九〇秒の売り込みスピーチをするので、原稿を見てほしいと依頼してきた。効果的なプレゼンの参考例として、以下に、もともとの原稿と、私がそれをどう編集（とまあ穏やかな表現をしておこう）したかを示してみよう。

《編集前の原稿》

こんにちは。ケビン・フランコと申します。インスリル・ディストリビューションの共同創業者でCEOを務めています。

われわれが望む資金は七五万ドル、それをもとに電子書籍の配信技術を商業化します。(私のコメント：数字は出さないほうがいいでしょう。二〇〇万ドル出したい人がいたらどうします?)

今日の出版業界における最大の問題のひとつは、「ウォールド・ガーデン」がもたらす障壁です。(私のコメント：「ウォールド・ガーデン」は出版に詳しくない人にはわかりません。私は相当詳しいけれど、それでも意味がよくわかりません)

アマゾン、アップル、コボ、ヌーク、ソニーはデバイスに互換性がありません。その結果、出版社の売上はコンシューマー・トレード・セールスに限られてしまいます。これは出版売上トータルのごく一部にすぎません。(私のコメント：「コンシューマー・トレード・セールス」がわかる人が何人いるでしょう?)

インスリルはこの問題を解決しました。われわれのテクノロジーを使えば、あらゆるタイプのデバイスに電子書籍を配信できます。電子書籍販売のサポートには、ふたつの方法があります。

Ⓐ B2Bセールス(法人への一括販売)(私のコメント：私は出版業を十分理解していますし、B2Bの意味も十分理解していますが、出版におけるB2Bが何を意味するのか測りかねています)

Ⓑ 小売り(小売店での販売)

B2Bの場合、われわれのSaaS(サービス型ソフトウェア)を利用してのホワイトスペース販売機会は、全世界で四〇億ドルを上回ります。(私のコメント：「ホワイトスペース販売」とは何ですか? これを聞いたときの私の思考プロセスは、次のようなものです。「出版社が本を売るためのSaaSって? ああ、インスリルがSaaSなのか、出版社のほうではなく。でもSaaSといえばセールスフォース・ドットコムを思い出すけど、インスリルがセールスフォース・ドットコムって？　この男、いったい何を言ってるんだ?」）

小売りの場合、出版社は電子書籍ギフトカードを通じてデジタルコンテンツを販売することで、実店舗の客足やギフトカード市場の隆盛を十二分に活用できます。

数週間後にはインスリルのテクノロジーがいよいよ正式に市場に投入されます。ウォルマートはインスリルの技術に基づく電子書籍オンライン書店をオープンするほか、カナダの各店でギフトカードを使った電子書籍プログラムをスタートさせます。この休暇シーズン中、インスリルはカナダの一〇〇〇を超える店舗で電子書籍ギフトカードを販売します。（私のコメント：ここへきてやっと興味をそそられます。順番が逆でないと）

すでにハーパーコリンズ、マクミラン、ハーレクイン、スカラスティックなど数多くの出版社のほか、ウォルマート、ターゲット、セーフウェイ、エアマイルズ、トイザらス、ホーム・ハードウェア、インコム、ブラックホーク・ネットワーク、CMMIなどの流通各社とも契約を結んでいます。

ぜひとも一対一でお会いし、このチャンスについてもっと話し合いたいと願っています。

《編集後の原稿》

ケビン・フランコと申します。インスリル・ディストリビューションの共同創業者でCEOを務めています。私たちはすでにウォルマートと契約を結び、まもなくサービスをスタートさせようとしています。今回のイベントで、ほかにそういう会社はないのではないでしょうか。

数週間後にはウォルマートで、ハーパーコリンズ、マクミラン、ハーレクイン、スカラスティックなどの出版社から電子書籍を買えるようになります。ギフトカードはよくご存じかと思います（ここでカードを掲げて見せる）。われわれのサービスはこれと似ていますが、いわゆる商品券ではなく、特定の本が買えるカードです。

電子書籍用のカードを買い、家でネットに接続し、カード上のコード番号を入力すると、電子書籍がダウンロードできます。贈答品に使ってもよいでしょう。われわれのテクノロジーがないと、出版社は実店舗を通じて電子書籍を販売することができません。現在、出版社はアマゾンやアップル、コボ、ヌーク、ソニーによるオンライン販売に依存しています。そして、そのことについて彼らがどう感じているかは、皆さんもご存じのとおりです。

われわれの商品は、ウィン・ウィン・ウィンの関係をつくります。アマゾンなどの業者が電子書籍の販売を支配することはもうないので、出版社は満足。ウォルマートなどの小売店は、通常の書籍だけでなく電子書籍も扱えるので満足。また、カードならスペースをとらないので、小売店はたくさんの本を置くことができ、返本のさいも実際の書籍に比べて取り扱いが容易です。

そしてお客様も、買い物に出たついでに新しい電子書籍を探せるので満足。

ああ、それからもうひとつ。私たちはターゲット、セーフウェイ、トイザらス、ホーム・ハードウェアとも契約を結んでいます。クリスマスには、カナダの一〇〇〇を超える場所でインスリルのカードが手に入るでしょう。

私の書き直しから得るべき教訓は、次のようになる。

●**出だしを強烈に**　ウォルマートのような大企業と取引する予定なら、声を大にしてそれを宣伝すべきである。最高のニュースから始めよう。

●**業界用語は使わない**　あなたは誰を相手に何をする会社なのか、それをどのように実現するのかを、できるだけやさしい言葉で説明しよう。

●ビッグネームを前面に出す　ほかにも大手企業と関係があれば、どんどん宣伝しよう。聞き手はあなたが成功するという証拠を求めている。お客さんにビッグネームがいれば、かなり効果的だ。

●空想をかきたてる　編集後のバージョンには、市場規模や売上の数字がないことにお気づきだろうか。こういう方法でも多くの出版社にアピールする。電子書籍がたくさん売られているというのは、数学者じゃなくてもわかるのだから。

●最後も強烈に　スティーブ・ジョブズが「あともうひとつ……」とよく言ったように、最後に隠し玉をとっておこう。

付録

事業計画コンテストを勝ち抜く方法

世界中のいろいろな組織が、イノベーションや起業家精神を促すために事業計画コンテストを実施している。こうしたコンテストのよいところは、締め切りがあるので起業家がきちんと準備を整えざるをえないこと、また、学習体験の場として起業家がスタートアップのまねごとができることだ。

一方、よくないところは、事業計画がもはや無用だということ。だから事業計画コンテストという枠組みは間違っている。代わりに実施すべきは、事業売り込みコンテストである。私は多くの事業計画コンテストで審査員を務めたが、最初のエグゼクティブサマリーを読み、プレゼンを聞いただけで投票することにしている。

もうひとつの問題は、これらのコンテストが投資家にウケることを意識している点だ。私見では、これは起業家のためにならない。美人コンテストのようなやり方で投資家ウケをねらうよりも、スタートアップが実戦に耐えられるようにすることのほうが大切だろう。

たとえば、大部分の投資家が望む三要素（実績ある市場、実績ある経営者、実績あるテクノロジー）をそなえていなければ、コンテストで投資家にアピールしないかもしれない。でも、実績のないテクノロジーを使って実績のない市場で勝負する実績のないチームが、しばしば優れたスタートアップを生んでいる。

現実の世界では、事業を実現できるかどうかのほうが、資金を調達できるかどうかよりも重要だ。理由は三つ。第一に、インフラ、マーケティング、ツールなど、いまやすべてが無料または安価なので、開業資金は少なくてすむ。第二に、クラウドファンディングで、多ければ数十万ドルの現金が手に入る。資金が必要なければ、投資家に最大限評価されなくても問題はない。第三に、会社を立ち上げるうえで難しいのは資金調達ではなく、事業の実現である。実現の可能性がなければ、資金を最大限集めたところで何にもならない。

話がそれた。


事業計画コンテストであれ、事業売り込みコンテストであれ、勝ち抜くのが悪いと言うつもりはない。認知されるのはよいことだ。こうしたコンテストは、事業計画の最後の砦《とりで》みたいなものだから、参加するには計画を書くことが必要になる。だが、最終的な判断は売り込みに基づいてくだされるので、勝利するには以下のようにプレゼンを重視しなければならない。

- **練習する**　いやになるまで練習する。即興でプレゼンできる人など、ほんの一握り。あなたがそのひとりである可能性はゼロだ。
- **本論に入る**　最初の三〇秒で、あなたの製品の概要を説明する。次の三〇秒で、それが解決する問題や苦痛を説明する。勝負は最初の一分ほどで決まる。ボーイング747ではなく、F18戦闘機の要領で。
- **ストーリーを語る**　あなたが自分の製品、サービス、セクターに関心を持った理由を、筋道立てて説明しよう。「収集した玩具を、ガールフ

勝負は最初の1分ほどで決まる。

レンドがオンラインで売りたがった」といったストーリーが、けっこうな資金を集めている。

●**空想をかきたてる**　統計やコンサルティング会社の調査を引用して、あなたの製品に巨大な市場があることを証明する必要はない。どこのチームもやることは同じである。それよりも、説得力のあるストーリーをつくり、それを聞いた相手が空想をふくらませ、頭のなかで算盤《そろばん》をはじけるようにしよう。

●**大きなフォントを使う**　聞き手はたぶん高齢で、スライド上の小さな文字が読めない。聴衆が多ければ、後ろのほうの人にも読みやすくしなければならない。

●**グラフィックを使う**　ライバル企業が小さな文字を使い、図表を使わないのであれば、あなたはできるだけたくさん図表を使い、文字を少なくしよう。スクリーンショットも効果的だ。アイデアがよりリアルに見えるからだ。

●**前もって調査する**　聞き手が誰かは事前にわかる。どういう人たちかをできるかぎり調べ、彼らに合わせたプレゼンテーションにしよう。それによって、プレゼンの中身が相手にフィットするのはもちろんのこと、あなたがそういうことをするほど賢明で勤勉だということも相手に伝えられる。

●**己のチームの経歴を気にしない**　コンテストに参加するくらいだから、あなたをはじめとするチームメンバーは、ドキッとするような経歴を持っているわけではないだろう。かといって、弱みを最小限に抑えようとしても強みは生まれない。あなたの経歴があなたの事業にぴったりだということを示せばよいのだ。

●**もっと練習する**

付録
起業家の嘘トップ10

投資家の典型的な一日は、二、三社のスタートアップと面会し、さらに四つか五つのエグゼクティブサマリーに目を通すというものだ。どの会社も実績あるチーム、実績ある技術、実績ある市場に裏づけられた、他に類を見ないあっと驚くビジネスチャンスを主張する。自分たちのしていることがわからない敗北者の集まりだ、と主張する会社はない。

というわけで、同じような嘘を聞かされるのにうんざりの投資家のために、また、嘘をついて信用を落としている起業家のために、起業家の嘘トップ10をここに紹介する。これを注意深く検討し、つくならせめて新しい嘘をつこう。

①「私たちの予測は控えめです」 控えめというわりに、三年目には一億ドル稼ぐという。要は人類史上最も成長の速い会社である。本当のところは、売上を予測する手がかりがないのだ。私は起業家にこう言われる日を夢見ている。「正直言うと、私たちの予測は適当に思いついた数字です。あなたに関心を持ってもらえるだけ大きく、私たちがバカに見えないだけ小さい数字にしようとしました。本当は製品を出して、それがどれだけ受け入れられるかを見るまで、なんの手がかりもありません」。少なくともこの起業家は正直である。

②「この市場は五年で五〇〇億ドルになる、と専門家は言います」 こうした数字を出して投資家の関心を引こうと思ってはならない。誰が「私たちの市場などちっぽけです」とわざわざ言うだろう？　みんな右にならえなのだ。空想をかきたてるほうがよっぽどいい。

③「来週、アマゾンと契約予定です」 望むべきはトラクションである。トラクションがあれば資金調達もラクだ。しかしサインが終わるまでは、契約書はただの紙きれにすぎない。投資家が一週間後にチェックしてもサインがまだなら、信用問題になる。この五年間、私は契約書が予定

どおりサインされたのを見たためしがない。アマゾンにしろ何にしろ、大きな取引の自慢をするのは契約が成立してからにしよう。

④「資金ができしだい、キーパーソンが入社します」　話を整理しよう。ガレージで創業したあなた方ふたりは、数十万ドルの年俸を調達しようとしている。製品は一年前に完成。そして、その有名なキーパーソンは二五万ドルの給料、それにボーナス、ストックオプションを捨ててあなたの会社に加わる——と、そういうことですね？　入社予定だというキーパーソンに投資家が問い合わせると、答えはたいがいこうだ。「そういえば、何かのカクテルパーティでそのCEOに会った気がする」。この手の発言をするなら、その人が必ず入社するということを確認しておこう。

⑤「複数の投資家がすでにデューデリジェンスに入っています」　つまり「早くしないとほかのところが投資するので、おたくにチャンスはなくなる」と、そういうことらしい。根拠なき熱狂の時代ならともかく、ふつうはこんなことを言ったらお笑い種だ。聞いた側が実際に思うのは、「ほかの投資家にも売り込みをかけて、まだ断られるまでは行っていないのだな」だ。おそらく、あなたが投資家のことを知っている以上に、彼らはお互いのことを知っている。知り合いに電話をかけて、別の投資会社があなたの案件にどれくらい関心を持っているのかを聞き出すことなんて朝飯前だ。この手の嘘をつきとおすなら、偉大なるはったり屋かセクシー娘にでもなったほうがいい。さもなくば、投資家のネットワークには太刀打ちできない。

⑥「マイクロソフトなんて古くて図体ばかり大きいのろまだから、脅威でもなんでもありません」　マイクロソフト、オラクル、アップル、フェイスブック……有名どころを一社選んでこういう発言をすれば、ⓐ投資家に自分たちの勇敢さを納得させられる、ⓑ名の通った競争相手を負かすことができる証明になる、ⓒ競争上の優位性が得られる、と多くの起業家は考える。でも実

際には、事業を成功させるのに必要な条件を何もわかっていないことを、それらの起業家はさらけ出しているにすぎない。私たち凡人がサウスウエスト航空でピーナッツをむしゃむしゃやっているときに、ラリー・エリソンのような人たちが自家用ジェット機のためにサンノゼ空港を夜遅くまで営業させることができるのには理由がある。それは、彼らの会社が年寄りで図体ばかり大きいのろまだからではない。あなたが世間に名の通った企業と競争しているというだけでも、投資家にとっては空恐ろしい。そんな競争相手をけなして自分の無知をさらけ出すのは、自殺行為以外の何ものでもない。そうではなく、違うセグメントに働きかけて競争を避けたり、競争相手に気づかれないように行動したりする方法があることを説明しよう。せめて、リスクの高い困難な事業を手がけようとしていることを認め、それがいかに高いハードルかを認識していることを相手に知らせよう。

⑦「特許があるので、私たちの事業は安泰です」 特許があっても事業は安泰ではない。一時的な競争優位は得られても（とくに物質科学、医療機器、バイオテクノロジーを扱っている企業の場合）、そこどまりだ。もちろん可能であれば特許を申請してよいけれども、裁判をする時間（年単位）とお金（百万ドル単位）がないかぎり、特許に頼るのは親を喜ばせるくらいの目的にとどめておこう。自分の技術に特許性があるという話を投資家にするのは、一回きりがよい。ゼロはまずい。なぜなら独自性がないと思われるからだ。だが二回以上ふれると、今度は経験不足だと思われる。

⑧「一％の市場シェアをとりさえすればよいのです」 ベンチャーキャピタリストは、これを「中国ソーダの嘘」と呼ぶ。「中国人のわずか一％が当社の炭酸飲料を飲めば、私たちは人類史上例を見ない成功を収める」というわけだ。この理屈にはいくつか問題がある。第一に、中国人の一％にあなたの炭酸飲料を飲んでもらうのは、それほど簡単ではない。第二に、中国全土のよ

うな巨大市場を本気でめざしている起業家はほとんどいない。第三に、あなたの前にもほかの市場について同じようなことを言っていた会社がある。今後もそういう会社が現れるだろう。第四に、たった一%の市場シェアをねらう企業なんてつまらない。

⑨「私たちは先発者として有利な立場にあります」

この嘘には少なくともふたつ問題がある。⑴真実かどうかわからない。同じことを誰もやっていないとはたして言えるだろうか？　経験的に、あなたが何かよいことをしていたら、ほかにも五つのスタートアップが同じことをしている。あなたが何か素晴らしいことをしていたら、同じことをしているところが一〇はある。⑵先発者の有利という考え方は、じつは世間で言われるほどのものではない。「すばやい二番手」のほうがよい可能性もある。よその会社にコンセプトを開拓させて、その誤りに学び、すかさず追い抜くのである。

⑩「世界一流の実績あるチームを擁しています」

ここで言う「世界一流」とか「実績ある」の定義は、創業者が前の会社で投資家に巨万の富をもたらした、あるいは評判の高い大企業でそれなりの地位に就いていた、というものなら納得できる。だが、成功した会社の片隅にいておこぼれにあずかった、マッキンゼーでコンサルタントをしていた、投資銀行に二年ほどいたというのは、起業家として大した実績にはならない。

▼練習問題

この嘘のトップ10リストを友人に渡したうえで、あなたのプレゼンを聞いてもらおう。いくつリストと同じ嘘をついたか？　三つ以上ついたら失格だ。

FAQ

Q1 どうすれば印象的な売り込みができますか？

売り込みが記憶に残らないということが問題なのではありません。多くのプレゼンはそれ自体を見ると、先発者の優位、特許技術、五〇〇億ドルの市場、意欲と才能に満ちた実績あるチームなどなど、とてもエキサイティングです。

問題は、どのプレゼンも同じようなことを言ってかわりばえしないことです。印象深い売り込みにしたかったら、基本に忠実にすべきでしょう。すなわち、短いプレゼンテーション（スライド一〇枚、二〇分）、説得力あるストーリー（リアルな痛みをどうやって解決しようとするのか、魅力的なビジネスチャンスをどうやってものにしようとするのか）が大事です。

もうひとつできることがあります。みんながあっというようなデモを披露するのです。そうすれば、パワーポイントのスライドについて心配する必要はありません。それどころか、デモのあとは話が盛り上がり、パワーポイントに戻らなくてもよいかもしれません。

聴衆が、退屈な会議だらけの長い一日を終えようとしていると想像してみてください。みんな起きているのもやっと。集中力などあろうはずがありません。家に帰りたくてしょうがないのです。こういう状況に出くわすことが実際にけっこうありますから、それを前提に準備してください。

Q2 プレゼンの資料は、カラー冊子にして投資家に配るべきですか？

カラー冊子にしたところで、それは形式にすぎません。私なら内容や話し方など、もっと重要なことを気にします。

Q3 プレゼン資料は事前に出席者に送っておくべきですか？

いいえ。優れたプレゼン資料は情報のほんの一部を載せているにすぎません（大きな文字で！）。ですから、あなたのうっとりするような口頭プレゼンテーションがなければ、相手はそれを理解するのが難しいでしょう。

Q4 会議の最初にプレゼン資料を配るべきですか？

いいえ。最初に資料を配ると、みんなは先へ先へと行ってしまいます。あなたが話すスピードより彼らが読むスピードのほうが速いからです。とはいえ、資料がないと聞き手はメモがとりにくくなります。代案は最初に資料を配り、先のページを見ないようクギをさすことです。

推薦書籍

- 『ITビジネス起業バイブル——シリコンバレー勝者のセオリー』ジョン・L・ネイシャム（ハルアンドアーク）
- 『プレゼンテーションZEN 第2版』ガー・レイノルズ（丸善出版）

Proliferation

成長

第7章

チームをつくる

自分とは考え方、能力、判断がまったくちがう人間を、採用、信頼、重用すること。ただし、それはきわめて難しい。並外れた謙虚さ、寛容さ、見識を必要とするからだ。

——ディー・W・ホック（visaカード創業者）

いまをときめくスタートアップの人材採用ほど、エキサイティングな仕事はない。また、スタートアップが成功するうえで、優れた人材ほど大切な要素はない。資格要件を満たすだけの人物ではなく、あなたの製品にほれ込むくらいの人間がほしい。なぜならスタートアップで働くというのは、たんなる生計の手段にとどまらず、むしろ宗教に近いからだ。本章では強いチームのつくり方を説明する。

無意味な条件を無視する

この世には優れた従業員が不足している。だから、よいチームを築くためには、人種、宗教、肌の色、性的指向などにこだわってはならない（多くの国や地域では違法でもある）。学歴や職歴も同様だ。重視すべきは次の三つである。

①その人はあなたが必要とすることをできるか？
②その人はあなたの事業にほれ込んでいるか？
③その人は信用できる好人物か？

経験や経歴を重視しすぎる人が多いが、完璧で適切な経歴がないことを無視しても割に合う場合があるし、完璧で適切な経歴があることを無視して割に合う場合もある。

●**成功したスタートアップでの経験**　成功を収めた企業に勤めていた人が、その成功に寄与したとはかぎらない。アップル、グーグル、フェイスブック、ツイッター、マイクロソフトの初期の社員がスタートアップのよい従業員になるとはかぎらない。ひとつ言うなら、彼らはすでに金持ちになりすぎ、ふたたびハードワークをしようとは思わないのではないか。

●**大組織での経験**　大きな組織に雇われていたからスタートアップで成功する、という保証はない。必要なスキルがそれぞれ違うからだ。無限のリソースと八〇％の市場シェアを持つブランド企業グーグルのバイスプレジデントが、「ガレージのふたり組」的なオペレーションにふさわしいかは疑問である。

●**失敗した組織での経験**　成功した組織や大組織での経験の逆である。組織の失敗にはたくさんの原因が考えられる。あなたのところへ来た志望者もその一因だったかもしれないし、そうでなかった

アップル、グーグル、フェイスブック、ツイッター、
マイクロソフトの初期の社員が
スタートアップのよい従業員になるとはかぎらない。

かもしれない。しかし、成功よりも失敗のほうがよき教師となりやすい。ほかの会社で失敗してくれた場合はとくに儲けものだ。

●**学歴**　必要なのは頭の切れる人であって、必ずしも「学位のある」人ではない。このふたつは同じではない。スティーブ・ジョブズはリード・カレッジを卒業しなかったし、アップルのマッキントッシュ部門にいたエンジニアも半分は大学を出ていなかった。私はロースクールから落ちこぼれ、スタンフォードビジネススクールには入学を拒否された。

●**同じ部門や役割の経験**　これは両刃《もろは》の剣である。アップルはかつて、タンポンをつくっている会社のエグゼクティブを雇ったことがある。マッキントッシュを生理用品のように売るためには、消費財マーケティングの専門知識が必要だと考えたからだ。でもお察しのとおり、彼の経験がコンピュータ業界に活かされることはなかった。経理のように特定のスキルが必要な仕事はあるけれど、スタートアップの場合は「根性のあるアスリートタイプ」を選ぶほうがうまくいくことが多い。

●**同じ業界での経験**　これも両刃の剣である。業界通で人脈があるのはありがたい。しかし、考え方が凝り固まった人間（「コンピュータメーカーが自前の店を持つなんてありえません」）は厄介だ。ここでもアスリートタイプを探すのがよい。

最後にもうひとつ、やはり無視すべき特徴がある。それは「その人の弱み」である。スティーブ・ジョブズの強みのひとつが思いやりだと言う人はいまい。ビル・ゲイツの強みが美的デザインだと言う人もいないだろう。では、そうした弱みがあるので、次なるスティーブ・ジョブズやビル・ゲイツを雇うべきではないのか？　人を雇うにはふたつの考え方がある。

●これといった弱みがない（がこれといった強みもない）人を探す。
●（大きな弱みがあっても）際立った強みがある人を探す。

ひとつ目の考え方は間違っている。誰にだって何かしら大きな弱みがあるからだ。ひとつの分野に秀でるのは、それだけでも難しい。万能の人材を探すなんて無理な話である。

ふたつ目の考え方こそ、とるべき道だ。頭数が少なく、余剰人員を抱える余裕がない立ち上げ期には、さまざまな強みをそなえた人たちのチームが必要である。ハイパフォーマーには大きな弱みがあるものだ。これといった弱みのない人は凡庸に堕《だ》すきらいがある。

▼練習問題
あなたの最初の仕事を二、三思い出してほしい。次のことは本当か嘘か？
●私は一〇〇％の適任者だった。
●志望者には、私の雇い主が用いていた基準よりも高い基準を適用している。

期待をはっきり表明する

採用しようとする人に対しては、スタートアップでの仕事はその人がそれまでなじんできたものとは違う（大企業出身者の場合）、映画やコメディとは違う（テレビをよく見る人の場合）ということをきっぱり口にしよう。

前者の場合は、「エコノミークラスで移動できますか、秘書がなくてもやっていけますか、安いモーテルに泊まれますか?」と訊かなければならない。これはと思う人が怖気づいて逃げ出すケースもあるだろうが、スタートアップでやっていけない人を雇ってしまわないためには、それくらいの危険は冒す価値がある。

後者の場合、スタートアップはピンポンやパーティをするところではないし、無料の食事も出ないし、金持ちになる近道でもないと気づいてもらわねばならない。現実的な言い方をすれば、スタートアップというのは安い給料で四年から五年、毎日、長時間働き、天国と地獄を見ながら、絶えず資金ショートの心配をする場所である。それも、いろいろなことがうまく運んだ場合の話だ。

大組織のスキル	スタートアップのスキル
ボスにゴマをする	ボスになる
帳簿上の利益を生む	キャッシュフローを生む
独占のそしりを回避する	地盤を固める
製品を進化させる	製品を創造する
市場調査	出荷
販売チャネルから搾り取る	販売チャネルを築く

十分なデータを集める

採用で直感に頼らざるをえないとき、あなたはふたつのシナリオに直面するだろう。

その一：大した学歴・経歴の持ち主ではないので、ほかのみんなは採用に反対しそうだ。あなたの理性も「やめておけ。やつの経験じゃ物足りない」と言う。でも直感は「採れ」と言う。

その二：学歴・経歴は申し分ないので、ほかのみんなは採るべきだと言う。あなたの理性も「採れ」と言う。でも直感は「見送れ」と言う。

こうした場合、一般には直感を信じるべきだとされる。でも残念ながら、直感は間違っていることが多い。もしかしたら、見た目が気に入ったから、同じ大学の出身者だから、自分と同じくホッケーファンだから、面接での質問や身元照会が甘くなったのかもしれない。あるいは、直感が正しかったときのことは覚えていても、それが間違っていたときのことは都合よく忘れてしまうので、自分の直感を過信しているのかもしれない。

正しい意思決定をするための手順は以下のとおりだ。

●面接の組み立てを考えておく　募集するポジションに必要な態度、知識、性格、経験を面接前にきちんと決めておかなければならない。人を見る目には自信がある、と言う従業員に面接をまかせきりにしてはならない。

●仕事に関する具体的な質問をする　相性も大切だが、能力も大切だ。その人が好きかどうかを判断する前に、まずは仕事ができるかどうかを判断しよう。たとえば、マーケティング担当バイスプレジデントを採るなら、過去の経験について以下の質問をするのがよい。

①製品の導入をどのように行なったか？
②新製品の特徴をどのように決めたか？

③技術部門をどう説得して、その特徴を実現させたか?
④ＰＲ会社をどのように選んだか?
⑤広告会社をどのように選んだか?
⑥欠陥製品などの難局にどう対処したか?

●**台本にこだわる**　その場で考えた質問は最小限にする。志望者を正しく比較するため、同じ質問にどう答えるかを比べたい。

●**最初の面接を電話で実施する**　志望者にとって公平な条件をつくるためのひとつの方法は、最初の面接を電話で実施することだ。そうすれば、見た目、服装、人種といった要因に左右されなくてすむ。

●**感覚的な質問をしすぎない**　そこそこの志望者なら、「なぜこのスタートアップで働きたいのか」といった質問ははったりでかわすことができる。「最も誇れる成果は何か」「最大の失敗は何か」「最も満足な学習体験はどんなものだったか」というように、もっと的を絞った質問のほうがいい。やはり優先すべきは能力である。

●**ミスマッチをなくす**　愛想がよい無能な人間を雇ったり、愛想が悪い有能な人間をはねたりしないように注意しよう。たとえば、優れたエンジニアはカリスマ的とはかぎらないし、カリスマ的な人が優れたエンジニアとはかぎらない。

●**メモをとる**　それぞれの志望者が面接で言ったことをメモしよう。記憶に頼ってはならない。時間の経過やあなたの主観によって、志望者を正しく公平に評価するのが難しくなるからだ。

●**早めに身元を照会する**　多くの組織はすでに雇おうと決めた人間の身元を照会する。しかし、これではただ自分の決定を裏づけるコメントを聞こうとしているにすぎない。大きな間違いである。身元照会はその人が雇うのにふさわしいかどうかを決めるための手段でなければならず、すでに行なった選択の確認に使うべきではない（身元照会については本章の最後で詳しくふれる）。

●リンクトインを使う　志望者が示す照会先は、その人についてよいことしか言わないだろう（たとえあなたには驚きだったとしても）。でもリンクトインを使えば、前の会社で同じ時期に働いていた人を探すことができ、三六〇度に近い評価をしやすい。

このように厳正かつ標準化されたプロセスを経れば、よりよい情報が得られるし、直感も研ぎすまされる。そうなったあかつきには、直感に従ってもよいだろう。私は、これまで直感にまかせてけっこう助かってきた（まあ私の記憶は選り好みをするけれども）。事実だけを頼りにせよと言ったところで、偽善者になる。なぜなら、アップルが私（心理学の学位を持つ元宝石の営業マン）を雇って、同社の歴史上最も重要な製品のエバンジェリストをまかせたくらいだからだ。

（本書を刊行前に何人かに読んでもらったところ、私がアップルに採用されたいきさつをもっと知りたいという声があった。アップルが私を雇ったのは、大学時代のルームメート、マイク・ボイシュが決定をくだしたからだ。履歴書上は、同社が私を二番目のソフトウェアエバンジェリストとして雇う理由などなかった。私と初めて面接したスティーブ・ジョブズは「気に入ったけど、経歴がいまひとつだ。きみが保証しないかぎりノーだ」とマイクに言ったらしい）

ありとあらゆる策を講じる

景気の良し悪しにかかわらず、A＋《プラス》プレーヤーを雇うのは難しい。だから、可能なかぎりの策を

□ 身元照会はその人が雇うのにふさわしいかどうかを
□ 決めるための手段でなければならず、
□ すでに行なった選択の確認に使うべきではない。

講じなければならない。策といっても給与や株式、福利厚生くらいではないかと思われがちだが、まだまだ提供できるものはある。

- **ビジョン**　お金が最も重要な動機ではない、と考える人は多い。仕事に意義を見出し、世界を変えるためなら、彼らは少ない給料でも喜んで働くだろう。
- **チーム**　面接は直属の上司や同僚（になる予定の人）だけでやるべきではない。取締役や相談役、投資家がいるなら、その人も面接に加わってもらって志望者を「誘惑」しよう。
- **履歴書への貢献**　率直に言おう。生涯ずっとひとつの組織で働く人などほとんどいない。優秀な人に二～三年勤務してもらい、なおかつ彼らの履歴書にハクがつくなら、それでよいではないか。それに、ひょっとしたら思ったより長く勤めてもらえるかもしれない。

すべての意思決定者に売り込む

スタートアップへの就職を、志望者本人だけで決めるケースはまずない。賢明な会社なら、志望者の配偶者も考慮に入れるだろう。しかし、志望者の意思決定プロセスには、もっと複雑な関係者がからんでいるものだ。

重要な意思決定者には、親、友人、同僚なども含まれる。ある若者が、スタートアップに勤めるべきかどうかを親に尋ねているというシーンは想像に難くない。すると親はこう言うのだ。「やめておきなさい。リスクが高すぎる。もっと長続きする安全な会社にしなさい。リーマン・ブラザーズとかアーサー・アンダーセンとかエンロンとか」

だから志望者には、意思決定に影響を与える人をもれなく尋ね、その人たちの関心事にも応えられるようにしよう。ただし、「これは引っかけ問題ではないか」と怪しむ志望者がいるかもしれないので要注意。「親の意見を聞くと認めたら、親離れできない腰抜けだと思われて採用されないのでは？」と。これは気に入った人を無事採用できるようにする手段なのだと安心してもらうのをお忘れなく。

確約を早まらない

多くのスタートアップが、内定通知を早く出しすぎる。関心があるという姿勢を示して決着をつけるために、それを正式な契約書の「身代わり」に使うのだ。間違っている。

内定通知は、採用プロセスの最後に出さなければならない。これは相手にイエスと言わせるための交渉ツールではなく、口約束を確認するための手段である。結婚の申し込みと同じだ。本気だということを示すためではなく、答えがイエスとわかってから実行しなければ。

嘘を見抜く

トゥルー・キャピタルのパートナー、エイミー・ヴェルネッティは、ガレージ・テクノロジー時代に「就職志望者がよくつく10の嘘」というリストをつくった。これを参考に、誤った採用をしないようにしよう。このリストはいわば決定版だから、ここにない嘘をつく志望者がいたら、その人は少なくともクリエイティブだ。

嘘	真実
ほかにも内定を三つもらっていますので、決定はどうかお早めに。	ほかにも面接を三つ受けて、むげに断られたケースはまだありません。
グーグルとの戦略的提携を担当していました。	グーグルからの宅配便を受け取りました。
いまの会社には数カ月いただけです。ＣＥＯが話していたような会社ではなかったからです。	デューデリジェンスのやり方がわかりません。
すぐに退屈するので、ひとつの会社に一年以上いたことがありません。	一年たつと無能であることがばれます。
以前の会社では、上司と呼べる人がいませんでした。	どの部署にも入れてもらえませんでした。
身元照会者のほとんどは友人です。私のことをいちばんよくわかっているからです。	これまで勤めた会社の人は身元照会者になってくれません。
私が勤めた三つの会社をご存じないのは、どれも「ステルスモード」で活動していたからです。	どの会社もつぶれてしまいました。
会社をやめても、そこの人たちとはよい関係が続いています。	解雇手当をもらう条件として、会社を誹謗中傷しない旨の契約を結ばされました。
バイスプレジデントですが、部下はいません。	窓際族でした。
少なくとも前の給料の倍はもらいたい。	前はもらいすぎていたので、仕事をくれるなら給料が減ってもしかたありません。

「ショッピングモール・テスト」をする

志望者にはもうひとつテストをしたい。その名も「ショッピングモール・テスト」。私は以前、スタンフォード・ショッピングセンターで、マッキントッシュのソフトウェア開発者の姿を見かけた。彼のほうはまだこちらに気づいていない。私は彼と話すはめになるのを避けるため、とっさに方向転換した。どうにもうんざりの男だったからだ。この経験から思いついたのが、ショッピングモール・テストである。

要領はこうだ。あなたがどこかのショッピングモールにいたとしよう。そこでひとりの採用候補者を見かける。むこうはこちらに気づいていない。このとき、あなたには三つの選択肢がある。

①駆け寄って挨拶する。
②出くわしたらしかたないと考える。出くわさなかったら、それもそれでかまわない。
③車に戻って別のショッピングセンターへ行く。

直感やその二重チェックの結果がどうあれ、駆け寄って話をしたい人だけを雇うべきである。②や③を選びたくなる人なら雇うべきではない。人生は短い。気に入らない人間と仕事をしているひまはない。スタートアップではなおさらだ（ちなみに、すでに雇っている人について②か③を選んだ場合は、関係を改善するか、その人を追い出すかだ）。

□気に入らない人間と
□仕事をしているひまはない。
□スタートアップではなおさらだ。

一次評価期間を設ける

いかに最善を尽くそうとも、あなたの採用プロセス（または直感）は間違うことがある。すると、新しく採用した人は期待どおりの働きをしてくれない。私の場合、最も難しいのはこの誤りを認めて正すことである。

しかし、ずっといてもらいたい人のクビを切ることは、そばにいてほしくない人を解雇する以上に難しい。軌道修正をせず、役に立たない人のクビも切らないでいれば、必要な人間を解雇せざるをえない確率が高まるのは間違いない。

組織にとっても従業員にとっても（従業員側も間違った組織で働くのはやめたほうがよい）、雇う雇わないを納得できるかたちにしたければ、一次評価期間（試用期間）を設けて目標をひとつずつクリアさせることだ。パフォーマンス目標は、具体的であればあるほどよい。たとえば、販売員の目標は次のようになるかもしれない。

- ●製品研修の完了
- ●販売研修の完了
- ●五つの訪問販売への参加

試用期間は採用後の余韻が冷めるだけの長さが必要だが、「なんでこんなのを雇ったんだ?」という気持ちになる時間よりは短くなければならない。要は九〇日程度。九〇日たったら、何がよくて何がダメか、パフォーマンスをどう改善するかを両者で話し合う――そのことをお互いに了解しておこう。場合によっては、あなたに非があるかもしれない!

これでおしまいと思わない

二〇〇〇年にガレージ・テクノロジーは、ある一流企業から著名な投資銀行家をリクルートした。そのときの雇用主が当人を引き止めようと報酬を上乗せしたものだから、こちらも再オファーをしたりして、何週間もラブコールを送りつづけた。

そして私たちはようやくこの男を手に入れた。彼は家族を連れてうちの社のバーベキューパーティにも参加した。万事オーケー。数週間後に勤務がスタート。彼は何日間か出社した。でもその後、病欠すると電話をしてきた。ある晩遅く、Eメールが届く。辞職の申し出だった。

彼はガレージをやめ、かつていた投資銀行の元クライアントに就職した。それから数カ月後には、もともと勤めていた会社に復帰した。私がこの経験から学んだのは、「これでおしまい」と思ってはならないということだ。採用活動は、候補者が条件を受け入れたときに終わるものではない。その人がいまの勤務先をやめたときに終わるものでもない。彼(彼女)があなたの組織で働きはじめてからでさえ、それは終わらない。そう、採用活動に終わりはない。

毎日がスタートアップと従業員との新たな契約なのである。

付録

身元照会の作法

これからすることで名声を得ることはできない。

――ヘンリー・フォード

身元照会は優れた人材を集めるうえで欠かせない要素である。しかし、スタートアップはこれを通り一遍、行き当たりばったりの方法でやりがちだ。つまり、採用決定後に照会するのである。

今回、エイミー・ヴェルネッティの好意により、よい結果を得るための簡単な身元照会術を指南してもらった。

照会のねらいは、候補者のあら探しではない。本人が言うとおりの人となりであるかを見きわめることだ。また、その人があなたの組織で能力を発揮できそうかどうかを探る目的もある。

なお、候補者の全体像をしっかりつかむには、少なくともその人のふたりの部下、ふたりの同僚、ふたりの上司、ふたりの顧客と話さなければならない。勤務先の取締役や投資家に尋ねるのもおもしろい。こんな質問が考えられる。

- この人をどうやって知りましたか？　知ってどのくらいになりますか？
- 全般的な印象はどうですか？
- 同じようなポジションのほかの人と比べてどうですか？
- 組織にどんな貢献をしましたか？
- 組織のメンバーからどう見られていますか？
- どんなスキルがありますか？　何が得意または不得意ですか？
- どんなコミュニケーションスタイル、マネジメントスタイルですか？
- 改善が必要なのはどんなところですか？
- 小さな組織で力を発揮できますか？
- 職業倫理はどうでしょう？
- もう一度、上司、同僚ないし部下として働きたいですか？
- ほかに話を聞くべき人がいますか？

そのほか、候補者本人が挙げなかった人にも飛び込みで話を聞くのがよい。その人を知っている	社員をリンクトインなどで探し出して、話を聞いてみよう。

FAQ

Q1 自分たちのスタートアップの強みだけでなく、弱みも正直に話すべきですか？

質問の確認です。もしその人を雇ったら結局は最悪のスタートアップだということがばれる、とわかったうえで嘘をつくべきかどうかということですね？　迷わずありのままを話してください。へたな期待をさせないことです。あなたの率直さには三種類の反応があるでしょう。

- どんな問題があるのかをただ知りたがる人。たぶん彼らは自分たちがどんな問題にかかわることになるのかを知りたいだけですから、正直に話しても恐れをなして退散することはありません。
- 問題があることを喜ぶ人。この人たちにとっては問題＝チャンスです。この手の人には次のように言ってはどうでしょう。「私たちを救えるのはあなただ。英雄をめざさないか？」
- 三番目のタイプは恐れをなして逃げ出すでしょう。でも、スタートアップには不向きだったというだけです。それでよかったのです。

Q2 従業員が二、三人だけだと印象が悪いでしょうか？　数を稼ぐためには三人のフルタイムスタッフより六人のパートタイムスタッフがいたほうがいいですか？

大きく見せるために六人のパートタイムスタッフを雇うなんて頭がどうかしています。ほかの理由（たとえば優秀な人材をとるために勤務時間を柔軟にする）であればかまいません。でも、こんなばかげた理由でやってはいけません。

Q3 CxOといわれる経営幹部を採用するタイミングは、資金調達の前後どちらがよいでしょう？

スタートアップの立ち上げはAの次にB、次にCという具合に順序だったものだと思われがちですが、実際の起業は同時並行のプロセスです。A、B、Cをいっしょにやるのです。ご質問に対する回答は、資金調達の前後および最中に採用する、となります。ただし、次のような罠に陥らないようご注意ください。ある投資家が「世界クラス」のCxOがいれば投資しようと言います。あなたはこれをイエスのしるしととらえ、該当者を採用し、投資家に再度連絡します。すると別の理屈が出てきます。「けっこう。では実際に製品を買うお客さんがいることを示してください」。教訓はこうです。投資家を満足させるために採用してはならない。優れたスタートアップをつくるために採用しなさい。

Q4 専門業者に頼んで人材を探すべきですか、それともよい人材を引きつける自分の能力を信じるべきですか？

資金調達の前にやるべき仕事は、みずからの人脈を駆使して、お金を払わずに適任者を見つけることです。資金調達後は、プロに頼むなり、必要なことはなんでもやってください。でも資金調達前はお金がないのですから、ヘッドハンターに人探しを依頼するのは禁物です。

Q5 訊かれたら給与の幅を教えるべきですか？

いいえ。訊かれたら次のように答えましょう。「優秀な人をとるのに必要な額を支払います」。それから「いまの給料はいかほどですか？　そのへんからスタートしましょうかね」と尋ねます。質問とはこういうふうにするものだと相手も思い知るでしょう。最初の面接で数字にふれるのは早すぎです。志望者はあなたが言ったこと、とくに高いほうの金額を忘れません。そしてそれがいくらであっても、あなたの言った金額は面接での彼らの回答に影響を与えます。

Q6 自分より有能な人を採用するのが目標だとすれば、私はどうやって実権を保ち、自分の会社から追い出されないようにすればよいのでしょう？

この質問はあなたが意図する以上に、あなたという人間をよく物語っています。めざすべきゴールは「実権の保持」や「追い出されないこと」ではありません。優れたスタートアップをつくることです。いつか身を引くべきときがくるかもしれません。でもよく考えてください。倒産はしたけれど最後まであなたが実権を握っていた、そんなスタートアップのほうがよいでしょうか？

Q7 無二の親友と仕事をしています。それでも法的な契約がいりますか？

もちろんです。親友ならなおさらです。時代は変わり、人は変わり、組織は変わります。いやだなと思われるかもしれませんが、やらなければなりません。そのような法的取り決めを結ぶことが、結果的にふたりの友情とスタートアップにとっていちばんよいのかもしれませんよ。契約は、もめごとが少ない立ち上げ初期にやっておきましょう。時間がたてばたつほど、法的な合意は難しくなります。そしてそれがいちばん必要なところに、難しさはピークを迎えます。

Q8 取締役を引きつける報酬はどの程度が妥当ですか？

総出資額の〇・二五～〇・五％が相場ですが、完全無欠のスーパースターであれば、私なら一％ははずむでしょう。これ以上を要求する人は見送るべきです。意義を見出すことよりお金儲けに関心があるようですから。

Q9 もしも、事業の発案者であり、あなたを信頼して共同経営者に迎え入れてくれたパートナーの能力不足が明らかになり、解雇しなければならないとしたら、どうしますか？

その人をこっそり呼んで事情を説明します。そして、もっと小さな役割に就いてもらうための選択肢をいくつか提示します。選択肢といっても、異動が必要なことははっきりさせます。小さな役割というのは、別のポジションに移ってもらうこととか、取締役や相談役におさまってもらうことかもしれません。いずれにしても、その人の尊厳を保つようにします。それでも、たいていはけんかになりますから覚悟しておきましょう。仲直りには何年もかかるかもしれませんが、しかたありません。

推薦書籍

- 『マネー・ボール』マイケル・ルイス（早川書房）
- 『直観を科学する――その見えざるメカニズム』デヴィッド・G・マイヤーズ（麗澤大学出版会）

第8章

ファンを増やす

キリスト教徒は、新たな義務を課すよりも、喜びを分かち、美の地平を指し示し、他者を素晴らしき晩餐に誘うような人となるべきである。

――ローマ教皇フランシスコ

製品さえ信じてもらえば、
コスト効率のよい、信頼性の高い
「布教活動」を続けられる。

エバンジェリズムの語源はギリシャ語で、おおよその意味は「よい知らせを宣伝する」。私はアップルの二番目のソフトウェアエバンジェリストとして、「マッキントッシュは人々の創造性や生産性を高める」というよい知らせを宣伝した。エバンジェリズムは、ライバルをやっつけ、ひとやま当てたいという願望とは無縁である。顧客にすれば、あなたがライバルをつぶしたいかどうかなんて関係ない。知りたいのは、あなたの製品を使ってどんなベネフィットが得られるかだ。エバンジェリズムとは、あなたがどうなりたいかではなく、あなたが顧客のために何をするかが問われる仕事である。

アップルでの経験、その後の起業家としての経験から、私は「製品さえ信じてもらえば、コスト効率のよい、信頼性の高い『布教活動』を続けられる」ということを学んだ。本章ではエバンジェリズムの利用法とエバンジェリストの採用法を説明する。

金にふれる

私は人々に偉大な製品を薦めようとしたこともあれば、つまらない製品を薦めようとしたこともある。偉大な製品のほうがエバンジェリズムはやりやすい。これを私は「ガイのゴールデンタッチ」と呼ぶ。私がふれるものはすべて金になるという意味ではない（そうならよいのだが）。本当の意味は「金《きん》であるならガイはなんでも手をふれる」。

DICEEな製品という考え方を先に述べたが、ここであらためて確認しておこう。エバンジェリズムをめざすなら、DICEEな製品をつくるなり見つけるなりしなければならない。

- **深い（Deep）**　深い製品は人々のニーズを先取りするので、たくさんの特徴をそなえている。
- **知的（Intelligent）**　知的な製品は、どうすれば人々の痛みを和らげたり、喜びを高めたりできるかという知見をかたちにしている。
- **完全（Complete）**　完全な製品は、サポート、文書管理、拡張など、あらゆる顧客ニーズを体現する。
- **力をもたらす（Empowering）**　力をもたらす製品は人々を向上させる。優れた製品はユーザーと格闘せず、ユーザーと一体化する。
- **エレガント（Elegant）**　エレガントな製品は機能的なだけでなく、簡単にすばやく使えるようデザインされている。

「右上」をめざす

エバンジェリズムにふさわしい製品を知り、位置づけるもうひとつの方法は、「右上」をめざすことだ。

下図の縦軸は差別化の度合い、横軸は価値を表す。めざすべきはユニークで価値が高い製品だ。全部で次の四種類の製品がある。

- **価値はあるが差別化できていない**　ニーズは満たすものの、既存の製品と変わらない。こういう製品はたくさん売れても利幅は少ない。他社でも同じような製品を買えるからだ。
- **差別化できているが価値はない**　ばかばかしい製品。存在しない市場を相手にしている、あるいは誰も求めない機能を提供する。
- **差別化できていないし価値もない**　最悪の製品。ニーズがないうえ、同じようなものをつくっている会社がたくさんある。
- **差別化できているし価値もある**　エバンジェリズムの理想。誰にもまねできない価値ある製品を提供すれば、エバンジェリズムは容易である。この場所でこそ、意義が見出され、利益がもたらされる。

エンジニアなら、他社にまねできない価値ある製品のつくり方を考えなければならない。エバンジェリストなら、その製品が価値を持ち、既存製品とは違うということを世間に納得させる方法を考えなければならない。たとえば、こんな製品だ。

●ブライトリング「エマージェンシー」　この腕時計は国際航空遭難信号を発信できる。人命を救う数少ない時計のひとつだから、筋金入りの冒険家にとっては差別化されており、価値も高い。

●ダイムラー「スマート」　十分なスペースさえあれば、縦列駐車が簡単にできる車はたくさんある。だが、この車は縁石に対して直角に駐車できるのだ。これほど小さな車はそうない。

●テスラ「モデルS」　これも車だが、航続距離四四〇キロほどのバッテリーで四秒以内に時速一〇〇キロ近くまで加速でき、しかも五人乗りという例はあまりない。家族でスピードの出るエコカーに乗って遠出したいなら、モデルSしかない。

他人を思いやる

エバンジェリストが普通の人と違うのは、他人の利益を優先することだ。自社の製品を心から信じているから、他の人にも使ってほしいと考える。

テスラのモデルSがそのよい例を教えてくれる。二〇一四年ごろ、アイオワ州政府はテスラが住民に車を売るのを禁じていた。州内に認可を受けたディーラーがないというのが理由である。すると、お隣ミネソタ州のテスラ車オーナーたちが、アイオワ州アーバンデールまで遠征し、アイオワ州の人々に車を試運転させてあげた。このオーナーたちは、テスラの社員ではなかった。では株主？　でないとすれば、「彼らはこの行為から金銭的利益を得ている」という主張は成り立たない。

仮に株主だとしても、テスラの株価をつり上げるのが主な動機ではなかっただろう。そう、彼らはテスラのエバンジェリストだった。自分たちの愛する車を買ってほしいと思うから、こんな行動に出たのだ。これこそ、エバンジェリズムのパワーである。

人間味を出す

偉大なブランドをいくつか思い浮かべてほしい。ヴァージン、リーバイス、ナイキ、ハーレーダビッドソン、エッツィー。いずれも人間味がある。ヴァージンの楽しさ、リーバイスの若々しさ、ナイキのきっぷのよさ、ハーレーダビッドソンの反逆精神、エッツィーの職人気質《かたぎ》。

もちろん、こうした特性とは無縁の偉大なブランドもある。マイクロソフト、オラクル、ユナイテッド航空などなど。でも、人間らしい価値に根づいた製品のほうが、エバンジェリストとしては推薦しやすい。私をロマンティストと呼ぶなら呼ぶがいいが、もし賛同いただけるなら、以下、これをどう実現すればよいかを考えてみてほしい。

●若者をターゲットにする　製品の購入者が誰であれ、若者をターゲットにすると人間味のあるブランドをつくらざるをえない。これを裏づけるデータはないけれども、最初は若者向けだった製品を多くの年配者が買っているように思えてならない。たとえば、トヨタ・サイオンやミニクーパーを運転する、頭の薄くなったおじさんがいかに多いことか。

●自分自身を笑い飛ばす　たいていの企業は、自分を笑い飛ばすことができない。そんなことをしたら自殺行為というわけだ。「自分たちのことをまじめに考えなかったら、お客さまにまじめに受け取ってもらえない」。あるいは、みずからのイメージにとらわれすぎて、自己制御できないと思われるのが怖い。だが、「過ちを犯すのが人」と古くから言うではないか。恐れることなく、みずからのスタートアップを笑い飛ばそう。

●楽しむ　ある企業の二〇一四年ごろの時価総額は、およそ四〇〇〇億ドル。この会社はちょっとした記念日や休日などを祝って、一日だけロゴを変えることがある。楽しくて人間っぽいではないか。さらに上手《うわて》もいる。ヴァージンのリチャード・ブランソンは、エアアジアのオーナー、トニー・フェルナンデスに賭けで負けたため、すね毛をそり、口紅を塗り、フライトアテンダントの制服を着て、エアアジアの機内で仕事をするはめになった。ユナイテッド航空のCEOがスカートをはいているのを見たことがあるだろうか？　そもそもユナイテッドのCEOが誰か、あなたは知っているだろうか？

●顧客を主役にする　マーケティング資料に顧客を登場させる会社は人間味を感じさせる。その最高の例はゴープロだろう。同社のウェブサイトやユーチューブにアップされた顧客のビデオを見ると、ゴープロのカメラを使えば誰でも素晴らしい動画を

撮影できるような気になる。

●**恵まれない人たちに手を差し延べる**　企業の慈善活動には二重の効果がある。社会への道義的責任を果たすだけでなく、ブランド認知を高めることもできるのだ。いや、じつは三重の効果がある。人材の採用や引き止めの重要な手段にもなるからだ。

▼練習問題
お気に入りの企業のウェブサイトで、助成金を申し込んだり、ボランティアに志願したりするにはどうすればよいかを調べてみよう。

個人に関連づける

飼い犬にとって、人間はみなナポレオンである。だから犬はつねに人気が高い。
――オルダス・ハクスリー（作家）

私はかつて、ペットのために信託を設定できるよう

にするオンラインサービスを始めたい、という起業家に会ったことがある。彼女の売り込みの拠《よ》りどころは、米国で年間九〇〇〇万ものペットが安楽死させられているという事実だった。

私がまず言ったのは、九〇〇〇万ものペットが安楽死させられているとしても、飼い主に先立たれたからそうなったのは一握りにすぎないということだ。だから彼女が考えるほど市場は大きくない。次に、犬の飼い主のひとりとして言ったのは、彼女は正しいということだ。家族がみんな死んだら、うちの子はどうなるのか？　誰もペットのために遺書を残したり信託を設定したりしていないのだから。

ここから学ぶべきは、製品のポジショニングは個人に関連づけろということだ。「米国で毎年亡くなる二五〇〇万人が飼うペットはどうなる?」よりも、「うちの子はどうなる?」のほうがずっと効果を発揮する。ペットに関する個人的な心配を引き起こすことができれば、その人は同じようにペットの心配をする他の何百万という人たちに思いをはせてくれる。ポジショニングは、それが個人にかかわるときのほうが効果をあ

げる。見込み客にとっては、製品がどのようにニーズを満たすのか想像しやすいからだ。

個人に関係なし	個人に関係あり
当社のオペレーティングシステムは、経営情報システム部門がコントロールを維持し、コストを削減するための業界標準です。	アップル「当社のオペレーティングシステムで、あなたはもっと創造的・生産的になります」
地球のオゾンホールの規模を小さくします。	黒色腫を予防します。
多数の航空機がハブアンドスポークで全米を飛んでいます。	サウスウエスト航空「いまや全国を自由に移動できます」
学区の子どもたちのテストの平均点をアップさせます。	息子さんが必ず字を読めるようにします。

人脈づくりを学ぶ

問題はあなたが何を知っているか、誰を知っているかではなく、誰があなたを知っているかです。

——スーザン・ローン（ビジネス人間関係の研究者）

ポジショニングは、個人にかかわるもののほうが効果をあげる。見込み客にとっては、製品がどのようにニーズを満たすのか想像しやすいからだ。

あなたがすでに知っている人、もっと正しくいえば、あなたをすでに知っている人が相手のほうが、エバンジェリズムはずっとやさしい。このような社会的つながりを築く行為は、シュムージング（schmoozing）（訳注：本来はおしゃべり、ばか話などの意）と呼ばれる。

「恥ずかしい」「失礼」「打算的」などの理由でシュムージングに尻込みする人は、考え方を変える必要がある。ダーシー・レザックは、その著書*The Frog and Prince*のなかで、ネットワーキング（非ヘブライ語でシュムージングの意味）を次のように定義している。「他人に何をしてあげられるかを見つけること」

シュムージングの名手は、レザックのこの「何かお手伝いしましょうか」的な外向的姿勢を採用している。それが広範囲で長続きするコネクションを築くコツである。この考え方を基礎にして、以下、もっとたくさんの人に自分を知ってもらうにはどうしたらよいかを伝授しよう。

●**外へ出る**　シュムージングはコンタクトスポーツだ。オフィスにこもっていても始まらない。トレードショー、コンベンション、セミナー、カンファレンス、カクテルパーティに無理をしてでも出かけよう。スカイプもグーグル・ハングアウトも素晴らしいけれど、やはり直接握手するのがいちばんだ。

●**的確な質問をして口を閉じる**　シュムージングの名人は会話を独り占めしない。彼らはまず相手の関心を引く質問をし、それから聞き役に回る。聞き上手ほど魅力的な人間はいない。

●**連絡しやすくする**　皮肉にも、シュムージングの達人をめざす多くの人が、自分への連絡手段には無頓着だ。たとえば、名刺に携帯番号を印刷していないし、Ｅメールのテンプレートに連絡先を記していない。

□
□
□
□
聞き上手ほど魅力的な人間はいない。

●**フォローアップする**　誰かと会ったら二四時間以内にフォローアップしよう。Eメールを送る、電話をする、自分の新刊本を贈る。フォローアップする人は珍しいので、すれば貴重な人間として記憶してもらえる。

●**たくさんの「熱中」を見せる**　仕事のことしか話せない人は退屈である。シュムージングの名手はいろいろなことに熱中している。メリットは、それを通して人脈がさらに広がることだ。ビジネスに役立つから何か趣味を始めなさい、と言っているのではない。たとえば、私はゴルフをするくらいなら貧乏するほうがましである。でも、ホッケーを通じて仕事上の人脈がたくさんできた。おまけに仕事を通じてホッケー仲間がたくさんできた。

●**人助けをする**　お天道様《てんとさま》はあなたの行ないを見ておられる（詳しくは第13章「高潔の士でいる」でふれる）。あなたが他人様《ひとさま》にかけた情けをちゃんと勘定しておられるのだ。世界一流のシュムージング名人になりたければ、このポイントを大きく稼ぐようにしよう。

Eメールの活用法を知る

この手紙は長めになった。短くする時間がなかったので。

――ブレーズ・パスカル（哲学者）

Eメールはエバンジェリストの重要なツールだ。速いし、ただ同然だし、世界中とやりとりできる。ところが、たいていの人がそれをうまく活用していない。そこで、Eメールの効果をアップさせて、エバンジェリズムの強力な武器にするための方法をお教えしよう。

●**適切な件名をつける**　Eメールで差出人の名前の次に注目されるのは、件名である。件名は、メッセージ内容のエグゼクティブサマリーみたいなものだ。それを見て中身を読みたいと思ってもらえなかったら、戦わずして負けである。私ならこんな件名に心引かれる。「楽しく拝読しました」「楽しく拝聴しました」「○○さん（私の知り合い）にご紹介いただきました」

●**火曜日をねらう**　オーリン工科大学の教授で起業を担当するスティーブン・ブランドは、Eメールを送るなら火曜の朝がベストだ、というおもしろい説を唱えている。火曜なら週末にきたメールにも対応し終わり、かといってその週にくる大量のメールもまだそれほど受け取っていないからだ。

●**返信がきていないメールを再送する**　もうひとつスティーブン・ブランドが勧めるのは、返信がきていないメールを再送すること。「お読みいただけたでしょうか」みたいな短い注意書きを添える。ブランドによれば、人は同じメールを二回受け取ると、返信せざるをえない気持ちになるらしい。

●**四八時間以内に返信する**　先にも述べたが、反応のよさは人脈を固めるうえで大事な要素だ。Eメールのテーマが新鮮なうちに返信する必要がある。受信トレイの下のほうに隠れたメッセージは忘れ去られることが多い。

●**英語はすべてを大文字にしない**　すべて大文字で書いた文章は読みづらく、読み手に怒鳴っている印象を与える。少なくともそれは、あなたがEメールのことを何もわかっていない証拠である。無知はシュムージングの成功に貢献しない。

●**引用して返信する**　受信メールのどの部分について答えているのかが相手にわかるように、該当箇所を引用したうえで返信する。みんな一日に何十通ものメッセージを受け取るので、「了解です」だけでは不十分だ。

●**短く簡潔にする**　ムダ口をたたかず、さっさと結論を言う。理想的な長さは五センテンス以内。言うべきことを五つの文で言えないとしたら、じつはさほど話すことがないのだ。

●**HTMLではなくテキスト形式にする**　私はHTML形式のメールはスパムと見なし、ちらっとしか見ない。大切な内容であっても、太字、赤字、縁取り文字、影付き文字、グラフィックを使う必要などない。

●**承認を得ていないかぎり、五メガバイト以上のファイルを添付しない**　受信者が接続の遅いホテルの部屋にいるとしよう。そこへあなたから一〇メガバイトのパワーポイントファイルが送られてきたとしたらどうだろう？　いい気持ちになるはずがない。また、見知らぬ相手からの添付ファイルはたいがいウィルスだと判断される。

●**同報メールにはBCCを使う**　三人以上にEメールを出すときは、「うっかり返信」を防ぐため、また他の受信者にアドレスがわかるのを防ぐため、必ずBCCを使おう。

●**CCはなるべく使わない**　私はCCでメールがきたら、ほかの人がその案件に対応してくれると見なす。メールは必要か必要でないかのどちらかだ。中途半端な立場などない。CCの目的でよくあるのは、言い訳にする（「でもCCしたじゃないか！」）、脅す（「きみの上司にCCしたから、私の頼みを聞いたほうがいい」）などだ。

●**署名を入れる**　署名（シグネチャ）とは、送信メッセージの最後にEメールソフトが毎回挿入する情報のことだ。よい署名には、あなたの氏名、所属組織、住所、電話番号、Eメールアドレス、ウェブサイト情報が盛り込まれている。これはカレンダーやデータベースへのコピー&ペーストにも便利である。あなたにもっと連絡をとりたくなった人が、「あの人の電話何番だっけ？」と探すはめになるようではバツ。

●**不機嫌なときは待つ**　ふつうは四八時間以内に返信しなければならないが、四八時間以上待ってから返信すべき場合がひとつだけある。虫の居所が悪いとき、相手に議論をふっかけたいときだ。こういう気持ちのときに書いたメールは、問題を悪化させるだけである。

助けを求める

エバンジェリズムの活用から、エバンジェリストの採用に話を移そう。起点となるのは、顧客に助けを求めること。「この製品をみんなに知ってもらいたい。噂を広めるにはあなたの助けが必要だ」とはっきり述べるのだ。これは知性の証であって、弱さでもなんでもない。

あなたの製品が伝染しやすければ、助けを求める必要さえないかもしれない。顧客がすでにエバンジェリズムを発揮してくれているのだ。マッキントッシュの場合がそうだった。でも求めれば、もっとたくさんの助けを、もっと早く得ることができる。なのに、助けを求めることに多くの企業が二の足を踏む。

●「助けを求めたら、われわれは弱いと思われてしまう。強い会社は顧客に助けを求めたりしない」
●「助けを求めたら見返りを期待される。割引とか特別待遇とか。そのときはどうする?」
●「お客さまはありがたい存在だけれど、彼らにわれわれを助けるのは無理だ。やるべきことはわかっている。自力でなんとかする」
●「特別のプログラムを続けるにはお金がかかりすぎる。こういうプログラムはコスト効率がよくない」

どの理由も嘘っぽいし、皮肉にも愚かさと傲慢さが同居している。顧客があなたを助けたいと言うなら、喜びこそすれ、拒否すべきではない。妙な被害妄想を捨て、喜んで申し出を受け入れよう。エバンジェリストは、とっておきの販売員になってくれるはずだ。

プログラムをつくる

一九九〇年代後半、実業家や地域のリーダーたちが集まって、「カルガリー・フレームズ・アンバサダーズ」という組織を立ち上げた。彼らはカナダのアイスホッケーリーグに属するチーム「フレームズ」のファンで、このチームが別の町へ移転するのではないかと警戒を強めていた。グループの代表ライル・エドワーズによると、「私たちはカルガリーじゅうを走り回って、チケットを買ってもらいました」。

でも、二〇一四年ごろには、フレームズはもうそれほどチケット販売を手伝ってもらう必要がなくなった。アンバサダーズのメンバーはチケット販売のほか、ボランティアで地域のプログラムを支援し、競技場入り口での集会を後援している。メンバーは全員、シーズンの通しチケットを買わなければならない。つまり、お金を払うファンなのだ。しかも無償でいろいろな活動をする。これぞエバンジェリズム！

エバンジェリスト採用のねらいは、製品をめぐるコミュニティを構築することにある。そのようなコミュニティを持つ企業を、以下にリストアップした。彼らの取り組みを参考に、あなたのニーズに応じたプログラムをつくってみよう。

●アドビの各種グループ
●アップルのユーザーグループ
●アーティキュレート（eラーニング）
●フリップボード・クラブ（ソーシャルマガジン）
●グーグル・アンドロイド・ディベロッパー
●グーグル・トップ・コントリビューター
●ハーレー・オーナーズグループ
●ハブスポット・ユーザーグループ（マーケティングソフト）
●ウブントゥ・ローカルコミュニティチーム（フリーオペレーションシステム）

これらのコミュニティは、顧客サービス、技術サポート、社会的つながりを提供し、製品オーナーとしての体験を向上させる。あなたも次のような行動をすれば、コミュニティを積極的に創造できる。

●「百花斉放」を促す　この原則は雨乞いにもエバンジェリズムにも当てはまる。エバンジェリストにどんなふうに助けてもらいたいかは、あまり選り好みしてはならない。彼らの好きなように援助してもらおう。あなたにはできない売り方をきっと教えてくれる。

●仕事を頼んで成果を待つ　ある組織の手伝いをボランティアで買って出たのに、全然反応がなかった――そんな経験はないだろうか？　仕事を頼まれすぎる以上につらいことがあるとすれば、それは仕事をまったく頼まれないことだ。エバンジェリストが「やりましょう」と名乗りをあげたなら、

□ **エバンジェリストにどんなふうに助けてもらいたいかは、**
□ **あまり選り好みしてはならない。**
□ **彼らの好きなように援助してもらおう。**

彼らを上手に活用しない手はない。

●伝道の道具を与える　たくさんの情報と販促資料を提供して、信者たちがあなたを手助けしやすいようにしよう。たとえば、ハイテクユーザー向けの衣料などを手がけるスコッテベストは、それぞれの商品にいくつかのカードをつけ、そこに顧客とその人の声、スコッテベスト商品の購入方法などを載せている。

●要望に応える　エバンジェリストの要望に応じて製品を修正しなければならない。理由はふたつある。第一に、彼らこそ、どうすれば製品がもっとよくなるかを知っているから。第二に、あなたに聞く耳があるとわかれば、彼らはいっそう忠誠を尽くし、熱心に手を貸してくれるからだ。

●プレゼントをする　無料のTシャツ、マグカップ、ペン、メモ用紙などの力はばかにならない（アップルはある年、Tシャツに年間二〇〇万ドル使っていた）。エバンジェリストはこういう品物が大好きだ。自分もチームの一員で特別な存在なんだ、と感じられるから。お金はこんなふうに使いたい。ただし二五ドルを超えるものは厳禁。そこを超えると、ギフトなのか賄賂なのかわからなくなる。

●コミュニティ構築の専任者を雇う　コミュニティのニーズに気を配る従業員は、エバンジェリストを感化するとともに、必要資源の獲得にも奔走する。会社がうまくいきだしたら、この人を中心にひとつの部門をつくり、コミュニティサポートを制度化しよう。

●エバンジェリスト支援の予算をつける　たくさんはいらない。エバンジェリストを買収するためのお金ではない。とはいえ、旅費、接待費、会議費のほか、ここまで述べたものの予算は必要だ。

●販売、マーケティング、オンラインの活動にエバンジェリストを組み込む　エバンジェリストの存在は、クオリティやカッコよさの代名詞になる。「製品が成功しているから、ユーザーグループができたんだな」。だから、契約をとり、顧客にさらなる資源を提供するためにも、エバンジェリストの存在を宣伝すべきである。

●コミュニティの活動を支援する　メンバーが会合を開くさいに建物を使わせてあげるとか、デジタル面で援助してあげるとか（ウェブサイトのスペースの提供、オンラインセミナーやチャットの主催など）を指す。

●カンファレンスを開催する　私ほど電子コミュニケーションを愛する者はいないだろう。でも、エバンジェリズムにとっては直接会うことが大切だ。カンファレンスの場では、エバンジェリストがお互いに顔を合わせるほか、スタートアップの従業員とも交流することができる。

●友好関係を続ける　効果的なエバンジェリズムのお手本になるのは、良好な親子関係である。子どもはいつまでたっても子ども。けっして巣立たない。エバンジェリストも同じこと。つねに、いつまでも、愛情を必要とするのだ。

付録

スタンディングオベーションを受けるには

沈黙にまさる結果を出せないかぎり、しゃべってはならない。

——ホルヘ・ルイス・ボルヘス（作家）

一九八六年にアップルで働きはじめたとき、私は人前で話すのが怖かった。ひとつには、スティーブ・ジョブズが統括する部署で働くのがおっかなかった。「どうやってスティーブと張り合えというのだ？」。でもエバンジェリストやCEOとして成功したければ、スピーチのしかたを学ばなければならない。

私は人前で話すのが平気になるまでに二〇年かかった。ここでは、そんな私が学んだことをお伝えしたい。スピーチをどうにかこなすだけでは十分でない。ぜひ、スタンディングオベーションを受けてもらいたい。

●おもしろい話をする　これで戦いの八割が決まる。伝えるべきことがあれば、よいスピーチをするのはうんとラクだ。以上。話すことがなければスピーチなど断ろう。断りたくなければ調査をして、おもしろい話を見つけよう。

●セールスは慎む　スピーチの目的は、聴衆を楽しませ、情報を提供すること。製品の宣伝の場を提供することではない。セールストークだと思われたら、それは最悪のスピーチだ。

●カスタマイズする　人前で話すさいに最も助けになるテクニックは、最初の三〜五分をカスタマイズすることだ。そうすれば、価値ある特別なスピーチを工夫するために努力した、という証になる。私の場合、方法はふたつ。まず、聴衆との接点を探そうとする。たとえば車の「アキュラ」の関係者に話をしたときは、私が持っている二台のアキュラと二台のホンダ車の写真を見せた。S・C・ジョンソンで話をしたときは、うちの棚にある同社の洗剤の写真を見せた。また、外国へ行くときは、前日に現地入りして観光するようにしている。そしてスピーチ当日、訪れた場所の写真を見せ、その国の文化に理解を示す（たとえばイスタンブールでしゃべったときは次ページのような写真を使った）。

●とにかく楽しませる　多くのスピーチアドバイザーが賛同しないだろうけれど、年に五〇回は人前でしゃべっている私の持論は、「スピーチの目標は聴衆を楽しませること」。聴衆を楽しませれば、情報をいくらか盛り込むこともでき

る。でも話が退屈だと、情報がどれだけあっても優れたスピーチにはならない。

●正装する 私の父はハワイで政治家をしていた。とてもスピーチがうまかった。私が人前でしゃべるようになると、彼はアドバイスをひとつくれた。「聴衆より低いレベルの服装をするな」。つまり聴衆がスーツを着ていたら、あなたもスーツを着なければならない。軽装だとこんなメッセージを送ってしまう。「私はあなた方より頭がいい（お金がある、権力がある）ので、あなた方をさげすんでもかまわないし、あなた方のことをまじめに考えてなどいられない」。これで聴衆に気に入ってもらえることはまずない。

●競争相手をけなさない スピーチのなかで競争相手をこき下ろしてはならない。聴衆の注目を集めるという特権を不当に利用していることになるからだ。あなたが聴衆のために便宜を図っているのではなく、聴衆があなたのために便宜を図っているのだから、この機に乗じて競争相手を中傷するような落ちぶれたマネはやめよう。

●ストーリーを語る　肩の力を抜いてスピーチするいちばんの方法は、ストーリーを語ることだ。若いころの話。子どもの話。お客さんの話。読んだ本の話。ストーリーを語ると、その話に没入できる。もはや「スピーチ」をしているのではなく、会話をしているにすぎない。上手な話し手はストーリーを語るのがうまい。メッセージを裏づけるストーリーを語るのである。

●事前に聴衆と交わる　聴衆はあなたのスピーチがうまくいくことを望んでいる――本当か嘘か。答えは「本当」である。聞き手はあなたが失敗するのを見たくない。失敗を見るために時間をムダにしたいと思う人がどこにいるだろう？　あなたの成功に対する聴衆の気づかい度を高めるには、スピーチの前に聴衆と交わるといい。彼らに話しかける、話しかけてもらう。とくに前列のほうの人たちを選んで。すると演壇に上がったとき、これらなじみの顔が目に入る。自信が高まり、リラックスできる。そして、みごとなスピーチができる。

●イベントの最初にしゃべる　できればイベントの最初のほうにしゃべらせてもらおう。そのほうが聴衆は活力にあふれているので、話を聞いてくれるし、ジョークに笑ってくれるし、ストーリーについてきてくれる。三日間のカンファレンスの最終日ともなると、聴衆は数が減り、お疲れ気味で、家に帰ることばかり考えている。優れたスピーチをするのはただでさえ難しい。どんよりした聴衆を覚醒させなければならないとしたら、さらに難度がアップする。

●小さめの会場を希望する　もし選べるなら、できるだけ小さな会場で話をさせてもらおう。大きな会場なら、劇場スタイルではなく教室スタイル（机と椅子）をお願いしよう。満員の会場すなわち熱気に満ちた会場である。定員二〇〇人の会場に二〇〇人いるほうが、定員一〇〇〇人の会場に五〇〇人いるよりもずっといい。

●絶えず練習する　これは当たり前のことながら、やはり意味がある。スピーチがそれなりに上達するには、最低でも二〇回はかかる。飼い犬相手に一九回練習してもいい。いずれにせよ、くり返し練習する必要がある。バイオリニストのヤッシャ・ハイフェッツが述べたように、「一日練習しなければ自分にわかる。二日練習しなければ批評家にわかる。三日練習しなければ観客にわかる」。

あなたの場合は、以上を理解するのに二〇年もかからないことを願う。私はなぜ、それほど長くかかったのか？　スピーチの作法を誰も教えてくれなかったことと、リサーチ能力がなかったことが一因である。いま、演壇に上がるたびに私がめざすのは、スタンディングオベーションを受けることだ。

付録

パネルディスカッションで大活躍するには

男は自己表現の自由を求め、自分の重要性を認識したがるくせに、いざそうした条件が与えられると、怯えてしまう。

——ロバート・C・マーフィー（法律家）

どんなカンファレンスでも、パネルディスカッションのパネリストは基調講演のスピーカーの一〇倍はいる。だから、基調講演のスピーカーになるよりもパネリストになる確率のほうがずっと高い。したがってエバンジェリストにとっては、パネルディスカッションをうまくこなすのも大切なスキルである。

一見、パネルディスカッションは簡単に思える。自分以外にも四、五人いるし、時間もたったの六〇分だ。難しいわけがない——。ところが、ここに問題がある。パネルディスカッションは簡単だと思うから、誰もちゃんと準備しないのだ。実際には、パネルディスカッションのほうが単独のスピーチより難しい。自分でコントロールできないし、考える時間もあまりとれないからだ。ディスカッション後に聴衆に囲まれるようなパネリストになりたければ、以下を参考にしよう。

●**テーマを理解する**　あまり知識がないテーマのパネルディスカッションに招待されたら、いくら素晴らしいチャンスになりそうでも辞退しよう。できることなら、あなたが無知であることを聴衆に知らせたくない。

●**パネリスト紹介をコントロールする**　たいていのパネリストがやる最初の間違いは、司会者が最新の正しい略歴を知っていると考えることだ。実際には、司会者はあなたのことを何も知らないか、グーグル検索で誤った略歴を見つけたかのどちらかである。だからパネルディスカッションが始まる前に、三つのセンテンスから成る自己紹介を司会者に渡し、それを正確に読み上げるよう頼んでおこう。

●**大きい声で話す**　唇とマイクのあいだの最適距離は約二・五センチ。あなたは猫背気味に腰かけているし、役者でもなんでもないのだから、マイクに近づいて大きな声で話そう。マイクを愛撫するような気持ちで。

●**情報を提供するだけでなく、楽しませる**　基調講演と同じく、目標は情報提供ではなく、聴衆を楽しませること。話がおもしろければおもしろいほど、賢い人間だと思ってもらえる。なぜなら、おもしろい話をするには知性がいるからだ。私なら、司会者やほかのパネリストに冗談めいたケンカをふっかけたりもするだろう。思うがままに楽しもう。

●**真実を言う（とくに真実が明らかなときは）**　運がよければ、司会者は難しい質問であなたを困らせようとするだろう。これはよいことである。なぜなら、(a)おもしろいことを言い、(b)自分が正直者であることを示すチャンスになるからだ。「真実はあなたに喜びをもたらす」（訳注：「真実はあなたを自由にする」という聖書のもじり）。みん

□
□
□
□
マイクを愛撫するような気持ちで。

ながら真実を知っているときは、嘘を言ってはならない。それなら「黙秘します」と言うほうがよっぽどいい。少なくとも笑いはとれるはずだ。

●**訊かれたことに答える、しかし訊かれたことだけに答えない**　質問を受けたら、できるだけ速やかに答えよう。ただし、そのあとは自分が望む方向に会話を持っていけばよい。たとえば、「スマートフォンにもいずれウィルスが広まると思われますか?」と司会者に訊かれたら、「それも問題ですが、本当に問題なのは通話範囲が広くないことです」と答えればよい。もしそれがあなたの話したいことであれば。

●**わかりやすくシンプルで短い話をする**　あなたが専門家のパネルディスカッションに加わっているとしよう。それから司会者も専門家だとしよう。司会者が質問をする。あなたはその司会者や他のパネリスト（みんな専門家）に答えているつもりなので、略語や専門用語を惜しげもなく使いはじめる――大きな間違いだ。話を聞いてもらうのはあくまで聴衆であり、司会者や他のパネリストではない。複雑で技術的な話を、わかりやすくシンプルに短く表現できれば、目立つこと請け合いだ。

●**関心を装う**　これはパネルディスカッションで最も難しいことのひとつかもしれない。たとえば、ほかのパネリストが長くて退屈な専門用語だらけの話をしているとする。あなたはEメールでもチェックしたくなるだろう。あるいは退屈そうな表情を見せまいと我慢するだろう。でもそれではいけない。嘘でもいいから、うっとりと耳を傾けているふりをしよう。退屈そうな表情になったところをカメラマンがねらっているかもしれないし、大型スクリーンにその顔が映し出されるかもしれないのだから。

●**司会者を見ない**　司会者はあくまでも聴衆の代理人だ。質問に答えるときは聴衆のほうを見よう。彼らが見たいのは、あなたの横顔ではない（ちなみに、よい司会者はパネリストと目を合わさないようにして、あなたが聴衆のほうを見ざるをえないようにするものだ）。

●「先ほどのパネリストの方に賛成です」と言わない　司会者はパネリスト全員に同じ質問をすることがよくある。自分が最初の回答者でなければ、つい「先ほどの方に賛成です」と言いたくなる。これはとんでもない反応だ。何か違うことを言うか、せめて「その質問はもう答えが出たので、お客様のためにも先へ進みましょう」と返そう。

FAQ

Q1「エバンジェリスト」という言葉には宗教的なニュアンスがありますが、大丈夫ですか？

この言葉を気軽に使えない国や地域もあるにはありますが、ＩＴ分野では問題ありません。いずれにせよ、キリスト教の市場シェアは三〇％。たいていの企業をカバーしています。

Q2うちの製品を気に入ってくれているのに、口コミに協力してくれない。そんなときはどうすればいいですか？

エバンジェリストは無理やりなってもらうものではありません。彼らにその意志や意欲があるかないか――それだけです。製品を気に入ってくれているのに、エバンジェリストになってくれないとしたら、あなたが思うほど気に入ってはいないのでしょう。

Q3 エバンジェリストは先天的なものですか、後天的なものですか?

後天的なものです。偉大な製品を創造または発見することで、あるいは偉大な製品に見出されることで、人はエバンジェリストになります。魂を揺さぶる製品に出会えば、ほぼどんな人でもエバンジェリストになれます。

推薦書籍

● 『夢を売る——お客をわくわくさせる究極のセールス革命』ガイ・カワサキ（東急エージェンシー出版事業部）

第9章

ソーシャルメディアを使う

ついに発明が完成。でも誰も字が読めなくてがっかり。

——@J・グーテンベルク　一四三九年一〇月三日（ヒストリカル・ツイート）

ソーシャルメディアは三拍子そろったマーケティングツールだ。速い、無料、どこからでもアクセスできる。一方、私がマッキントッシュのエバンジェリストだったころは、電話、ファクス、飛行機が強力なマーケティングツールだった。ホテルの宴会場に何百人もの人を集めたりしたものだ。

ソーシャルメディアほど起業家にとってありがたいものはない。いまなら世界中の人々に、瞬時に、無料でメッセージを届けることができる。本章ではこの素晴らしいツールの活用法を指南する。

計画を立てる

ソーシャルメディアの計画といっても、それが半年かけて考えをまとめるとか、代理店を雇って戦略目標を設定するとかの意味なら、私は「計画」に肩入れできない。私の言う戦略的計画とは次のようなものだ。

●ビジネスモデルを見きわめる。
●このビジネスモデルを成立させるには、どんな人たちを引き寄せる必要があるかを見きわめる。
●この人たちがどんな情報をほしがっているかを見きわめる。
●その情報を伝える。

これほど軽い感じのアドバイスをする人間はそうそういないと思うけれど、重々しいアドバイスだから中身が詰まっているわけではない。コンサルタントや代理店は「戦略的な計画をつくりなさい」とか、「私を三カ月雇いなさい」とか言うにちがいない。でも、あなたにはじっくり考えている時間も、コンサルタントにつぎ込むムダなお金もない。ソーシャルメディアの世界に思いきって飛び込み、走りながら微調整するしかないのだ。

計画立案より重要なのは、努力を継続し、実験を重ねること。言い換えれば、ソーシャルメディアといっても、ふだんしていることと同じである。

プラットフォームを把握する

二〇一五年現在、ソーシャルメディアの主なプラットフォームには、フェイスブック、グーグル+、インスタグラム、リンクトイン、ピンタレスト、ツイッターなどがある。それぞれの特徴を簡単にまとめると――

●**フェイスブック**　ユーザーが一〇億人を超える、ソーシャルネットワーキング界のマクドナルド。ほとんどの企業がフェイスブックを使って顧客に働きかけている。残念ながら、あなたの投稿をどのフォロワーが見るかを決めているのは、摩訶不思議なアルゴリズムに基づく、「エッジランク」と呼ばれる黒魔術である。投稿を実際に見ているフォロワーはわずか一〇%といわれるが、私はもっと少ないと思う。しかしお金を払えば、もっと多くの人に投稿内容を宣伝できる。

●**グーグル＋**　多くの「専門家」がグーグル＋をけなしたがる。数字上はフェイスブックの半分の規模しかないから小さすぎる、というのだ。でもグーグル＋にはフェイスブックのエッジランクに相当するものがないので、望んだ人全員が、あなたの会社の投稿を見ることができる。規模の小ささはこれで補われる。それに、なんやかんやいってもグーグルだ。グーグルのやることを無視するわけにはいくまい。

●**インスタグラム**　インスタグラムは視覚に訴えるストーリーテリングに適している。企業は自社製品の写真やファンの写真を共有する。投稿からウェブサイトへのリンクはできないが、多くのブランドがファンとつながり、このサービスを使って確かなコミュニティを築いている。

●**リンクトイン**　ソーシャルメディアの陰のヒーロー。ソーシャルメディア的な要素を加えたのは遅かったが、中身やコメントがまじめで、マーケティングツールとして役に立つ。リンクトインはたんなる職探しの場ではなく、ソーシャルメディアのプラットフォームでもある。

●**ピンタレスト**　お気に入りのものを発見・収集するためのビジュアルプラットフォーム。企業は自社製品を紹介するキャンペーンやボードを通じて顧客とつながりを持つ。ソーシャルメディアプラットフォームとしては格段にチャーミングだ。

●**ツイッター**　ツイッターは川のようなものだ。いろいろな場所へすばやく行けるが、溺れることもある。一四〇字で製品を宣伝・支援するのに適したプラットフォームであると同時に、ライバル各社の動向や、自社ないし自社製品のソーシャルメディアでの取り上げられ具合をモニターするのにも活用できる。

●**ユーチューブ**　グーグル傘下のユーチューブは、おもしろい動画をつくれれば強力なツールとなる。最近は熱心なアマチュアのつくった動画のほうが、小賢しいプロのものより効果的だったりする。自身のユーチューブ・チャンネルをつくれば、顧客はそれを閲覧できる。

以上のうち、どのプラットフォームを利用すべきか？　答えは「全部」だ。どれかひとつ（ふたつ）を重視せよというのは間違ったアドバイスである。それから、担当者が四〜六人必要だというアドバイスも間違っている。ひとりかふたりが一生懸命やれば対応できる。

プロフィールを完璧に仕上げる

ソーシャルメディアプラットフォームには、あなたの会社について紹介するプロフィールページがある。人々はこれを見てあなたの事業のクオリティを即断するので、重要性は高い。そこで、この「自己紹介」をうまくやる方法を伝授しよう。

●五秒でわからせる　プロフィールを熟読する人は少ない。たいていはほんの数秒見ただけで、さっと判断がくだされる。オンラインデートであれば、イハーモニー（相性診断アンケートに記入）ではなく、ティンダー（イエスなら右、ノーなら左をスワイプ）を思い浮かべるといい。

●写真入りでストーリーを語る　プロフィールページにはグラフィック要素をふたつ盛り込める。ひとつ目はアバター。丸または四角の小さな写真である。個人なら顔写真、会社ならロゴが入る。もうひとつの大きめの写真は「カバー」（フェイスブック、グーグル＋、リンクトイン）または「ヘッダー」（ツイッター）と呼ばれる。この写真はあなたのスタートアップのアイデンティティを伝えるものでなければならない。キャドバリー、アウディ、ナイキなどの企業は優れたアバターとカバー（ヘッダー）を持っている。なお、プラットフォームはカバー（ヘッダー）写真の最適サイズを絶えず変更するので、規格をこまめに確認すること。最適サイズをチェックしたくなったら、「Quick Tips for Great Social Media Graphics」というブログ記事を参考にすればいい。

●マントラをこしらえる　ほとんどのプラットフォームは、プロフィールにキャッチフレーズを付加できるようになっている。これをあなたのスタートアップのマントラにしよう（マントラとは、スタートアップの存在理由を説明した簡潔な言葉。詳しくは第1章「始動する」を参照）。キャッチ

フレーズとして使えそうなマントラは、たとえば次の三つ。
「本物のアスレチックパフォーマンス」（ナイキ）
「安心の配送」（フェデックス）
「情報の民主化」（グーグル）

●あらゆる情報を提供する　アバター、キャッチフレーズ、カバー（ヘッダー）写真で、あなたの会社の第一印象が決まる。そこで関心を引けば、プロフィールの残りの情報も読んでもらえるので、できるだけたくさんの情報を提供しよう。プロフィールは自己紹介や履歴書のようなものだと、あらためて認識したい。

●バニティURLを取得する　グーグル+、フェイスブック、リンクトインでは、バニティURLを取得できる。つまり、https://plus.google.com/+canva/posts のようなリンクを提示できる。バニティURLを取得しないと、https://plus.google.com/+112374836634096795698/posts のようなリンクになり、覚えにくいし、コピーやシェアも難しい。グーグル+、フェイスブック、リンクトインはいずれもバニティURLの取得方法を説明している。ドメインネームの場合と同様、もはや取得できないバニティURLも少なくないが、どんなURLであれ、二一桁のランダムな数字よりはマシだろう。また、バニティURLを思いつけるかどうかで、あなたの頭のよさをテストできる。

●匿名で確認する　会社のプロフィールに満足したら、「シークレットモード」で確認する。このウィンドウでは、ほかの人が見るのと同じようにあなたのプロフィールを見ることができる。グーグル・クロームの場合は、ファイルメニューから「シークレットウィンドウを開く」を選ぶ。これはどんなブラウザーでもできるので、やり方を確認してみよう。

「リシェアテスト」に合格する

リシェア（再シェア）は、ソーシャルメディアマーケティングで最も重要だ。投稿に「いいね」などと言ってもらえたらうれしいし、コメントしてくれたらなおうれしい。ウェイターやウェイトレスがチップをもらうようなものだ。

でも、投稿のリシェアにまさるご褒美はない。その人はあなたがシェアした内容をみずからの名前で拡散するのだから。これは友人にレストランを薦めるようなものだ。したがってソーシャルメディアでいちばん大切なのは、「投稿がリシェアされるか」である。

どの投稿も、この「リシェアテスト」に合格しなければならない。それには、人々の暮らしに付加価値を提供する必要がある。具体的には、次の四種類のコンテンツが挙げられる。

- **情報**　「何が起きたか」。たとえば、チャック・ヘーゲル国防長官が、トランスジェンダーの人たちの軍隊における役割を見直すことにやぶさかではない、と発言した。
- **分析**　「何を意味するか」。たとえばマザー・ジョーンズ誌は、ウルグアイの有名サッカー選手、ルイス・スアレスの「かみつき事件」がなぜ衛生上の大問題なのかを解説している。
- **援助**　「どうすればいいか」。たとえばCNETは、九一一番（救急・警察）への携帯メールのしかたを説明した。
- **娯楽**　「おいおい!?」。たとえば、ギリシャ・ヴロンタドスのふたつの教会は毎年、打ち上げ花火を使った模擬戦争でイースターを祝う。

リシェアテストに合格すれば、あなたもあなたなりのキャンペーン、すなわち製品のプロモーションを実施できる。

コンテンツモンスターを育てる

ソーシャルメディアでいちばん悩ましいのは、日々のコンテンツ探しである。これは「コンテンツモンスターの育成」と呼ばれたりもする。その方法はふたつ。コンテンツのクリエーション（創造）とキュレーション（収集・整理）だ。

コンテンツを創造するには、長い投稿記事を書いたり、写真を撮ったり、動画を作成したりしなければならない。週三回以上、継続的にこれをやるのは難しい。かといって、注目を浴びるための競争が激しいソーシャルメディアの世界にあって、週二回では不十分だ（でも残念ながら、コンテンツの創造を手助けするのは本書の趣旨ではない）。

コンテンツのキュレーションに必要なのは、他人のよいコンテンツを探し、概要をまとめ、シェアすること。つまり、キュレーションは「三方一両得」だ。あなたはコンテンツが見つかるし、ブログやウェブサイトはアクセスが増えるし、人々は情報を選別できる。以下のテクニックが、コンテンツのキュレーションに貢献する。

●**キュレーションサービスを利用する** 私は自分のコンテンツキュレーションの助けにするため、Ａｌｌｔｏｐというウェブサイトを共同で立ち上げた。Ａ（adoption＝養子縁組）からＺ（zoology＝

動物学）までのＲＳＳフィードを収集し、一〇〇〇余りのトピックに整理している。たとえば、食べ物、写真、マッキントッシュ、旅、養子縁組という具合だ。

●すでに話題になっているものをシェアする　ズルいとおっしゃる向きもあるだろう。たしかにそのとおりかもしれないが、すでに話題になっているコンテンツに何か不都合があるわけではない。何人もの人がとっくに見ていたとしても、万人が見たわけではない。私は発表から何年もたつユーチューブの動画をシェアし、大成功を収めたことが何度もある。グーグル＋の「Explore」セクションをチェックしよう。

●「リスト」「サークル」「コミュニティ」「グループ」を使う　共通の関心を持つ人々やブランドは「リスト」（ツイッター、フェイスブック）、「サークル」（グーグル＋）、「コミュニティ」（グーグル＋）、「グループ」（フェイスブック、リンクトイン）を構成する。これらのグルーピングを使えば、よいコンテンツを探しやすい。

●ユーザー生成コンテンツをシェアする　自社製品の写真を撮ってもらったら、これをぜひシェアしよう。あなたは製品が世間に認められた証を手にできるし、撮影者は心から感謝され、注目を浴びる——ウィン・ウィンの関係だ。

現状では、ほとんどの企業が、フォロワーにとっておもしろい内容を狭く定義しすぎるため、コンテンツモンスターをうまく育てられないでいる。

ブランドイメージを維持しながらおもしろい投稿をつくり、リシェアを増やす——そんな事例をいくつか紹介しよう。

□ほとんどの企業が、
□フォロワーにとっておもしろい内容を
□狭く定義しすぎる。
□

ビジネスタイプ	望ましいフォロワー	例
レストラン	グルメ	素粒子で偽造ワイン問題を解決。ケーキの科学的な切り方。
モトローラ	アンドロイド・ファン	二〇一四年のアンドロイド・アプリ・ベスト10、アンドロイド活用六つのヒント。
航空会社	旅行好き	アメリカ最後のドライブインシアター。旅行写真撮影術。日本行きの便がなくても旅行者を満足させるには。
デザイン会社	マーケティング担当者	なぜウェブページのフォールド（折り目）より下に広告を出しても問題がないか。小売顧客のロイヤルティをめぐる大きな発見。

エディトリアルカレンダーを利用する

私はソーシャルメディアについては「たくさんばらまいて、あとは祈る」という、数撃ちゃ当たるというか神頼みというか、とにかくそんなやり方をしているので、エディトリアルカレンダーの信奉者ではない。

しかし、もっと計画立てて取り組みたいという向きには、便利なツールがいくつかある。

- **エクセル**　この昔ながらのソフトを使って、公表日ごとに投稿の下書きを保存する。

●グーグル・ドキュメント　チームメンバーとリアルタイムでコラボできるのが強み。誰でもいろいろなデバイスからカレンダーにアクセスできる。Eメールをやりとりする必要がなく、変更もちゃんと反映される。

●ハブスポット（Hubspot）のエディトリアルカレンダー　ブログのアイデアをいろいろ出し合い、コンテンツをモニターし、ライターたちの進捗を追跡するためのガイド役になる。チームメンバーがソーシャルメディア活動のカレンダー管理をするためのエクセル・テンプレート。投稿ごとにキーワードやテーマを付加できる。

●バッファ（Buffer）、スプラウトソーシャル（Sprout Social）、フートスイート（Hootsuite）　三つとも投稿のシェアに重点を置いたカレンダー機能を提供する。「バッファ」はスケジューリングのみのプラットフォームだから、コメントには返答できない。残りのふたつはスケジューリングとモニタリング、それにコメントやコメントへの返答もできる（じつは私はバッファ社のアドバイザーをしている）。

プロっぽくシェアする

節度ある作家は、一文書くたびに最低でも四つのことを自問する。(1)私は何を言おうとしているのか、(2)どんな言葉でそれを表現すればいいか、(3)どんなイメージやイディオムを使えばわかりやすくなるか、(4)そのイメージは新鮮で効果的か。

――ジョージ・オーウェル（作家）

コンテンツのクリエーションまたはキュレーションをしたら、次は自社のソーシャルメディアアカウントを通じて、それをシェアする番だ。以下、一般によい方法として受け入れられているシェアリングの基本を紹介する（そのあとで、一般に受け入れられていない考え方も紹介する）。

●**短くする**　ソーシャルメディアの世界では簡潔が冗舌にまさる。あなたは日々、何百万という投稿と競い合っている。ひと目で興味を引かないと、さっさと素通りされてしまう。私の経験では、キュレートしたコンテンツの適正な長さは、グーグル＋やフェイスブックでセンテンス三つ、ツイッターなら一〇〇字。ブログでの投稿など、創作したコンテンツの場合は二五〇〇〜五〇〇〇字である。

●**視覚に訴える**　すべての投稿――文字どおりすべての投稿――に写真やグラフィック、ビデオなどを盛り込んで目を引こう。スカイワードの調査によると、記事に写真やグラフィックが入っていると、入っていないときに比べて閲覧数が平均九四％増えたという。

●**早い時間に投稿する**　私の場合、投稿をシェアするのに最もよい時間は太平洋時間の午前である。その時間なら読者のほとんどが起きてコンピュータに向かっているからだ。あなたの場合も午前中がよいか、実験で確かめてみよう。次のセクションで投稿の自動化についてお話しするので、スケジュール設定は難しくない。

●**感謝する**　コンテンツをキュレートしたら、必ずネタ元にリンクを張る。すると、

①読者はもっと詳しい情報を知ることができる。

②ネタ元サイトのアクセスが増え、それが感謝のしるしになる。

③ブロガーやウェブサイトのあいだで、あなたの認知度や人気が高まる。

他人の投稿のおかげでよいコンテンツが見つかったら、次の礼儀作法をわきまえておこう――ネタ元にリンクを張り、その相手に対して「hat tip」または「h/t」と書き添える(訳注:hat tip は帽子を軽く持ち上げて謝意を示すこと)。

●箇条書きにする グーグル+、フェイスブック、リンクトインへの投稿がパラグラフ四つを超えるときは、箇条書きを用いよう。情報が小さな単位に整理されるので読みやすくなり、TLDR効果(too long; didn't read=長すぎて読まなかった)もなくなるだろう。こんなことをする人は私以外いないと思うけれど、パラグラフに次ぐパラグラフの長ったらしい文章があったら、私は無視する。小説を読みたければ、キンドルの電子書籍を買えばいい。投稿の場合は、箇条書きのほうがよほど読みたくなる。

●タイトルで見せる 「~のノウハウ」「~トップ10」「究極の~」みたいなタイトルがついた投稿はなかなか無視できない。そんなふうに言われると、「こいつは実用的で役に立つ」と(私なんかは)つい思ってしまう。ビジネス情報サイトのトゥエルブスキップのスタッフは、優れたタイトルを一〇〇以上集めたリストをつくっている。ぜひ参考にしてほしい。私のお気に入りは、

①「~徹底ノウハウ」
②「~簡単ガイド」
③「~完全ガイド」
④「~の前にするべき質問」
⑤「~のルール」
⑥「~必勝法」
⑦「一番人気の~」

⑧「忙しい〜のための〜ヒント集」
⑨「〜マスター戦術」
⑩「誰も知らない〜術」

●ハッシュタグを活用する　ハッシュタグはじつに素晴らしい。世界中の人々の投稿をつなぎ、まとまりのないエコシステムにまとまりを与えてくれる。投稿にハッシュタグをつけると、共通のトピックに関する発言だということがわかる。たとえば、グーグル＋上の#socialmediatipsというハッシュタグは、ソーシャルメディアに関する投稿を結びつける。ツイッター、インスタグラム、フェイスブック、タンブラー、グーグル＋、いずれもハッシュタグをサポートしている。まさに広く受け入れられたノウハウだ。あなたも、投稿でハッシュタグを二つか三つ使ってみよう。ただし、それ以上になると調子に乗ったバカと思われる。また、ピンタレストではハッシュタグが嫌われているので使わないようにしたほうがいい。おそらく、文字は最小限にという感性をハッシュタグが妨げるからだろう。

●プロモーションする　私はプライドがあるので基本的にやらないが、ピンタレストやフェイスブック、ツイッターでお金を払って投稿を宣伝する方法もある。そうすれば読者を増やすことができる。とくにフェイスブックは、そうした有料のプラットフォームになりつつある。最終的な判断基準は、お金を払っただけの見返りがあるかどうかだ。たとえば、製品を買ってもらうために宣伝したとき、それに見合う売上（とブランド認知）が得られるかどうか。有料のプロモーションを拒否する場合（尊敬に値する！）は、フェイスブックやツイッターの自社ページの一番上に、投稿を「ピン留め」すればいい。すると、その投稿はつねにタイムラインの最初に表示される。お金を払ってプロモーションするほどの効果はないが、なにしろただである。

●分析する　フォロワーたちの特徴を分析することで、コンテンツの妥当性を改善できる。たとえばフェイスブックの充実した分析機能を使えば、どんな人があなたのファンであるかを解明できる。これを起点に、フェイスブック向けの今後のコンテンツを計画すればいい。「ライカライザー」というツールは、あなたのフェイスブック・ページをチェックし、コンテンツや投稿の種類、シェアする時間を修正するのに効果的だ。ツイッターの場合は「ソーシャルブロ」などのサービスを使って、フォロワーに関するレポートを入手し、新しいフォロワーを発見し、コンテンツの評価を知ることができる。スプラウトソーシャルやフートスイートでも同様のレポートを入手できる。

投稿を自動化する

自動化やスケジューリングのツールを使っても、ずるくもなんともない。賢い企業ならそのようにして投稿をシェアする。いや、あくまでも手動でシェアすべきだ、と言い張る人はばかげている。ほとんどのフォロワーは投稿がどのようにシェアされたかなんてわからないし、ソーシャルメディア以外にもやることがあったら、手作業でシェアなんてしているひまはない。

以下に自動化サービスを列挙した。三〇分もあれば、そのどれかを使って一日分の投稿の計画が立てられるだろう。

●バッファ　グーグル＋のページ、フェイスブックのページやプロフィール、リンクトイン、ツイッターの投稿を自動化する。投稿を特定の時間に追加したり、待ち行列に入れたりできる。「バッファ・フォー・ビジネス」というプランでは、チーム管理や分析ツールの利用が可能だ。

●ドゥーシェア（Do Share）　グーグル＋ページを持っていなければ、これがプロフィールに関する投稿のスケジューリングを可能にする唯一の方法だ。ただし、グーグル・クロームの拡張機能なので、クロームが起動していないと機能しない。ドゥーシェアは優れているが、こうした限界もあり、たとえば移動中でPCが起動していなければ、投稿はシェアされない。あなたの会社のアカウントは、たぶんプロフィールではなくページだろうから、その意味ではドゥーシェアはニーズに合わないかもしれない。

●フレンズ＋ミー（Friends+Me）　グーグル＋の投稿を他のプラットフォームへ転送できる。現在サポートしているのは、フェイスブック（グループ、プロフィール、ページ）、ツイッター、リンクトイン（プロフィール、グループ、企業ページ）、タンブラー。グーグル＋からイメージ付きでツイートできるのは便利である。ハッシュタグを使えば、それぞれの投稿がどこでどのようにシェアされるかをコントロールできる。グーグル＋だけに投稿することもできる。

●フートスイート　コンテンツのスケジューリング、コメントのモニタリング、コメントへの返答が可能。フェイスブックのプロフィールやページ、グーグル＋ページ、リンクトインのプロフィール、ツイッターへの転送もできる。「ヴァイラルタグ（ViralTag）」というアプリを使うと、ピンタレストのピン画像のスケジューリングが可能になる。便利な機能としては、スプレッドシートからの一括処理スケジュール、カレンダーからのドラッグ＆ドロップ、他のユーザーとのコラボレーションなどが挙げられる。

●ポストプランナー（Post Planner）　フェイスブック専用ではあるが、いつどんなストーリーをシェアすべきかのヒントをくれるのでありがたい。フェイスブック内のアプリから簡単にアクセスでき、話題のコンテンツや写真を参考にストーリーのアイデアを練ることができる。また、ポストプランナーからシェアしたいお気に入りのブログのフィードを追加することもできる。フェイスブック・ページの管理者にとっては、重宝するサービスだ。

●スプラウトソーシャル　フェイスブックのページやプロフィール、ツイッター、グーグル＋ページ、リンクトインのプロフィールに対応している。チーム管理機能があり、顧客サービスツール「ゼンデスク（Zendesk）」との統合も可能。同じツイートをイメージ付きでくり返せる、チームカレンダーをつくれるのは便利。費用は月最低五九ドル。

●テイルウィンド（Tailwind）　ピンタレスト専用のサービス。人気のピン画像、ほかの人たちの人気コンテンツなどが豊富に表示されるのは大きなメリットだ。ピンタレストのＡＰＩ（アプリケーション・プログラミング・インターフェース）にアクセスできるので、近々もっと機能が増えるだろう。

●ツイートデック（TweetDeck）　アクティビティのモニタリング、ツイートのスケジューリングのための独自アプリ。検索結果をカラム（列）で表示する。たとえば、@mentions（人々が「@あなたの名前」とツイートして、あなたの注意を促すこと。「メンション」）のカラムと、ライバルの@mentionsのカラムを別々につくることができる。次回、何かのテクノロジーカンファレンスに出かけたら、ツイッターをどのようにモニターしているかに注目してみよう。ほとんどの人が、ツイートデックを使っているはずだ。

投稿をくり返す

さて、ここからは「一般に受け入れられていない」方法だ。私はグーグル＋、フェイスブック、ツ

日付・時間	クリック	レスポンス	リツイート	お気に入り（いいね）
7月6日午後7時41分	1,300	22	18	41
7月7日午前2時11分	1,300	20	17	43
7月7日午後12時50分	2,300	24	23	26
7月8日午前8時	2,700	16	10	15
計	7,600	82	68	125

イッター、リンクトイン、エローのアカウント経由で、一日に五〇の投稿をシェアしている。その多くは前の投稿をそっくりくり返したものだ。

ここまでやる人や企業はまずないが、私の経験からいうと、投稿の中身がよいかぎり、好きなだけシェアしてもかまわない。「多いほうがよい」というこの主張を確かめるため、私は四つの同じツイートを二日間にわたってシェアしてみた。それぞれのツイートでは同じネタ元への異なるリンクを張った。結果は上表のとおり。

ではIQテストを一問。「一三〇〇クリックと七六〇〇クリック、どちらがよいですか？」。ツイートのくり返しに文句を言われ、フォローを解除される危険を冒してでも、私は五・八倍のクリック数のほうを毎日選んでいる。

こういうやり方に文句を言う人もいるだろうけど、気にしないことだ。彼らはいずれ慣れるか、フォローをやめるかのどちらかだから。大事なのは正味の効果。つまり、フォロワーを増やしリシェアを増やすことで、ブランドを確立できるかで

1300クリックと7600クリック、
どちらがよいですか？

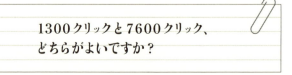

きないかだ。誰かを怒らせるくらいでないと、ソーシャルメディアを積極的に使っていることにはならない。

コメントに応答する

何ごとにもムキになるな。他人のすることはあなたが原因ではない。彼らの言動はみずからの現実や夢を投影したものだ。他人の意見や行動に影響されなければ、不要な苦しみにさいなまれることもない。

——ドン・ミゲル・ルイス（作家）

投稿に対しては、洞察力に富んだコメント、楽しいコメント、うれしいコメントも寄せられれば、ばかばかしいコメント、失礼千万なコメントも寄せられるだろう。内容のいい投稿をすれば前者のほうが多くなるが、それでもネガティブなコメントは避けられない。

コメントへのレスには努力と勤勉が求められる。とくにネガティブなコメントの場合は、努力、我慢、理解が必要になる。コメントへのレスを苦痛と感じるのではなくむしろ楽しみ、共感や評判を高める機会へと転換するにはどうすればよいか？　以下にその方法を紹介する。

●正しいツールを使う　まずは、対応が必要なコメントを探そう。シナリオはふたつ。(1)グーグル＋、フェイスブック、リンクトイン、ピンタレスト、インスタグラムの投稿に対するコメントをモニターする。これらのプラットフォームは、メッセージを「スレッド」で整理できるから、モニター作業は難しくない。投稿をシェアしたあと、コメントがあるかどうかを戻ってチェックすればすむ。

(2)ツイッターでのコメントの場合。同じレベルのスレッドは提供されないので、自分のスタートアップの名前を検索して、コメントや反応をモニターしなければならない。この検索は保存できるので再入力の必要はない。なお、ツイッターにはコメント探しをもっと効率化できる、高度な検索機能もある。たとえば私は、@GuyKawasakiまたは@Canva（先に述べた「メンション」）を探すツイッター検索を保存して使っている。ただし、われわれのツイートに対するリツイートは除く（リツイートに応答する必要はない。数が多すぎて応答したくてもできないというのが理想ではあるが）。

なかには、あなたの投稿とは無関係な、あなたのスタートアップに関するコメントもある。これもモニターしておきたい。原理原則を言えば、人々はあなたのスタートアップに言及するとき、その名前の前に@（ツイッター、フェイスブック）または＋（グーグル＋）をつけることになっている。するとEメール経由で、あるいはあなたが自分のページにいるとき、そのプラットフォームから通知がくる。でもほとんどの人は、こういうことが可能だと認識していない。ほかにも、コミュニット（Commun.it）、グーグル・アラート、フートスイート、ソーシャルメンション、ソーシャルブロ、スプラウトソーシャル、ヴァイラルヒートなど、コメント中のメンションやテキストをモニターするサービスはいろいろある。それからすでに述べたように、ツイートデックはメンションや検索語をモニターするうえで優れたアプリケーションだ。

●観衆全員を意識する　あなたの応答の観衆は、コメントをした本人だけでなく、そのレスを読む人みんなである。ここがEメールとの違いだ。Eメールでは、受け手と転送先の人間に関係者は限定されるが、ソーシャルメディアの場合、応答のしかたであなたを判断する人がたくさん潜んでいる。

こうした人たちは、ときとしてコメントをした本人以上に重要だ。なぜなら彼らは、あなたをけんかに引きずり込もうとするトロール（自分の体のどこかにコンプレックスがあるとか、人生がつまらないとかの腹いせにけんかをふっかけようと手ぐすね引く、オンラインの荒くれ者）よりフォロワーが多いかもしれないからだ。コメントにどう応じるかは、市民集会で質問に答える政治家に倣うといい。つまり、すべてが記録される。

●**ポジティブな姿勢を保つ**　他人が見ているので、どんなに陳腐な、あるいは冒瀆《ぼうとく》的なコメントに対しても、前向きで感じのよい態度を維持しなければならない。王道を進めば、けっしてしくじることはない。コメントした人とのバトルに勝つよりも、品格や信頼を勝ち取るほうがよほど重要である。じつを言うと、私はこの方針に従うのをときどき忘れてしまう。だから私のまねをするのではなく、ここに書いたことをまねしてほしい。

●**「悪人とわかるまでは善人だ」と考える**　Eメールの場合もそうだが、ソーシャルメディアのコメントは誤解しやすい。批判や攻撃だと思ったコメントがじつは毒のないものだったり、たんなる皮肉だったりする。あなたが敏感になりすぎているのかもしれない。「疑わしきは罰せず」は意味があるのだ。

●**見解の相違を認める**　前向きな気持ちでいられなければ、せめて見解の相違を認めよう。けんかばかりしているには人生は短すぎるし、たいていの争いごとは割が合わない。それに、見解の相違を認めればトロール（荒らし屋）も嫌気がさす。

●**鋭い質問をする**　強いネガティブな意見を表明する人がいたら、直接の経験があるのかどうかを訊いてみよう。たとえば、アンドロイドに関する話をシェアして、iOSマニアから攻撃を受けたら、アンドロイド・スマホを実際に使ったことがあるかどうかを尋ねてみよう。たぶんその経験はなく、

□王道を進めば、けっしてしくじることはない。
□コメントした人とのバトルに勝つよりも、
□品格や信頼を勝ち取るほうがよほど重要である。
□

どこかで聞いた話を受け売りしているだけだろう。ソーシャルメディアでは「確信」と「無知」の組み合わせがしょっちゅう見られるので、これに慣れないといけない。たいていは確信の強い人ほど無知なのだ。

●**戦いはスリーラウンドまでとする**　最良の（最悪の）やりとりは、コメンターのあいだで生じることが多い。見知らぬ人どうしが関係をはぐくみ、投稿をもっと深い、思わぬ方向へ導くのを見るのは素敵なことだ。ただ、コメンターはときに激しい戦いを開始し、面と向かっては絶対言わないような悪意のコメントを吐くことがある。そこで、アマチュアボクシングのルールに従い、戦いはスリーラウンドまでとしてはどうか。あなたが投稿をシェアしたときにゴングが鳴る。ラウンド①コメンターがコメントする。ラウンド②あなたが応答する。ラウンド③コメンターがそれに反応する。以上終わり。

●**削除、ブロック、報告する**　どうやってもうまくいかないときは、トロールやスパマーを無視、削除、ブロックまたは報告しよう。彼らとつきあう道義的責任はないし、むこうのレベルまで自分を下げても何の得にもならない。私は「仏の顔も一度」を信条としているので、不適切なコメント（口汚い言葉、人種差別的発言、本題と無関係な言い分）は迷わず削除し、トロールやスパマーがいれば報告する。人生は短い。中身のない人間とつきあっているひまはない。

フォロワーを増やす

人気者になりたいと思うのではなく、優美な人になりましょう。有名になりたいと願うのではなく、愛される人になりましょう。期待されることを誇るのではなく、誤解のないわかりやすい人でいましょう。

——C・ジョイベル・C（思想家）

ソーシャルメディア上の人間や組織には二種類しかない。フォロワーを増やしたいと考える人（組織）と、嘘をつく人（組織）である。二〇一四年にグーグルで「how to get more followers（フォロワーを増やす方法）」と検索したところ、二億八四〇〇万件ヒットした。いやはや。でもフォロワーを増やすためにすべきことはふたつしかない。

①よい情報をシェアする。フォロワーを増やす方法はこれに尽きる。
②新しいプラットフォームに参加する。歴史の浅いプラットフォームのほうが、フォロワー集めは容易である。フォローすべき人がそもそも少ないし、不要なノイズも少ないからだ。

二〇一四年七月現在、グーグル＋に私のフォロワーは六四〇万人いる。私はグーグル＋ができてから何週間もたたないうちに参加した。グーグル＋であれ、他のプラットフォームであれ、もしゼロから再スタートしたら、先行する人に追いつくことはできないだろう。

新しいプラットフォームからは、新しいスターが生まれるものだ。ピンタレストでは、私もジョイ・チョウ（Joy Cho）にはかなわない。彼女のフォロワーは一三〇〇万人もいる。でもグーグル＋ではフォロワーが数百人だから、私に追いつくのは難しいだろう。

つまり、新しいプラットフォームにはチャンスがある。そこでたくさんのフォロワーを獲得したければ、そのプラットフォームの成功が確実視される前に参加しなければならない。

無知と思われないようにする

この世の中の困った問題は、愚か者や狂信者が自信満々で、賢者が疑心暗鬼なことだ。
——バートランド・ラッセル（哲学者）

ソーシャルメディアには、独自のルールや作法みたいなものがあり、企業はそのへんのところをわきまえることが期待される。ここでは、「無知でなくなるまで無知でないふりをするにはどうすればよいか」を伝授する。

●フォロワーを買わない　フォロワー、いいね、グーグル＋1などを買うのは、負け犬やいかさま師だけだ。フォロワーが多いのは社会から善良さを認められた証だ、と多くの人が考えるのは否定しないが、フォロワーを買うのはばかげている。大企業が犯しがちな誤りは次のとおり。

①ＣＥＯがあるカンファレンスに参加し、「わが社でもソーシャルメディアをもっと利用しなければ」と決心する。そこでＣＭＯ（最高マーケティング責任者）に「成果を見せてほしい」と言う。成果とは、フォロワー、いいね、グーグル＋1の数字の増加である。

②ＣＭＯは、ソーシャルメディアを理解している者が社内にいないことに気づく（これは事実ではないのだが、それはまあおいておく）。簡単、安全、論理的な選択肢は、どこかの代理店から人を雇うことだ。なにしろ代理店には専門家があふれている。

③新しく雇われたソーシャルメディア担当幹部が最初にやるのは、ＣＭＯの目標達成のため、か

って所属していた代理店に仕事を依頼すること。
④代理店は多額の予算を請求・獲得する。目標達成のためにフォロワー、いいね、＋1を買うだけの資金も十分ある。
⑤代理店はこの予算を使って、なんとみごとに目標数値を達成する。勝利が宣言され、全員が満足。めでたしめでたし。

だが、フォロワーを買ってもその恩恵は長続きしない。彼らはあなたのコンテンツに関心などないからだ。ただ、「贈賄」の現場を押さえられることはないだろうが、お金でかたをつけようなんて罰が当たる。ただ、私にはひとつだけ例外がある。それは、フェイスブックの投稿やページを宣伝するためにお金を払うことだ。フェイスブックとはそういうものである。ほかのメディアで広告を買うようなものだ。

●**フォローを頼まない**　フォロワーを増やしたかったら、投稿のクオリティで勝ち取ろう。グルーチョ・マルクスがもし生きていたら、例の有名なセリフ（「私をメンバーとして受け入れるようなクラブには入りたくない」）を手直しし、「フォローを頼むような人をフォローしたくない」とでも言うだろう。尊厳を保ち、あくまでいいコンテンツをたくさんシェアしよう。

●**投稿のリシェアを頼まない**　内容がいい投稿はおのずとリシェアされる。すでに説明したテクニックを用いれば、あなたの投稿は読まれるし、投稿の内容がよければリシェアもしてもらえる。リシェアを頼んでもよいのは、慈善活動にまつわる投稿の場合だけだ。

●**客引きをしない**　ソーシャルメディアは製品やサービス、ウェブサイトの宣伝にうってつけの手段、だからみんなこれほど奮闘努力しているわけだ。しかし投稿の五％以上が宣伝だと、無知なやつと思われる。

フォロワーを買っても
その恩恵は長続きしない。

●代理店まかせにしない　「ブランドの精神」にかかわる「世論を測定」するため、一〇人ほどの人間を「作戦室」へ送り込む。そして四、五日かけてツイートをひとつ考え出す――そんなデジタルエージェンシーをあなたが雇ったとしたら、それは私の教育ミスだ。フォロワーが一〇〇人、ツイートは月一回、そのくせ小国のGDP以上の料金を請求するような「専門家」に、ソーシャルメディアの戦術をまかせてはならない。経験的には、自分よりフォロワーが少ない人のアドバイスを聞くべきではない。あなたが本章の提言に従うなら、代理店など必要ない。あなたが本章の提言に従う代理店なら、いまこそ正当な料金を提示できるだろう。

●インターンシップの若者まかせにしない　フェイスブック・ユーザーの若者であっても、予定される勤務期間がファストフードの店員以下であれば、その若者にソーシャルメディアの管理をまかせるべきではない。ペニスがあるから泌尿器科医になれるとはかぎらないし、車を持っているから整備士になれるとはかぎらない。それと同じことだ。

いや、誤解しないでほしい。私はインターンシップの若者が大好きだ。彼らはソーシャルメディアに新鮮な感覚や視点を提供してくれる。私はただ、ソーシャルメディアのことを本気で考え、優秀な人材を配してほしいだけである。なにしろ、どんな投稿をシェアするかが企業の印象を決める。せめてインターンシップの若者に本章を読ませたうえで、数週間程度、彼らの投稿やコメントを逐一モニターしよう。

付録

イベントのソーシャル化

大きなパーティが好き。くつろげるから。
小さなパーティにはプライバシーがない。
――F・スコット・フィッツジェラルド
『グレート・ギャツビー』

イベントはマーケティングの重要な手段であり、ソーシャルメディアはその効果を高めることができる。私は年に五〇以上のイベントで話をしているけれども、どうやらほとんどの組織が、イベントの認知度や価値を高めるためにソーシャルメディアを使ってはいないようだ。彼らがむしろ重視するのは、事前のプロモーションで出席者を増やすこと。イベントそのものでソーシャルメディアを活用することはほとんどない。

二〇一三年、ペグ・フィッツパトリックと私は、モトローラ社のスマートフォン「モトX（Moto X）」の発売イベントに参加した。場所はメキシコ、アルゼンチン、ブラジル、ペルー、コロンビア、チリ。私は基調講演のスピーカー、ペグはソーシャルメディアの指南役を務めた。その過程でわれわれは、ソーシャルメディアでイベントを盛り上げるにはどうすればよいかを学んだ。

●色褪《あ》せぬハッシュタグを選ぶ　「#MotoXBrasil2013」「#MotoXMexico2013」「#MotoXPeru2013」のようなハッシュタグを選ぶこともできたが、そうするとよくて三日しかもたなかっただろう。われわれはもっと短くて一般的な、長持ちするハッシュタグを選んだ。「#MotoX」。めざすは開催国を問わず通用する、人の目につくもの。ただ、「#MotoX」の場合は独自性が気がかりだった。バイクのイベントでも使えそうだから。それでも、もし短いハッシュタグか独自性のあるなハッシュタグのどちらかを選ばなければならないとしたら、私は短いほうを選び（実際に選んだ）、混乱を避ける工夫をするだろう。

●あらゆる場所にハッシュタグを！　イベントのプロモーションが始まった瞬間から、ハッシュタグを活用しよう。つまり、ウェブサイトにも、広告にも、メールの署名にも、ハッシュタグを盛り込むのだ。配布用プログラムの表紙にもハッシュタグ。紹介用スライドにも六〇ポイントの大きな字でハッシュタグを入れ、それ以降は各ページのフッターにハッシュタグを示そう。社員、スピーカー、ベンダー、ゲストがひとり残らず、そのハッシュタグを知っていなければならない。

●あらゆる人にハッシュタグの使用を依頼する

あなたひとりがハッシュタグを広めても、効果は限られる。ほかの人たちにも使ってもらわねば。会場のアナウンスでハッシュタグ付きの投稿を呼びかけよう。イベントの主催者も同じことをしよう。「モトX」ツアーも終わり近くになると、私は基調講演の冒頭に「このイベントに来ていることを、ハッシュタグ付きでツイートしてください」とお願いし、それを待ってから話を始めたものだ。ソーシャルメディアの世界では、図々しさも欠かせない。

●イベントだけで終わらない　イベントの聴衆は、会場にいる人だけでなく、あなたの製品に関心を持つ人すべてである。「ブラジルにはいらっしゃれない？　では、マッシャブルが#MotoXについてどう評しているかを、ご参考までに。http://mashable.com/2013/08/01/moto-x-hands-on/」のようにツイートすると効果的だ（「マッシャブル」はニュースサイト）。多くの人がリシェアしてくれるだろう。

●専任担当者を置く　イベントでは、ソーシャルメディア専任スタッフをひとりは配置しよう。

①イベント前：プロモーション用の投稿をシェアして認知度を高め、参加者を増やす。

②イベント中：進行中のイベントについてツイートし、スピーカーやゲストの写真を撮る。休憩時間中に写真をアップロードし、自分以外の人の投稿をリシェアする。

③イベント後：イベントに関する記事を投稿し、写真や動画ももっとシェアする。出席者に写真のリシェアを促す。

□ ソーシャルメディアの世界では、
□ 図々しさも欠かせない。
□
□

メイン州ポートランドのマーケットリサーチャー、ケイティ・クラークは、社内にソーシャルメディアの専門家がいなければ誰かを雇うよう薦めている。この人物はさっそく自身のアカウントで情報を拡散し、フォロワーのいる友人にも声をかけるだろう。モトローラの南米イベントでは、ペグ・フィッツパトリックがこの役割を果たした。

●ライブストリーミングする　イベントの実施にかかる費用を考えたら、ライブ動画の配信なんて安いものだ。製品のことを知る人が増えすぎるのが心配だって？　目を覚まそう。コロンビアのボゴタで製品について発表しているときに、モスクワのブロガーにもそのことを書いてほしいではないか。また、ライブビデオを録画し、あとでいろいろな人に見てもらえるようにするのも一案だ。ライブ配信したらイベントの出席者が減るなんて心配は無用。ライブストリーミングを見るのとイベント会場にいるのとで満足度が変わらないとすれば、たぶんイベントの出来の悪さを心配したほうがいい。

●リアルタイムでアップデートする　ライブストリーミングをしないなら、ソーシャルメディア担当者に刻々とアップデートをしてもらおう。ツイッターやインスタグラム、自社のブログを利用すればいい。

●ツイッターのストリームを表示する　特定のハッシュタグを含むツイートを表示するサービスを利用して、カンファレンスのスクリーンにそれを映し出そう。そうすれば、ハッシュタグの使用・流通が促進される。自分のツイートがスクロールされるのを見て、タイムズスクエアに自分の写真が映し出されるような気持ちになる人もいるだろう。私なら、ＴｗｕｂｓやＴｃｈａｔなどのサービスを使う。

●無線アクセスを提供する　あなたはイベントの開催に莫大なお金をかけている。ハッシュタグをアピールし、みんなにその使用を呼びかけている。でも無線アクセスを制限している。いったい何考えてるんだ？　開催場所を選ぶときは、パソコンやスマホを使い、各施設でスピードテストを実施しよう。会場の営業担当者には、何百人もの人が同時にネットを使う予定なので、ネットアクセスが十分でなければほかをあたると伝えよう。ほかをあたってもダメだったときは、モバイルホットスポットを導入したり、スマートフォンをテザリングに使ったりしよう。

●**ネットワークをパスワードで保護しない**　パスワードで保護されたネットワークは、ソーシャルメディアの口コミの敵である。ネットワークをパスワードで保護しなければならないなら、パスワードをあちこちで公表すべし。つまり、(言うまでもないことだが) セキュリティなんて幻想だから、パスワードは使わないほうがいいのだ!

●**写真撮影の場所を提供する**　われわれは「モトX」のイベントで写真撮影エリアを設置した。必要なのは、それなりの照明と、「モトX」のロゴを全面にあしらった背景だけ。人々はその背景を目にし、つかの間の名声がそこにあると考えた。「まるでハリウッドスターだ」。こういう写真はほぼ一〇〇%シェアされる。ハッシュタグ付きなら言うことない。

●**スナップ写真を撮影、シェアする**　プロの写真家を雇い、イベント会場でスナップ写真を撮ってもらおう。写真家をひとり雇うのにかかる費用は、会社のロゴ入りUSBメモリー (イベントの記念品。誰もほしがらない) をつくるよりは安くつく。私は頼まれれば誰とでも (そして頼まれなくても誰とでも)、「モトX」の背景の前でポーズをとった。イベント後はゲストにEメールを送り、「どこどこで写真をご覧いただけます」と教えてあげた。そして写真をダウンロードし、#MotoX のハッシュタグ付きでシェアするようお願いした。

●**エグゼクティブを動かす**　企業のエグゼクティブは、イベントでの講演が終わったら、記者会見やインタビューの場にそそくさと向かうことが多い (とはいえ、そういう会見に出入りできる者は限られる)。その後、少しだけ人前に姿

を見せるが、護衛の者たちに囲まれている（何から守るのかは不明）。これは大きな間違いだ。経営幹部には、もっと堂々とふるまってもらおう。カメラの前でポーズをとるのはもちろん、こちらから参加者に声をかけていっしょに写真を撮るくらいでなければ。断られることはまずないし、こういう写真はほぼ一〇〇％シェアされる。

●**あらゆるプラットフォームをカバーする**　写真や動画を撮影したら、あらゆるプラットフォームでシェアしよう。モトローラのイベントでは、グーグル+、ツイッター、フェイスブック、インスタグラムで写真をシェアした。目標は、イベントの出席者全員にそれぞれの写真や動画を見てもらい、それをさらにリシェアしてもらうこと。ソーシャルメディアの魔法をちょっぴり用いれば、あなたのイベントをとてもホットな場所にすることができる。

□
□ **経営幹部には、**
□ **もっと堂々とふるまってもらおう。**
□

FAQ

Q1 うちは小さな会社です。法人アカウントと個人アカウントのどちらを使うべきですか?

法人アカウントを使いましょう。グーグル+やフェイスブックでは、法人アカウントのほうが利用できる機能が多いからです。また、社員は会社をやめるので、誰がアカウントの保有者かを決めるのも厄介なものです。

Q2 社員の投稿をキュレートすべきですか?

会社には法人アカウントがある、そしてあなたは社員の個人アカウントを参照するというわけですね。一般に、社員がプライベートな時間に自分のアカウントで何をしようが、あなたには無関係です。もちろん、その人が○○社の社員だと身分を明かしたうえで、会社のイメージを損なうことをしたときは無関係でなくなりますが、そのさいの解決策は根本的な問題に対処することであり、根本的な問題の存在を検閲することではありません。

Q3 プラットフォームが変われば、コンテンツも変えるべきですか?

私は次のようにしています。グーグル+とフェイスブック:おもしろいと思う共通のコンテンツ、三つから五つのセンテンス、ネタ元へのリンク。ピンタレスト:ウェブサイトで見つけた素敵な写真。インスタグラム:私が撮った素敵な写真。ツイッター:おもしろいと思うページへのリンク。

Q4 なぜあなたはグーグル＋がお気に入りなんでしたっけ？

私がグーグル＋を好きなのは、デザインの美しさ、コメントのクオリティのほか、誰が投稿を見るかを決める「エッジランク」みたいなしくみがないことが理由です。それに、なんといってもグーグルですよ。グーグルに肩入れしないなんて考えられません。

第10章 事業を拡大する

出会う人一人ひとりが、「私を大切にして」という札を首から提げていると思ってください。そうすれば、販売だけでなく、人生そのものでも成功できるでしょう。

――メアリー・ケイ・アッシュ（化粧品会社メアリー・ケイ創業者）

ネイティブアメリカンの雨乞い師は、儀式やまじないを使って雨を降らせる祈禱師《きとうし》である。ビジネスにおける雨乞い師は、大きな売上を生み出す人である。祈禱師と同じく、営業担当者は雨を降らせるための儀式やまじないを編み出している。本章では雨乞い、すなわち事業拡大の技を説明する。

スタートアップにとって、事業拡大が難しい理由はふたつある。第一に、誰がなんのために製品を購入するか見当がつかない。第二に、できたての小さな会社が新しく出した製品をあえて試そうとする人はほとんどいないので、当たり前のように買ってはもらえない（売り込まないといけない）。

本編へ入る前に、ちょっとした話を紹介しておこう。パリの百貨店ギャラリー・ラファイエットが、エスティローダーの最新の香水を置くのを断った。怒ったローダーがそれを床じゅうにぶちまけたところ、あまりにたくさんの客がその香りについて質問するので、店はこれを扱わないわけにいかなくなった。降れば土砂降り（When it rains, it pours.）というが、ときにはその逆（When it pours, it rains.）もあるらしい。

（訳注：ぶちまけたら成約、くらいの意味）

百花斉放・百家争鳴を歓迎する

これは毛沢東の受け売りである（もっとも文化大革命のときに、彼は反対分子を一掃するためにこれを実行したわけだが）。私の解釈では、これは次のような意味になる。「製品の種をたくさんまきなさい。何が根を張り、花を咲かせるかを見るのです。そうやって根を張り、花を咲かせた市場を育てましょう」。残念ながら、予期せぬ人々が予期せぬ方法で製品を使いはじめると、あわてふためく企業が多い。すると彼らは、当初の想定どおりの顧客が想定どおりに使ってくれるよう、製品のポジショニングをやり直そうとする。まったくばかげた話だ。せっかく買ってくれるのだから、とりあえずそのお金はもらっておこう！

花が咲いたときにあなたがすべき仕事は、それがどこで、なぜ、咲いているのかを見きわめ、富を手にできるよう事業を調節することだ。スタートアップたる者、選り好みはできないし、高慢でもいられない。そうした「開花」の驚くべき事例を三つ挙げよう。起業学の長老ともいえるピーター・F・ドラッカーが紹介しているものだ。

● 「ノボケイン」は、全身麻酔に代わる製品として開発された。ところが医師たちはその使用を拒み、従来の手法に頼りつづけた。対照的に、歯科医たちはこれをすぐに採用した。そこで考案者はこの

☐ 降れば土砂降りというが、
☐ ときには土砂が降ってうまくいくことも
☐ あるらしい。

予期せぬ市場に焦点を絞った。

●ユニヴァックは、もともとコンピュータ業界のリーダー的存在だった。しかし同社は、コンピュータとは科学者が使う道具だと考え、ビジネス市場で製品を販売することに尻込みした。対照的に、ＩＢＭは科学者にこだわらなかったので、その製品をビジネスコンピュータとして花開かせることができた。おかげでＩＢＭはおなじみのブランドとなり、ユニヴァックは歴史書でしかお目にかかれない。

●インドのある企業が、ヨーロッパの補助エンジン付き自転車の製造ライセンスを取得した。自転車は売れなかったが、その企業はエンジンだけの注文が多いことに気がついた。このおかしな現象を調べたところ、どうも灌漑《かんがい》用手動ポンプの代わりにエンジンが使われているようだった。同社はさっそく路線変更し、何百万もの灌漑用ポンプを売り上げた。

ゴリラを見つける

イリノイ大学教授のダニエル・Ｊ・シモンズと、ハーバード大学教授のクリストファー・Ｆ・チャブリスは、事業拡大について示唆するところが大きい実験を行なった。まず、ふたりは学生たちにあるビデオを見てもらった。そこでは、ふたつのバスケットボールチームの選手たちがボールをパスしあっていた。学生たちの任務は、ひとつのチームが仲間に何回パスしたかを数えることだ。

さて、ビデオが始まって三五秒たったころ、ゴリラの着ぐるみをまとったひとりの人物が部屋に入ってきた。その「ゴリラ」は、これ見よがしに胸をたたき、それから九秒間もビデオに映りつづけた。ところが、そのことをあとで尋ねられると、学生の半分がゴリラに気づかなかった！　パスを数える

□ 花が咲いたときにあなたがすべき仕事は、
□ それがどこで、なぜ、咲いているのかを見きわめ、
□ 富を手にできるよう事業を調節することだ。
□

のに夢中で、無関係なできごとは目に入らなかったのだ。

スタートアップでも同じ現象が起こる。想定される顧客、想定される用途にばかり目がいき、思わぬかたちで咲く花に気づかないのである。教訓「一〇〇の花を咲かせる予期せぬ花（身近な〝ゴリラ市場〟とでもいおうか）を見逃すな」。

肩書にとらわれない

「データベース管理者Ⅲ」と聞いても、意思決定者の肩書とはとうてい思えない。それがイメージさせるのは、技術マニュアルが散らかった狭い部屋にこもって、昼食にサブウェイのサンドイッチをほおばる輩といったところか。

The Mindful Marketer の著者リサ・ニレルが、ＢＭＣソフトウェアの雨乞い師だったとき、あるデータベース管理者Ⅲが、彼女の会社から四〇万ドル超相当のソフトウェアを購入した。じつは、電話がひっきりなしに鳴る狭い部屋に閉じこもりがちのこの社員こそ、彼の会社の大きな買い物に影響を与える人物だった。担当役員がプロジェクトやベンダーについて質問があるときは、このミスターデータベース管理者を訪れたほどだ。

大企業では、地位が高くなればなるほど酸素が薄くなる。そして酸素が薄くなればなるほど、知的生命体としての生き方を維持するのが難しくなる。したがって、知性は大企業の中腹とふもとに集中している。言うまでもなく、革新的な製品を認識するには知性が必要である。

これまで私は、大きな影響力を持つ三人の人物に相談しながら、企業や人材に関する決定を幾度となくくだしてきた。キャロル・バラード、ホーリー・ローリー、ジーナ・ポス、みんな私のアシスタ

□ 大企業では、地位が高くなればなるほど酸素が
□ 薄くなる。そして酸素が薄くなればなるほど、
□ 知的生命体としての生き方を維持するのが難しくなる。
□

ントだった。たとえばこんなふうに尋ねる。「あの男についてどう思う?」「このアイデアはどう?」。彼女らがもし「あの人は無礼」「あの人は自己中心的」とか「そのアイデアはいけてないわね」とか答えたら、その男あるいはそのアイデアはそこまでだ。

地位の高くない人がこれほどの影響力を持つ――それはつまり、肩書にとらわれず、真にカギを握る人物を探せということだ。秘書、補佐スタッフ、アシスタント、あるいは製品マネジャー、サポートマネジャー、そしてデータベース管理者……。

上下左右あらゆる方向に取り入る

論理的には、「じゃあ、どうやってカギとなる人物を見分けて、その人にアプローチすればいいのか?」という話になる。いくつかヒントを示そう。

●**友人や同僚に尋ねる**　同じ顧客に販売している知り合いがきっといるはずだ。ならば「あいつを助けよう。以前助けてもらったし、今度助けてくれるかもしれないから」と思ってくれる。持ちつ持たれつの関係は、起業家の大きな味方である。

●**会社のソーシャルメディアアカウントにツイートする**　アプローチすべき適切な人物は、公開ツイートで尋ねるのが効果的だ。なぜなら、各ブランド企業はツイートに返信しないことを恐れるからだ。会社の代表番号に電話して適切な人物につないでもらうよりも確実である。

●**その会社に関するマスコミ報道を探す**　それから、その会社に関する記事に出てくる人にメール、ツイート、電話してみる。ウェブサイトの「企業情報」やＰＲ欄を参考にしよう。ひょっとしたら連絡がつくかもしれない。どうなるかはわからないが、いずれにせよやってみないことには。

●**アシスタントに話す**　エグゼクティブ本人ではなく側近に働きかける。多くの秘書やアシスタントは、営業電話からボスを守るため、適切な人の名前を喜んで教えてくれる。

●**リンクトインを活用する**　その会社にあなたの元同僚がいるかもしれない。同じ学校の出身者がいるかもしれない。「コンタクト」（あなたのネットワーク内にいるメンバー）のコンタクトが役に立つかもしれない。リンクトインは驚くべき成果をもたらすことがある。

以上の多くの場合、あなたが必要とする人たち（ただし、むこうはさほどあなたを必要としていない）を感化・説得しなければならない。つまり上下左右、方向を問わず、あなたと意思決定者のあいだにいる人に取り入る方法を学ばなければならない。事業拡大の文脈では、そうした人は「傘」と考えられる。傘役の人と連携するには――

●**理解する**　あなたに仕事をさせないことが仕事、という人がいるとお考えかもしれない。だが、それは思い上がりというものだ。あなたはそれほど重要な人物ではない。たくさんあるメールや電話のひとつにすぎない。だから、積極的に助けてくれなくても変にがっかりする必要はない。

●**買収しようとしない**　買収されるのが好きな人はいない。もっと正確にいえば、買収されるような人間だと思われるのが好きな人はいない。だから、贈り物で籠絡《ろうらく》しようなどと思わないこと。彼らと近づきになるには、この人はブレないと信用されること、そして敬意と礼節をもって接することが重要だ。

●共感する　たぶん、傘になる人はあまり給料をもらっていない。エグゼクティブに比べたらスズメの涙だろう。だからといって、彼らが「虐待」に耐えて当たり前だなんて思わないように。彼らの仕事の難しさに共感すべし。

●苦情を言わない　地位が高くない傘役に関する苦情を、彼らの頭越しに上司に伝えてはならない。その苦情がブーメランのように戻ってきて彼らの耳に入り、その会社との商談を進められるなくなるのがオチだ。

めでたく傘へのアプローチに成功したら、以下の質問をしよう。

●意思決定者は誰か？
●意思決定者は誰の意見に左右されるか？
●意思決定プロセスから外せないのは誰か？

どれも同じような質問に思えるかもしれない。でも、これは砂金を選別するための作業なのだ。カギとなる人間の名前を知りたいが、その人は息子や娘かもしれないし、大学のクラスメート、はたまた投資家かもしれない。だとしたら組織図には載っていない！

教育する

事業拡大・商売繁盛のためには、製品の使用法を人々に教えるのも効果的だ。昔はセミナー会場などに来てもらう必要があったが、いまならウェビナー（オンラインセミナー）で簡単かつ安上がりに実施できる。具体的なサービスとしては「ゴートゥーウェビナー」「ウェブエックス」「グーグル・ハングアウト」などが挙げられる。

手前味噌のようで恐縮だが、キャンバでの例を説明させていただきたい。キャンバという会社は、美しいグラフィックを描くためのデザインサービスを提供している。用途はソーシャルメディアの投稿、イーベイ・ストア、エッツィー・ショップ、電子書籍キンドルの表紙、不動産チラシ、プレゼンテーションなど。以前は、このようなグラフィックの作成にはフォトショップなどのアプリケーションを購入し、使い方をマスターする必要があった。

われわれはまず、ニッチ市場の企業や団体向けのウェビナーを企画した。たとえば、『カーカス・レビュー』という書評誌のために電子書籍表紙のウェビナーを、インテロという不動産会社のために不動産チラシのウェビナーを、という具合だ。カーカスはこのウェビナーを購読者に宣伝し、インテロはエージェントやブローカーに宣伝した。

すると、キャンバの使い方を知ろうと、多数の人がこれらのウェビナーに出席した。私はカリフォルニア州の自宅から講師として参加した。ある意味、余分な費用はほとんどかかっていない。私はキャンバの従業員だし、旅費も発生していない。宣伝の大部分はカーカスとインテロが担当した（彼らにしても費用はほとんどかけていない）。誰もが勝者、ウィン・ウィン・ウィンの関係だった。カーカスとインテロは購読者や従業員にリソースを提供し、購読者や従業員は無料講習を受け、キャンバは新たなユーザーを確保したのである。

ウェビナーを成功させるコツは、教育を九〇％、宣伝を一〇％の割合にすることだ。このケースで言えば、出席者は本の表紙や不動産チラシのつくり方を学んだのであり、必ずしも「キャンバ・ウェビナー」に参加したわけではない。

▼練習問題
顧客を教育し、なおかつ事業の助けにできる——どんな内容が考えられるだろう?

狂信者ではなく不可知論者を口説く

主は磔《はりつけ》にされたふたりの盗人を改心させようとされたのではなく、どちらかが頼ってくるのを待たれました。

——ディートリヒ・ボンヘッファー(反ナチスを唱えた牧師)

マッキントッシュに「改宗」させるのが難しかったのは、MS-DOS信者だった。彼らにとってMS-DOSはまるで神だった(私に言わせれば邪神だが)。一方、マッキントッシュ信者にさせやすかったのは、PCを使ったことがない人たちだった。彼らはコンピュータがどのようなものか、どこで買えばよいかをよく知らず、それがアップルには有利に働いた。すでにできあがった考え方を変えさせる必要がなく、企業コンピューティングのスタンダードにはむかう必要もなかった。

でも最初のころ、われわれはフォーチュン500のIT企業をターゲットに、IBM PCをMacに置き換えようとした。それは失敗に終わり、私は狂信者を無視することを学んだ。不可知論者——あなたの宗教の正当性を否定せず、少なくともあなたの神の存在を考慮に入れてくれる人——のほうが、マーケットとしてふさわしい。

実際、狂信者を喜ばせるよりも不可知論者を喜ばせるほうがラクである。前者の場合は、確立した世界観を別の世界観で置き換えなければならないが、後者の場合は「素晴らしい新世界」を提示することになるからだ。アップルは、ウィンドウズからの乗り換えを促すことがほとんどできなかったが、PCを使ったことがない人には、マッキントッシュは人生を変えるパワフルな製品だった。

見込み客に語らせる

見るための目をふたつ、聞くための耳をふたつ与えたもうた自然も、話すための舌はひとつしかくださらなかった。

——ジョナサン・スウィフト（作家）

私の経験では、あなたの製品を買ってもいいという人は、何が成約に必要かも教えてくれることが多い。だから、あなたはただ黙って聞いていればよい。これは簡単そうに思えるが、じつはそうでもない。事業拡大を理解せぬ者は無知だからだ（この点についてはのちほどふれる）。

見込み客に語らせる方法はシンプルだ。(1)質問してもよいかと尋ねてリラックスさせる→(2)質問する→(3)答えを聞く→(4)メモをとる→(5)あなたの製品がいかに彼らのニーズを満たすかを説明する（満たす場合のみ）。それでも、少なからぬ販売員が失敗する。なぜなら——

- よい質問をする準備ができていない。見込み客を理解し、あなたの製品がどう役立つかを知るには、

□ 不可知論者——あなたの宗教の正当性を否定せず、
□ 少なくともあなたの神の存在を考慮に入れてくれる人
□ ——のほうが、マーケットとしてふさわしい。
□

事前調査が不可欠である。また販売員が、質問したら答えを知らない役立たずだと思われることを恐れている。

●販売のスパルタ教育を受けているので、黙っていられない。「見込み客が降参して買うことに同意するまでしゃべりつづけよ」。あるいは、黙っていることはできても、ちゃんと耳を傾けない（聞こえるのは無意識だが、耳を傾けるのはそうではない）。

●不精なので、またはその情報が重要ではないと考えているので、メモをとらない。第6章「売り込む」で述べたように、メモをとるのは大切だ。まず、記憶の助けになる。次に、書きとめるほど関心が高いという印象を相手に与えられる。

●自分の製品をよくわかっていないので、見込み客のニーズにそれをうまく合わせることができない。これはもってのほかだ。

たとえば、「コストを削減できる」「新しい市場をつくる」「環境への負荷を減らす」など、あなたの製品にいくつかのメリット（特徴ではない！）があるとする。その場合、まずは三つのメリットをすべて話し、見込み客の反応を待とう。すると相手のほうから、どのメリットがいちばん魅力的かを教えてくれるものだ。

もしも共感を呼ぶ点が何もなければ、何が所望かを尋ねよう。言葉だけでなく、身ぶりや手ぶりにも注目して。きっと、「こうすれば私に買わせることができる」という貴重な情報を提供してもらえるだろう。念を押すが、あなたが売ろうとしても、相手は買ってくれるとはかぎらない。だから探りを入れないといけないのだ。

実際に試してもらう

スタートアップが直面する最大の壁は、惰性であり、現状への依存である。人はいま使っている製品で十分だと考えやすい。「いまの製品でやりたいことはなんでもできる」。あるいは「うちの社員はいまの製品で必要なことがすべてできる」。

だからといって、広く普及している製品がみんな優秀だというわけではない。顧客がそれを受け入れているだけだ。したがって起業家は、なぜ新しい製品が必要なのかを人々にわからせるのが仕事になる。これでもかと広告を出し、プロモーションをかけるのが昔ながらのやり方だ。

しかし、市場にはもう同じような宣伝文句があふれている。もっとよい、もっと速い、もっと安い！　それにスタートアップの場合、広告やプロモーションの「臨界点」に達するだけの資金もないだろう。幸い、スタートアップが顧客を引きつけるのにもってこいの手段がある。製品を実際に試してもらうのだ。これによって、相手には次のようなメッセージが伝わる。

- 「あなたならきっとおわかりになります」（このメッセージがすでに差別化要因だ）
- 「無理に買っていただこうとはしません」（ふたたび差別化）
- 「どうかうちの製品をお試しください」
- 「そのうえでご判断ください。ご質問があればなんなりと」

試してもらうといっても、事業によってやり方はいろいろだ。注目すべき事例を紹介しよう。

●H・J・ハインツは、一八九三年のシカゴ・ワールドフェアで、ピクルスの見本を無料配布した。同社のブースは人通りの少ない場所にあってにっちもさっちもいかなかったため、創業者のハインツが子どもたちを雇って、「ブースに来てピクルスを味見してくれたら無料のおみやげを差し上げます」と書いたチケットを配ったのだ。

●アップルは一九八〇年代のある週末に、マッキントッシュのお試し利用を認めたことがある。現在は製品の返品や交換を無条件で受け付けている。これは一四日間のお試し利用と同じようなものだ。

●セールスフォース・ドットコムは、同社のソフトウェアを三〇日間無料で使えるようにしている。このプログラムの優れた点は、こうした製品情報をいったん入手すると、すでにデータ入力をしているので他社にスイッチしにくいということだ。

お金のかかる従来のマーケティング手法に頼るのをやめて、実際に製品を試してもらおう。それが見込み客の惰性を打ち破る最善策である。

拒絶から学ぶ

溶液の一部でないとすれば、沈殿物の一部である。（訳注：「問題解決の一部でない人は問題の一部である」のもじり。原語のsolutionには「問題解決」のほかに「溶液」の意味がある）

――ヘンリー・J・ティルマン（ボクサー）

事業拡大を担う雨乞い師は、たいてい拒絶される。じつのところ、腕利きの雨乞い師ほどよく拒絶される。何度も売り込みをかけるからだ。しかし、よい雨乞い師は拒絶からふたつのことを学ぶ。第一に、どうすれば雨乞い術を向上させられるか。第二に、どんな見込み客を避けるべきか。以下、よくある拒絶とそこから得るべき教訓をまとめてみた。

●**「変われとおっしゃるが、そんなこと言われる筋合いはない」**　これは暮らしぶりに不満がなく、変わる必要を感じていない成功者集団に多い反応だ。つまり、あなたは間違った市場にはいないが、相手にする顧客が間違っている。痛みを感じている顧客を探そう。

●**「おたくはやるべきことをきちんとやってない」**　真実はふたつにひとつ。本当にやるべきことをやらなかったのか、それとも誰かの機嫌を損ねたのか。みずからの売り込みや対人能力をあえてふり返り、前者かどうかを確認しよう。もし誰かを怒らせたのなら、償いのしかたを考えなければならない。

●**「きみの言うことは理解できない」**　これは実際にあなたの言うことが理解できないときに、よく聞かれるセリフだ。基本に戻るべし。専門用語を避け、売り込みを最初からやり直し、練習しよう。責任はあなたにある。あなたの製品が必要な理由を「わかってくれる頭のいい」顧客を探していたら、しくじるのは間違いない。

●**「それで何を解決しようというのか」**　つまり、いまだに自分の提供価値のなかから外を見ているという指摘だ。適切な対応は、提供価値を改良しつづけ、(顧客と同じように) 外からなかを見られるようにすることである。

●**「別の製品（サービス）を採用することに決めた」**　あなたの製品のほうが明らかに優れている、なのにこう言われたとしたら、たぶん売ろうとする相手が間違っている。キーパーソンを探すべく全力を尽くそう。もし、あなたの製品のほうが明らかに優れているとは言えないなら、そうなるよう努力しよう。

事業拡大プロセスを管理する

事業拡大は、「営業系」の人にまかせることも、運にまかせることもできない。それはプロセスであり、一度きりのできごとでもなければ、天災でもない。スタートアップのほかのプロセスと同じように、あなたはそれを管理しなければならない。そのためのヒントをご覧いただこう。

●**全員に事業拡大を奨励しつづける**　技術者や発明家が新しい製品を壁越しにひょいと投げれば、販売員がそれを拾ってすぐ売ってくれる――そんなときがいつの日かくるかもしれない。でも、いまはまだだ。

●**顧客ごとに目標を設定する**　契約を結ぶ時期、週・月・四半期ごとの売上などを目標として定めよう。よい雨乞い師は、言うなれば人種が違う。目標を必要とし、成果の測定を必要としている。「できるかぎりのことをやってこい」では通用しない。

●**先行指標をチェックする**　「遅行指標」ならどこにでもある。たとえば前の月や四半期の売上がそうだ。同時に、新製品アイデアの数、勧誘電話や見込み客の数といった先行指標も重要である。自分がどこにいたかを知るのはやさしい。自分がどこへ行くかを知るのは、それよりもっと困難かつ有益だ。

自分がどこにいたかを知るのはやさしい。
自分がどこへ行くかを知るのは、
それよりもっと困難かつ有益だ。

●成果に報いる 目標をクリアしやすいように、わざと低めの予測を出す——そんな所業を許してはならない。報いるべきは「意図」ではない。意図はたやすく、事業拡大は難しい。意図ではなく「成果」に報いよう。

事業拡大プロセスをちゃんと管理しないと、「控えめな予測」だったはずなのに、半年後には「予測より売れ行きが鈍い」となってしまう。これ以上の悲劇はないし、そうなったら投資家はあなたの首をすげかえるだろう。

FAQ

Q1 大企業で新しいものに反応しやすい人、リスクをとる人はどこにいますか？

一概には言えません。こうしたタイプの人がどこにいるかより、いないかをお教えするほうが簡単です。そう、経営トップ層です。だから大企業では百の花を咲かせ、誰が新しもの好きかについて先入観を持たないようにしましょう。

Q2 手の届きやすい目標をめざすべきですか、それとも、もっと戦略的な営業を心がけるべきですか？

まず、生物学的な観点からいうと、樹木のてっぺんになる実は光をたくさん浴び、最初に熟れます。低いところになる実はもぎやすいけれど、あまりおいしくありません。私の経験では、スタートアップの営業はとても難しく、この質問の答えはあってないようなものです。低いところの実をめざすか高いところの実をめざすか、という営業の選択を迫られるシーンはあまりないでしょう。むしろ最初の営業を成功させるためには、両方にトライしなければならないと思います。

Q3 事業拡大をまかせられそうな雨乞い師を見つけました。でも、多額のストックオプションのほかに一五万ドルの年俸、七万五〇〇〇ドルの必要経費を要求されています。評判はよい人で、前の仕事では年間一六〇〇万ドルの売上に貢献したそうです。今回の仕事は、収入面では大きなダウンだと言います。メーカーの営業マンよりも、この人を雇うべきでしょうか？

雨乞い師は高くつきますが、成果を出せばそれだけの価値はあります。彼（彼女）が世界をものにしたいのであれば（この場合はそう聞こえます）、成果連動報酬を前提にやらせてみてはどうでしょう。私なら、最初からすべての要望に応えることはしません。その人がずばり売上アップの「原因」なのか、たんなる「関係者」なのかを見きわめましょう。

推薦書籍

● 『影響力の武器――なぜ、人は動かされるのか』ロバート・B・チャルディーニ（誠信書房）

第11章

提携する

提携（名詞）：国際政治においては、ふたりの泥棒の同盟。互いのポケットに深く手を入れているので、単独で第三者のものを盗めない。

——アンブローズ・ビアス（『悪魔の辞典』著者）

一九九〇年代のドットコムバブルでは、数々の提携が生まれた。調査提携、マーケティング提携、流通提携、販売提携。いま思うに、収益機会よりも提携話のほうが多かった。

その結果、各企業が学んだのは、提携《パートナーシップ》を機能させるのは難しいということだ。両当事者とも2＋2を5にしたいのに、たいていは3に終わってしまう。パートナーシップを築くという行為が持つ抗しがたい魔力のせいで、どの企業もばかげた協力関係を結ぶはめになる。それが問題だった。

よきパートナーシップはキャッシュフローや売上を増やし、コストを削減する。そのように確かなベネフィットのもとに築かれたパートナーシップは、成功確率がずっと高い。本章では、有意義で長続きするパートナーシップの築き方を説明する。

「スプレッドシート」上の理由で提携する

効果的な提携は、新しい地域や市場セグメントへの参入スピードを速め、新たな販売チャネルを築き、新製品の開発を促し、コストを削減する。私はこれを「スプレッドシート」上の理由と呼ぶ。組織の財務予測に影響を与えるからだ。だが残念ながら、多くの企業がスプレッドシートに影響しない理由で提携する。ほかのみんなもやってるから、わくわくするから……。

たとえば、アップルとデジタル・イクイップメント・コーポレーション（DEC）は、アップルにはデータ通信のネタがなく、DECにはPCのネタがないというマスコミからの批判を受けて、八〇年代後半に提携を結んだ。

この提携は、ほとんど効果を生まなかった。アップルをれっきとした大企業へ、あるいはDECをPCの雄へと押し上げる成果がひとつもなかったのは間違いない。両社の財務数値が変わったとも思えない（コストを増やすのが目的だったなら別だが）。この提携はせいぜい、うるさいマスコミを黙らすためのPR戦術にすぎなかった。

私がこの経験から学んだ貴重な教訓はこうだ——PRのために提携してはならない。

アップルが提携を成功させた相手は、アルダス・コーポレーションというスタートアップだった。DTP（デスクトップパブリッシング）ソフトの「ページメーカー」を開発した会社である。当時、アップルは苦境に立たされていた。というのも、大手企業がマッキントッシュを「グラフィックに長けたかわいいオモチャ」扱いし、「ビジネスコンピュータ」とは見なしてくれなかったからだ。アップルは、マッキントッシュ販売のカンフル剤となるキラーアプリケーションを必要としていた。

教訓——
財務数値が変わらないパートナーシップは意味がない。

一方のアルダスは、製品を販売チャネルに乗せ、小売店の販売員に製品教育をし、大口の客先を開拓し、エンドユーザーを製品になじませるというふうに、そのソフトウェアの販売を手伝ってもらう必要があった。

それぞれの会社は、売上を伸ばすために相手の会社を必要としていた。アップルはその販売力、広告力、マーケティング力でアルダスの事業拡大を手助けした。アルダスは人々がウィンドウズでなくマッキントッシュを買わざるをえない理由を提供することで、その役割を果たした。アップルとアルダスの提携は、ＤＴＰという新しい市場をつくり出した。そしてＤＴＰはアップルを救い、アルダスを世に出した。

> ▼練習問題
> 第６章「売り込む」でやったボトムアップ方式の売上予測を思い出そう。いま考えている提携で数字は変わるか？

成果や目標をはっきりさせる

優れた提携の基礎になるのは、スプレッドシート上の成果である――その理屈をわかってもらえれば、次なるステップが成果や目標をはっきりさせることだというのも、おわかりいただけるだろう。それは、たとえば次のようなものだ。

- 売上の上乗せ
- コスト削減
- 新しい製品
- 新しい顧客
- 地理的に新しい市場
- 新しいサポートプログラム
- トレーニングおよびマーケティングプログラム

成果や目標を明らかにする企業がほとんどないわけは、ふたつある。第一に、あくまで宣伝材料にすぎない提携話なので、具体的な成果や目標を考え出すのが難しい（困った話だ）。第二に、これはもう少しましな話だが、関係者が成果や目標をきちんと定めようという気持ちにならない。理由は忙しすぎる、混乱している、あるいはやる気がないから。結果を測るのが怖いだけかもしれない。はっきりさせるべき点を挙げておこう。

- 各組織がどんな成果をもたらすか？
- いつ成果が出るか？
- どんなマイルストーンをクリアしなければならないか？

スプレッドシートの数字に基づいて提携を決め、成果や目標をはっきりさせれば、その提携の成功確率は三倍になるはずだ。

現場の人たちに受け入れられるようにする

アップルとDECによる提携のふたつ目の基本的間違いは、両社ともミドル層とボトム層（すなわち現場の人間）が納得していなかったということだ。

当時アップルに勤めていた私は、こう思ったものだ。「東海岸のミニコンピュータ会社の連中が、よってたかってアップルに何をしてくれるっていうんだ?」。DECの社員たちはこう思っていたとしてもおかしくない。「グラフィックだかなんだか知らないが、オモチャみたいな製品をつくっているカリフォルニアのいい加減な会社と、なんで提携しなくちゃならないんだ?」

提携を成功させたかったら、プレスリリースの作成やCEOの記者会見ばかりにかまけていてはならない。むしろミドル層とボトム層が提携の理由を理解し、その成功を望み、めいめいの貢献を重んじるようにしなければ。提携の発表をするとしても、それは両者の関係がうまく滑りだしてからのことだ。実際、上層部がノータッチのまま現場の人間が協力しはじめたときに、最善のパートナーシップはかたちづくられる。

社内の擁護派を探す

提携話を前へ進めるには、社内の擁護者や推進派の存在が不可欠だ。CEOは基本的に、この役割には向かない。ほとんどが忙しすぎるか、注意力が欠如しているからだ（またはその両方）。双方の関係を心から信頼し、これに殉じるくらいの個人か少人数のグループが理想である。

- [ ] 上層部がノータッチのまま
- [ ] 現場の人間が協力しはじめたときに、
- [ ] 最善のパートナーシップはかたちづくられる。

アップルの元CEO、ジョン・スカリーのことを知っている人は多いけれども、ジョン・スカルを知っている人はまずいないだろう。ジョン・スカルは、アップル社内のDTP擁護派だった。時は一九八五年、ジョンはこの新生市場にアップルがどう取り組むかのカギを握る人物だった。

彼はエンジニアリング、販売、トレーニング、マーケティング、PRなどアップルの各部門を説得してアルダスを支援させた。同時にアルダスとも協力して、アップルに必要な製品情報、ソフトウェアのコピー、企業顧客のハードウェアニーズ分析などを提供した。さらに、マスコミや専門家にDTPを宣伝して回った。社内外の関係者にとって、ジョンはまさにミスターDTPだった。

もしDTPが失敗していたら、それはジョンのせいになっていただろう。成功したから、多くの人々のアイデアとされたのだ（擁護派の運命とはそういうものだ）。ジョンのDTPでの成功から学べるのは、以下の点だ。

●**それぞれの組織でキーパーソンを特定する**　各人がそれぞれ少しずつ時間を持ち寄る、そんなやり方では提携の成功はおぼつかない。各組織で最低ひとり（最大でふたり）を推進者に指名しなければならない。

●**提携の成功を唯一の目標にする**　提携の擁護者であるキーパーソンが、ほかの仕事にかかずらっているようではいけない。だから彼らがエグゼクティブであることはめったにない。エグゼクティブには、ほかにもやることがあるからだ。

●**権限を与える**　提携を機能させるためには、社内の部門や優先順位、縄張りを超越することが必要になる。ときにはあえて、やりたくないことをやってもらう必要もある。だから提携推進者には、思うようにものごとを進める権限を与えなければならない。それから、ジョン・スカルのようにC

ＥＯと似た名前であることも役に立つ。

弱みをごまかすのではなく、強みをさらに強化する

アップルとＤＥＣの提携の三つ目の間違いは、それが弱みをもとに成立していたということだ。両社は、おのおのの製品の足りない部分を埋めようとしていた。「おたくがうちの弱みを覆い隠し、うちがおたくの弱みを覆い隠す。そうすれば、うまくごまかしがきく」。そういう哲学だった。

もっとよい哲学は、双方の強みを際立たせることである。アップルとアルダスの提携には、それが基礎にあった。アルダスはキラーソフトをつくる。アップルはキラーハードをつくり、マーケティングリソース、販売員、トレーナー、全国的な顧客ネットワークを提供する――という具合に。

ウィン・ウィンの関係を結ぶ

多くのパートナーシップは、規模がまったく異なる組織のあいだで築かれるため、大きいほうの組織は、ともすれば自分に有利な契約を結びたくなる。だが、提携において製品、顧客、お金の流れをつくるには、両方のパートナーが得をしなければならない。

一九九〇年、ユナイテッド・パーセル・サービス（ＵＰＳ）とメールボックス・エトセトラは、ウィン・ウィンの関係を結んだ。メールボックス・エトセトラは梱包、発送、受付、事務、ファクス、コピーなどのサービスを店頭展開している。ＵＰＳは同社に約一一〇〇万ドルを投資した。互いのメリットは次のとおりである。

●ＵＰＳは顧客が簡単に荷物の発送、受け取りができる全国規模の店舗ネットワークを手に入れた。時間とお金を費やして、自前のオフィスを開設しなくてもすんだ。
●メールボックス・エトセトラはＵＰＳの事業拡大を封じ、ＵＰＳが自前のオフィス開設を決めていたら生じたであろう競争を回避した。また、ＵＰＳの顧客を新たに取り込んだ。

多くの提携のアンバランスは、必然の成り行きではない。大きいほうの組織が小さいほうに不利な取引を強要できるから生じるのだ。だが、これはどちらのパートナーにも都合が悪い。なぜなら、

●片方だけに有利な取引は長続きしない。抑圧が持続可能なシステムであったためしはまずない。
●ミドル層やボトム層に提携を支持してほしければ、双方が「勝った」と思わなければならない。
●アンバランスな取引は、人の道にもとる罰当たりな行為である。そして、パートナーシップにおいては人の道こそが大切である。

スタートアップにいるあなたは、たとえ条件がよさそうでも、片方だけが得をする提携話には気をつけよう。うまくいくことはめったにない。大企業にいるあなたは支配欲を制御して、双方が得をする提携をまとめよう。長く続くのは、ウィン・ウィンの関係だけなのだから。

弁護士には満を持してご登場願う

一部の人は、五〇歳を過ぎたら訴訟がセックスの代わりになる。

――ゴア・ヴィダル（作家）

問題「パートナーシップに関する人々の合意と、その詳細を記した法律文書の草案、どちらが先か？」。多くの組織が法律文書の草案を作成し、これを起点に話し合いを始める。そのほうが有利にことを進められるという理屈である。でも実際には、これは危険な方法だ。理由はふたつある。

第一に、弁護士の出番が早すぎると、提携しない理由が提携する理由よりも必ず多くなる。弁護士のなかには、おかしな取引が発生しないように監督してあげるのが自分の仕事だと考えている人が多い。彼らにとって取引とは、善であることがわかるまでは悪なのである。

大切なのは、取引条件に合意してから弁護士にご登場願うことだ。そして弁護士は、提携をぜひ実現させたい、そのための法的枠組みを設定したいという人を選ぶことだ。正しい弁護士を見つけたら、こういうふうに言おう。「これがやりたいことです。刑務所送りにならないようお力添えください」。たんに「これをやってもいいですか？」と訊くのとはわけが違う。

法律文書の作成を急いではならない第二の理由は、その文書が独り歩きしかねないからだ。たとえば、「たんなるたたき台」であることを知らされていなかった経営幹部に転送されるかもしれない。すると、その幹部は早々に交渉を頓挫《とんざ》させてしまうおそれがある。

お薦めするのは、以下のようなアプローチだ。

①実際に会って、交渉のポイントを話し合う。何度もミーティングを重ねる必要があるだろう。

②合意できるようになったら、ホワイトボードに合意事項を書く。

③提携の大枠を記した一～二ページのEメールでフォローアップする。
④Eメール、電話、フォローアップ会議で細部を詰める。
⑤法律文書の草案を作成する。

ステップ①からいきなりステップ⑤へ飛ぶ人が多いのだが、これは感心しない。「文書は話し合いのあと」、そう肝に銘じよう。

「終了条項」を入れておく

おめでとう、取引はほぼ成立した。ウィン・ウィンの関係が前提だから、あなたとしては相手がこの提携を打ち切ることができるなんて、考えたくもないだろう。

しかし、意外かもしれないが、契約には必ず終了条項を盛り込まなければならない。たとえばこんな具合に。「いずれの当事者も三〇日前に通知することで本契約を解除できる」。なぜか。いつでも終了できるのだから、どうしようもない状況に陥ることはないと両当事者が安心し、かえって契約が長持ちするからだ。こうした「安全装置」のおかげで誰もがリラックスし、提携を実のあるものにしようと一生懸命努力することができる。それに、パートナーシップが永続的でないほうが、関係者は思いきって革新的なことをやりやすい。

誤解なきように。なにも「一抜けた」がしやすい提携を勧めているのではない。私が言いたいのは、法的な縛りによってではなく、双方にとって有意義だから抜けづらい、そんなパートナーシップでありたいということだ。

□ こうした「安全装置」のおかげで
□ 誰もがリラックスし、提携を実のあるものにしようと
□ 一生懸命努力することができる。
□

ヘビに飲み込まれない

『ベンチャービジネスオフィス』（生産性出版）の共著者ハイジ・メイソンによれば、自分より大きな名の通った組織と提携しようとすると、「ヘビに飲み込まれて身動きできない」状態になる。話はまとまるかもしれないが、最後には消化されて骨になってしまうのだ。だから、提携につきものの「嘘トップ12」を知り、それを正しく解釈することが大切になる（トップ10に絞るのは難しかった）。

章の終わりに気が重い話で恐縮だが、丸飲みされて脱出できなくなる前に、以下の嘘や誇張に耳を澄ませてもらいたい。

大組織の言い分	本音
戦略的理由でこの提携を考えています。	この提携がなぜ重要なのか、やつらにはわかるまい。
経営陣が熱望しています。	バイスプレジデントが三〇秒ほど提案内容を聞いて、ノーと言わなかった。
早く進めましょう。	誰もまだ法務部に話していない。
法務部は大丈夫です。	法務部がネックになりそうだ。
提携発表のタイミングを、当社製品の新モデル発売に合わせたいと思います。	新モデルの進み具合がかなり遅れている。

大組織の言い分	本音
技術部門は提携を大歓迎です。	マーケティング部門は大反対である。
マーケティング部門は提携を大歓迎です。	技術部門は大反対である。
技術部門とマーケティング部門は提携を大歓迎です。	弁護士は大反対である。
技術部門とマーケティング部門と法務部は提携を大歓迎です。	そんなわけがない。
気がかりなのは、そちらが規模を拡大できるかどうかです。	こいつら、思ったよりデキる。
本プロジェクト成功のために部門を越えたチームをつくります。	誰もこのプロジェクトの成功に責任を負っていない。
私は抜けますが、よい後任がいます。	まいった……。

FAQ

Q1 提携とは対等、ウィン・ウィンの関係であるはずですから、打ち合わせの設定、プロセスの推進、社員の協力などなど、むこうも歩み寄るべきではないでしょうか?

「するべき」だから「する」とはかぎりません。相手も歩み寄るべきだというのはそのとおりですが、実際に相手が歩み寄ることはないでしょう。提携であれ販売であれ、なんらかの取引を実現させたければ、あなたはやるべきことをやらなければなりません。むこうも電話なりしてこいというのは一理ありますが、それを待ってばかりもいられません。もう一度電話しましょう。何かものごとを起こそうとするなら、あなたが八割の努力を担わなければなりません。メンツは捨てることです。

Q2 提携相手のほうが規模が大きく有名でお金も持っている場合、どうすればいじめられずにすみますか?

力こそ正義、と考えてはなりません。少なくともそう考えていることがわかるような素振《そぶ》りをしてはなりません。あなたが巨象を必要とするように、巨象だってあなたの製品を必要としないとはかぎらないのです。負けずに堂々と渡り合いましょう。ただ、自分たちのためにならない取引だと思ったときは、撤退する勇気も必要です。

Q3 いくつかの提携はもう行き詰まっています。これを機能させるためにお金と時間を費やすべきですか、それともいっそやめてしまうべきですか?

医学の世界にこういう言葉があるそうです。「死臭を防ぐことほど大変で、そのくせ無意味な仕事はない」。うまくいっている提携、うまくいきそうな新しい提携に労力を集中させてください。ただし、新しい提携話に乗り出す前に、前の提携がなぜ失敗したのかを分析しましょう。

第12章

持続・継続させる

勝利がすべてではない。勝利のために準備しようとする意志がすべてである。
――ヴィンス・ロンバルディ（アメフトのコーチ）

起業は短距離走ではない。勝つまでに何年もかかるからだ。マラソンでもない。駆けるだけではないからだ。十種競技が近いが、この競技はチームスポーツではない。起業はどんなスポーツにもうまくたとえられない。起業には、一度にたくさんのことをするためのチームが必要だ。十種競技のたとえが使えるとすれば、どちらも忍耐力が試されるということ。起業でも十種競技でも、「持続の技」を身につけた者が勝利を手にする。本章では持続するスタートアップのつくり方を指南しよう。

「内在化」をめざす

「内在化」とは、あなたの製品やその流儀を人々に信じさせることだ。たとえばマッキントッシュを内在化した人は、WYSIWYG（what you see is what you get＝見たままが得られる）の考え方や個人の力を信じている。製品の流儀を内在化させることができれば、間違いなく長続きする。

そこで具体的に、顧客が製品を内在化している企業の例を見てみよう。

企業	流儀
シェパニーズ（レストラン）	地元産の素材を使用
エッツィー	職人気質や起業家精神を大切にする
ハーレーダビッドソン	反逆と迫力
メイカー・フェア（個人の創作物発表イベント）	実践で学ぶ
フィルズ・コーヒー	よりよい一日に貢献する
ザッポス	無条件で人を信じる

内在化は実現するのが難しいが、いったん実現すれば長続きする。私は一九八三年にマッキントッシュを内在化し、アップル勤務から長年たったいまでもそれを人に薦めている（コンピュータを使いはじめて三二年になるが、ウィンドウズ・マシンを買ったのは一度しかない。それもずいぶん前に慈善団体に寄贈した）。

下層部を活性化させる

ピラミッドの下層部の人たちが変わるようにすれば、組織は長持ちする。たとえば、古来、武力闘争を解決するには各陣営のリーダーを集めなければならないとされてきた。リーダーが決めれば、部下たちの支持や賛同も得られるというわけだ。

だが、平和維持組織であるコンシリエーション・リソーシーズのセリア・マキオンは、これに異を唱える。要するに、近代の内戦はきわめて複雑化しているため、リーダーだけでは対処できない。関係する町や村における人々の独立した取り組みが重要になるというのだ。言い換えれば、和平の実現はトップからではなく、ミドル層とボトム層からスタートするということだろう。たとえば、ペルーとエクアドルの国境紛争は一九九八年に和解を見たが、これには一般市民が一役買っている。そのきっかけになったのが、メリーランド大学の「エクアドルとペルー――民主的・協力的な紛争解決へ向けて」というワークショップだった。

第一回のワークショップは、一九九七年に開かれた。このとき、エクアドルとペルーの一般市民二〇人が「メリーランド・グループ」という組織をつくり、紛争解決の道筋を話し合った。メンバーは共通の属性を持つ学者、実業家、教育者、ジャーナリスト、環境活動家ら。政治や軍部の指導者はひとりもいなかった。

あなたも、スタートアップを長続きさせたかったら、ピラミッドの頂上の人たちに頼ってはならない。彼らには彼らで考えることがある（権力だとか、お金だとか、イメージだとか）。ただし、彼らの考えが組織全体の（ましてや社会全体の）課題を反映しているとはかぎらない。持続・継続のカギ

実際の仕事は
ミドル層とボトム層によってなされる。

になるのは、ミドル層とボトム層である。

お金をちらつかせない

ミネソタ大学教授のキャスリーン・ヴォースは、お金が人々の行動に与える影響について実験をした。三つの実験の概要を、以下に紹介しよう。

- 被験者に、これからモノポリー（ボードゲーム）をすると告げ、ある人たちにはゲーム貨幣で四〇〇〇ドル、ある人たちには二〇〇ドルを渡す。一ドルも渡されない被験者もいる。そして彼らが実験室を出るとき、ある協力者が鉛筆の入った袋をわざと落とす。被験者が何本の鉛筆を拾ってくれるかをチェックしたところ、四〇〇〇ドルを受け取った被験者が最も非協力的で、お金をもらわなかった被験者がいちばん親切、二〇〇ドルもらった人は中間だった。
- 被験者に二五セント硬貨を八枚渡し、ばらばらのフレーズを組み立てて文章にしてもらう。フレーズのなかには、お金に関したものもあれば、そうでないものもある。そして実験の終わりに、学生基金への寄付を被験者に依頼したところ、お金に関するフレーズを文章にした人は、お金と関係のないフレーズを文章にした人よりも寄付額が少なかった。
- 被験者をPCのある部屋に入れる。そのPCには、スクリーンセーバーがないもの、お金のスクリーンセーバーを表示しているもの、魚のスクリーンセーバーを表示しているものの三種類があった。他の被験者との打ち合わせ用に椅子を二脚用意してほしいと言ったところ、お金のスクリーンセーバーを目にした被験者のほうが、それ以外の被験者に比べて、椅子を離して置く傾向があった。

「どうせ研究プロジェクトの学生の話じゃないか。世の中がそのとおりになるとはかぎらない」と片づけてしまうこともできる。たしかにそうだ。でも、お金が人の行動に影響を与えることを、ここから読み取れるかもしれない。スタートアップを長持ちさせるには、お金のような外発的報酬では効果がないといえるのかもしれないのだ。

最もわかりやすい例がウィキペディアだ。これは、素人のボランティアが築いた世界最大の情報リソースである。一方、マイクロソフトは「エンカルタ」に多額の資金を投じたものの、失敗に終わっている。

エバンジェリストや顧客に、手数料などの奨励金を払って協力してもらう企業が少なくないが、そのようなやり方は見込み客の疑念を招くし（「おたく、お金をもらってるから薦めてるの？」）、会社と顧客の関係も変えてしまう（「私はお金をもらってるから薦めているのだろうか？」）。

立ち上げたのがろくでもない会社なら、お金は役に立たない。立ち上げたのが素晴らしい会社なら、お金を使う必要はない。お金をちらつかせれば、せっかくの努力がふいになりかねない。

お返ししてもらう

「お返ししたい」という気持ちにさせるのも、組織の持続にとって有効な手段である。たとえば、一九三五年にイタリアがエチオピアを侵略したとき、メキシコはその行為を非難しただけでなく、国防強化の資金をエチオピアに提供した。エチオピアを支援した国はほかにどこもなかった。

そして一九八五年、メキシコを大地震が襲ったとき、エチオピアは五〇年前のメキシコの援助に対

□ **立ち上げたのが素晴らしい会社なら、**
□ **お金を使う必要はない。お金をちらつかせれば、**
□ **せっかくの努力がふいになりかねない。**

するお返しとして五〇〇〇ドルを贈った。大した金額ではないように思えるが、当時のエチオピアは史上最悪の飢饉に苦しんでいた。つまり、飢える国が、半世紀前に助けてくれた人々にお金を提供したのである。

もうひとつ例を挙げよう。サウスカロライナ州ウェストコロンビアのホワイト・ノール・ハイスクールの生徒たちは、二〇〇一年のメイシーズ感謝祭パレードのさい、ニューヨーク市長のルディ・ジュリアーニに四四万七二六五ドルの小切手をプレゼントした。九・一一のテロで失われた消防車を買い替える足しにしてもらおうと集めたお金である（ご想像のとおり、あるお金持ちからの巨額の寄付も含まれている）。

じつは一三四年前、コロンビアがバケツリレーで消火活動をしていると知ったニューヨークの人々が、お金を集めて同市に消防車をプレゼントしていた。しかも一台目の消防車がコロンビアへの輸送中に海に沈んでしまうと、ニューヨーカーたちはさらにお金を調達し、二台目を贈った。今回はそれに対するお礼だった。当時、サミュエル・メルトンという元南軍大佐は、ニューヨークの人たち（その多くが北軍の兵士だった）の親切な行為に感銘を受けた。だから彼は、コロンビアを代表して「ニューヨークを災難が襲ったときには」恩に報いることを約束したのだ。

あなたのスタートアップに対してお返ししてもらうには、以下がカギになる。

- **早めに与える**　お返ししてもらう必要が出てくる前に恩を施そう。ただし、与えるものと見返りに求めるものとのつながりがはっきりしていたら、見え透いていて効果は少ない（それは「取引」という）。あくまで好意を示したい。
- **喜んで与える**　最も純粋な「施し」のかたちは、自分の助けにならなさそうな人（たとえば南北戦争直後のコロンビア）を助け、お返しを期待しないことだ。皮肉なことに、このような施しが最大のお返しにつながるケースが多い。

●**頻繁に、気前よく与える**　「種をまいた分だけ刈り取れる」というではないか。たくさん与えれば、たくさん収穫がある。質の高い恩を施せば、質の高い恩を受けられる。「つねに成約をめざせ」という営業スローガンは忘れて、「つねに与えよ」。

●**思いがけなく与える**　ヴァージン・グループ会長のリチャード・ブランソンと私は、モスクワの同じカンファレンスで講演したことがある。ヴァージン航空を使ったことがあるかと訊かれて、私が「ありません」と答えると、彼はひざまずき、上着で私の靴を磨いた。以来、私はヴァージン・アメリカを愛用し、数年後に、その恩を返した（下にあるのが証拠写真）。

●**お返しのしかたを教える**　お返しがほしいときは遠慮せずに要求しよう。そうすれば、受けた恩を返せるので、相手も負い目から解放される。するとまた新しいお願いをしやすくなり、双方の関係が深まる。

以上のことを、私は『影響力の正体』（SBクリエイティブ）の著者、ロバート・チャルディーニから学んだ。起業で成功したければこの素晴らしい本を読みなさい、と申し上げるのをうっかり忘れるところだった。

一貫性を引き起こす

ハワイ独自の文化や生活様式を愛する四〇人の若者が、「カヌ・ハワイ」という組織を立ち上げた。環境の変化、礼節の衰退、生活費の高騰、雇用機会の減少などのせいで、こうした文化や生活様式が脅かされていると危機感を持ったからだ。

カヌ・ハワイはメンバーに対して、地元産品の購入や海岸の清掃など、何か具体的な行動を約束させる。そしてそれらの約束を、フェイスブック、ツイッター、Eメール経由で友人や家族に公表してもらう。すると、言っていることとやっていることに一貫性を持たせたい彼らは、最後までやり抜こうとする。

一貫性を引き起こすと（言い換えれば、約束やコミットメントをさせると）、スタートアップは長持ちしやすい。別の選択肢を考えるとか、過去の決定を見直すとかいった負担から、人々が精神的に自由になれるからだ。また、言行不一致を回避する効果もある。「私は尊敬に値する人間だ。もしやると言ったことをやらなかったら、尊敬に値する人間ではなくなってしまう」

一貫性を引き起こしてあなたのスタートアップを長続きさせるためには、次のような行動を人々に促すとよい。

□
□
□
□ たくさん与えれば、たくさん収穫がある。

●具体的に約束する　非営利組織（ＮＰＯ）は資金を調達するとき、具体的にいくら寄付するのか、人々に約束してもらおうとする。これは、「オーケー、寄付しますよ」とだけ言わせるより、よほど効果がある。書面にしてもらえばなおいい。「誓い」の効果は侮れない！

●約束を公表する　人は他人に公表した約束は守ろうとする。そうしないと、自分は不誠実でいい加減な人間だと思われてしまうから。

●同じ価値観や目標に共鳴する　あなたのスタートアップの価値観に共鳴できるようにしてあげれば、人々は支援する行動を起こしやすい。たとえば省エネに共感する人は、環境にやさしいあなたの製品を支持する可能性が高い。

ただし、一貫性を引き起こすという方法には、少々すっきりしない部分もある。要は人の心をもてあそぶようなものでもあるからだ。言行一致を無理強いすると、人は自分のためにならないこともやりかねないし、へたをすると悪事さえ犯しかねない。目的がつねに手段を正当化するとはかぎらないのだ。だからこのテクニックを使うときは、みずからの道徳意識に相談しないといけない。

社会的証明をもたらす

ｉＰｏｄが広まった理由のひとつは、白のイヤホンを使ったことにある。当時、イヤホンといえばたいてい黒だったから、白のイヤホン＝ｉＰｏｄというイメージが定着した。

白いイヤホンの存在がｉＰｏｄのよさを社会的に証明する要素となり、人々はこれを喜んで買うようになった。そして売れれば売れるほど、ｉＰｏｄが受け入れられるという証明も強化され、ますます多くの人が購入した。起業家にとってはうらやましい上昇スパイラルである。

社会的証明は、製品を持続させる頼もしい味方になる。ただし、それには以下の条件が必要だ。

●**優れた製品**　これは本書でくり返し言っていることだ。社会的証明はお粗末な製品には効果を発揮しない。いや、お粗末な製品を葬ることだってできる（葬るほうがいい）。

●**取り残されるという不安**　俗にいうＦＯＭＯ（fear of missing out）。「ｉＰｏｄを買わないと、自分だけいかした音楽体験ができないのではないか」。人は流行の蚊帳《かや》の外に置かれたくないものだ。

●**選択の余地のなさ**　ｉＰｏｄのイヤホンは白だけ。選択の余地はなかった。社会的証明を「デフォルト（初期設定）」にできれば、それに越したことはない。たとえば、アップルの携帯電話からメールを送ると「ｉＰｈｏｎｅから送信」と表示される。この表示を消すことはできるが、そうする人はあまりいない。

●**ブレイクポイント**　社会的証明を提供してくれるの

は、専門家（例：マルケス・ブラウンリー）、インフルエンサー＝影響力の強い人（例：ウィリアム・シャトナー）、ユーザー（例：イェルプ）、大衆（例：「利用者が一〇億人を突破」）など。あなたのニッチ市場ではどんな社会的証明が最も効果的かを考え、あらゆるツールを活用しよう。

▼練習問題
自社製品のよさを社会的にどう証明できるだろうか？

「エコシステム」を築く

カリフォルニア州サニーベールのプレイという会社は、レゴ・ブロックのレンタルサービスを提供している。顧客は希望するサービスのリストを作成する。ある回のセットを使用して返却すると、次のセットが送られてくる。DVDを返却すると次の新しいDVDが送られてくるという、かつてのネットフリックスと同様のモデルだ。

プレイはレゴの「エコシステム（生態系）」の一部を担い、ブロックはほしいがずっと持っていたくはないという人に、優れたサービスを届けている。このようなエコシステムが存在すれば、製品の満足度も高まる。たとえば、アンドロイド・アプリの開発者がたくさんいるおかげで、アンドロイドの電話を保有する満足度もアップする。

それに、エコシステムがそもそも存在するという事実が、その製品の成功を物語っている。あなたの製品を足場にする会社が数多くあれば、それは優秀な製品にちがいない。反例はウィンドウズ・ス

社会的証明は
お粗末な製品には効果を発揮しない。
いや、お粗末な製品を葬ることだってできる。

マホ。こちらはアプリがあまりなく、成功しているとはいえない。アプリがもっと増えるまでは成功しないだろう。

エコシステムの主な構成要素は、以下のとおりだ。

●**コンサルタント**　専門知識を背景に、製品のインストールや利用を手助けする。あなたの製品の実用性を高めるとともに、製品の成功と切っても切れない利害関係を持つ。というのも、製品が売れているあいだしか商売が成り立たないからだ。

●**開発者**　Ｘｂｏｘのようなゲーム機であれ、マッキントッシュのようなＯＳであれ、ツイッターのようなオンラインサービスであれ、プラットフォームの成功や生き残りには開発者が大きな役割を担う。彼らはプラットフォームの実用性を高めるゲームやアプリケーション、サービスをつくる。

●**販売業者**　店舗やディーラーは、製品を試したり買ったりするのに便利な場所だ。口コミや信頼度のアップにも一役買ってくれる。「あそこの店にがらくたはひとつもない」というわけだ。

●**ユーザーグループ**　アップルがマッキントッシュをなかなか成功に導けなかった暗黒の時代（一九八〇〜九〇年代）、数多くのマッキントッシュの熱狂的ファンが、ボランティアでユーザーグループを運営していた。彼らはアップルになり代わって、情報やサポートや情熱を提供した。

●**ウェブサイトやブログ**　熱意に満ちた人々（業務時間外のコンサルタントや開発者が多い）は、特定の製品に関するウェブサイトやブログを運営する。「ワードプレス・ブログ」で検索をかければ、ワードプレスのエコシステムの効果のほどがわかるはずだ。こうしたサイトがあることで、顧客も見込み客も製品の情報を入手し、その価値を再確認することができる。

●**オンラインコミュニティ**　会社や製品のファンは、ネット上に特別なコミュニティを築く。こうしたサイトで、人々は情報を交換し、助け合い、ストレスを発散する。多くの人を惹きつける製品なら、このようなコミュニティが間違いなくできるだろう。

●カンファレンス　カンファレンスを開けるほどになったら、「うちの製品もここまで立派に……」という感慨がわく。そしてカンファレンスを開くと、さらなる成長の助けになる。人々は、一定の水準を突破したメジャーな製品だけが、カンファレンスを開けると信じているからだ。

では、エコシステムの主なプレーヤーがわかったところで、エコシステムを築くための基本原則を説明しよう。第8章「ファンを増やす」で論じた、コミュニティ構築の原則に似ている部分がある。

●エコシステムをつくるだけの価値がある製品をつくる　くどいようだが、エバンジェリズム、販売、プレゼンテーション、そしてエコシステム構築のカギは、優れた製品だ。優れた製品をつくれば、エコシステムはおのずとできる。しかし、くだらない製品にはなかなかできない。

●リーダーを指名する　エコシステムの構築を手助けしたい従業員がたくさんいたとしても、これを毎日の最優先業務にする人がいなければダメだ。別の言い方をすれば、「エコシステムができなかったとき、誰がクビになるか」。エコシステムには旗振り役の社内リーダー（顔のわかるヒーロー）を見つけよう。

●他のエコシステムと競合しない　個人や組織にあなたのエコシステムに参加してほしければ、彼らと競合してはならない。たとえば、あなたの製品用のアプリをつくってほしければ、同じ機能のアプリを販売（配布）してはならない。アップルが「マックライト」というワープロソフトを配布していているときに、マッキントッシュ用のワープロソフトをつくってほしい、と各社を説得するのがいかに難しかったか……。

●オープンなシステムをつくる　「オープンなシステム」とは、参加条件が緩く、活動の中身をほとんどコントロールしないという意味だ。「クローズドなシステム」とは、参加条件や活動の中身をコントロールするという意味だ。どちらも成り立つが、私は前者をお薦めする。信じやすくてアナーキーな性格には、自由度の高いほうがいい。つまり、エコシステムの構成員はアプリを書き、データにアクセスし、あなたの製品とインタラクティブに結びつくようにしたい。ソフトウェアを例に話しているが、ここで大事なのは、製品のカスタマイズやマイナーチェンジを認めよということだ。

●情報を公開する　オープンなシステムを補完するには、製品に関する本や記事を出すのがよいだろう。これでいわば周辺部の人たちにも情報を伝えることができる。また、あなたのスタートアップがオープンで、外部の人たちを助けたいと思っていることも伝えられる。

●対話を促す　「対話」とは言葉のやりとり。「やりとり」というのが重要だ。エコシステムを築こうとする企業は、アイデアや意見のやりとりを促さなければならない。つまり、メンバーどうしの交流、従業員との交流ができるフォーラムをウェブサイトに設ける必要がある。彼らに会社を経営させるわけではないが、その声には耳を貸すべきだ。

●批判を歓迎する　エコシステムが賛辞を述べ、製品を購入し、不平を言わないかぎり、たいていの組織はハッピーだ。しかし、ネガティブな発言をされたとたんに怖気づき、身構える。なんと愚かな。健全なエコシステムは、結婚と同じで長期にわたる関係なのだから、ちょっともめたくらいで離婚届を出すべきではない。実際、批判を歓迎すればするほど、エコシステムとの絆は強くなる。

●金銭以外の方法で報いる　お金で釣って協力してもらうことについては、すでに態度を表明したつもりだが、それ以外の方法で報いることを否定するものではない。人前で褒める、バッジやポイントをあげる……たったそれだけのことで、数ドルの現金以上のインパクトがある。多くの人はお金のためにエコシステムに参加するわけではないのだから、お金を払うことで侮辱してはいけない。

要するに、あなたの製品をめぐるエコシステムを充実させるため、できることはなんでもしなければならない。エコシステムは「信者」たちの満足度を高め、新たな信者をもっと簡単に獲得するための――つまりはあなたの製品を長持ちさせるための――強力なツールである。

多様な人材をそろえる

多様な人材がいるチームは、スタートアップを長持ちさせる。さまざまな経歴、考え方、スキルを持った人がいれば、スタートアップの鮮度や妥当性が保たれるからだ。これに対して、似たようなゴマすりばかりの国を皇帝が支配している場合、製品は劣化する。

さまざまな年齢、性別、人種、経済的地位、宗教、学歴の人をチームにそろえたい。こうしたわかりやすい違いに加え、担ってもらう役割にも違いを持たせよう。

多様な人材は、スタートアップを持続させる強力な武器だ。スタッフの顔ぶれがいろいろありすぎて長続きしないなんて、聞いたことがない。

支持者に気を配る

――誰もが偉大になれる。誰もが人の役に立てるからだ。大学の学位がなくてもいい。文法が完

多様な人材は、
スタートアップを持続させる強力な武器だ。

全でなくてもいい。必要なのは慈愛に満ちた心、愛がもたらす魂だ。
——マーティン・ルーサー・キング・ジュニア

たぐいまれな顧客サポートを提供して支持者に気を配れば、スタートアップは長持ちする。サポートが申し分なければ、最新の完璧な製品でなくても彼らはついてきてくれる。たとえば、CDベイビーの創業者デレク・シヴァーズは、会社が成功した原因は製品の特徴、デザイン、価格、パートナーシップではないと考えている。第一の理由は顧客サービスの質にある、と彼は言う。なかでも大切なのは、生身の人間が対応するということだ。

たぐいまれな顧客サポートに求められるのは、次のような要素である。

●寛容で人を疑わない　シヴァーズによると、偉大な顧客サポートは、「惜しみなく与える」が考え方の根底にあり、お粗末な顧客サポートは「出し惜しみ」が考え方の根底にある。前者の考え方をする会社は、(機械ではなく)実際の人間に電話対応をさせ、買わない人にもトイレを貸し、無線LANを無料で提供する。でも、数字偏重のおカタい人はきっとこう言うだろう。すべての顧客が技術サポートを申し込み、すべての人がトイレを使い、故障品を抱えたすべての顧客が無料交換を受けたら、破産してしまう。文字どおりすべての人がそうしたら、そのとおりになるかもしれない。でも、すべてという事態はありえない。だから気前よくいこう。そして、顧客サポートの費用が多少増えても、それ以上に評判が上がったほうがプラスになることを、その目で確認しよう。

●顧客に支配させる　あなたは、ノードストロームで買い物をしたことがあるだろうか？　偉大なサポートのしかたを知りたければ、ぜひ出かけてほしい。このデパートではお客さまが主役で、すべてを支配する。買った品物はどのフロアや売り場で精算してもかまわない。ギフトを包装してもらうのに、男子トイレの裏に伸びた列に並ばなくてもいい。販売カウンターでいつもにこやかに包装してもらえる。たいていの企業には、返金や両替はダメ、無料サンプルは送れない、コレクトコールは受けられないといったルールがある。でもルールにこだわらず、顧客にとって正しいことをする――それが顧客への正しい接し方だ。顧客を主役に据え、従業員に正しいことをしてもらおう。

●こちらの不備には責任を負う　悪い顧客サポートは、自社の不備の責任を負わない。よい顧客サポートは自社の不備の責任を負う。素晴らしい顧客サポートは、顧客の不備の責任も負う。こういうことがあった。ノードストロームでタキシードの寸法合わせをしているとき、私はよそで買ったふたつのペンダントをなくしてしまった。一時間捜したが見つからない。支配人は「うちのテーラーは長年やっている信頼できるスタッフです」と請け合った。数週間後、ペンダントはまだ出てこなかったが、ノードストロームはなくなったペンダントのお金を弁償してくれた。そこで買ったわけでもないのに。大事なのは、このデパートが自分たちのせいではなくても責任をとったという点だ。数カ月後、ふたつのペンダントを自分で見つけ、私はノードストロームにお金を返した。

●控えめに約束し、期待以上の結果を届ける　ディズニーのテーマパークに開園時間の数分前に行くと、係員は待たせずに入れてくれる。ディズニーでは四歳以上の子どもは入場料を払うことになっているが、「お子さんはいくつですか」とはけっして訊かれない。アトラクションの待ち時間を知らせる掲示が出ているが、「意外と短かった」と思ってもらえるよう、時間は長めに見積もられている。悪天候の場合に「順延チケット」は発行しないとうたっているが、頼めば発行してくれる。ディズニーには方針がある。でも融通もきく。そのほうが顧客もうれしい。控えめに約束し、期待以上の結果を届ける――それが優れた顧客サポートだ。

> 控えめに約束し、期待以上の結果を届ける
> ――それが優れた顧客サポートだ。

●正しい人を雇う　全社員が顧客の側に立ち、顧客をサポートしなければならないが、サポートの仕事が全員に向いているとはかぎらない。最前線のこの仕事には、三つの資質が求められる。

①共感：顧客が満足していないと胸が痛む。問題が未解決だと落ち着かない。これが何よりも大切な資質である。

②没入：製品のデザインをしたい社員もいれば、営業をしたい社員もいる。顧客を助けたい社員もいる。顧客サポートの担当者は、他人を助けることで満足を得なければならない。「サポートの仕事が目標だ（目標達成の手段ではなく）」という人こそ理想である。

③知識：顧客サポート担当者は製品について知り、製品を愛していなければならない。だから、サポート担当者を見つけようと思ったら、熱心な顧客から探すのがいちばんいい。アップルの最も優秀な社員は、入社前からマッキントッシュを使っている人たちだった。

●全員に顧客サポートを経験させる　従業員全員にサポートの現場を経験させ、顧客が直面する問題を理解させようとする組織はたくさんある。顧客満足の状況を示した図や数字とにらめっこさせるのではなく、実際に何時間かサポート現場に社員を放り込もう。そのほうが納得度も高い。たとえばゴーダディという会社の新入社員研修では、すべての職種の人が顧客サポートに関する講義を受け、電話対応の現場を見学する。

●顧客サポートを主流業務に組み込む　サポート業務を会社の傍流や下層に位置づけてはならない。残念ながら多くの企業が顧客サポートを必要悪と見なし、その認識に沿って人材を配置している。だが、顧客サポートは間接部門のお荷物ではなく、みんなから歓迎・祝福される部署であるべきだ。それはパッケージ、広告、ＰＲと同じくらい売上に影響を与える。それに、顧客を新しく獲得するより、いまの顧客に継続してもらうほうが安上がりである。

アップルの最も優秀な社員は、入社前からマッキントッシュを使っている人たちだった。

Obligation

責務

第13章

高潔の士でいる

人間を測る本当の物差しは、その人が自分の役に立たない人にどう接するかである。
――サミュエル・ジョンソン（文学者）

本章では「高潔の士（mensch《メンシュ》）」となるための方法を説明する。メンシュとは、倫理・礼節を重んじる徳の高い人物のことをいう。発言に影響力のある人たちからこう呼ばれれば、それは最大の賛辞、最高の到達点だ。

お金をたくさん稼ぐよりも、会社を大きくするよりも、ぜひこの高い目標をめざしてほしい。

自分の助けにならない人を助ける

高潔の士は、お返しができない人を助ける。貧しい人であろうが力のない人であろうが関係ない。

金持ちや有名人や力のある人を助けるなというのではない（実際、彼らこそ最も助けを必要としているかもしれない）。けれども、金持ちや有名人や力のある人だけを助けるべきではない。

見返りを期待せずに助ける

高潔の士は見返りを期待せずに（少なくともこの世では）、人を助ける。それで何か報われるのか？　報われないといけないわけではないが、もし報いがあるとすれば、それは人を助けるという純粋な喜びである。それ以上でもそれ以下でもなく。

多くの人を助ける

高潔の士は数多くの人を助ける。そういうＤＮＡだから、やめようにもやめられないのだ（もちろん万人を助けることまではできないが）。

正しい行ないをする

高潔の士は正しい行ないをする。つまりは「王道」を行くのだ。これはときに「難路」でもある。彼らにとっては、状況がどうあれ正しいことは正しく、悪いことは悪い。高潔の士は正しいことをする。簡単なこと、都合のいいこと、節約になること、お咎《とが》めを受けないことをするのではない。

正しいことは正しく、悪いことは悪い。

社会に還元する

高潔の士は、自分たちが幸運であることを知っている。こうして神の祝福を受けている以上、社会に還元しなければならない。大事なのは、社会に借りがあるということ。還元することで社会に恩を売るのではなく。

▼練習問題

本書最後の練習問題。人生が終わろうとしている。自分についてみんなに覚えておいてもらいたいことを三つ書こう。

①

②

③

FAQ

Q1 成功したからといってうぬぼれないためには、どうすればよいですか？

病気になったり死んだりすれば、お金や名声、権力はなんの意味もありません。ですから、自分は無敵だと感じたら、そんな自分など一瞬にして消えてしまうかもしれないのだと思い出してください。「病院でいちばんの金持ち」とか「墓地でいちばんの金持ち」とかいうポジショニングはむなしいばかりです。

Q2 営業の電話をかけて取引をまとめるたびに、お客さんをだました気になるのですが、どうすればそんな気持ちにならずにすむでしょう？

お客さまが必要とするものを売っていれば、そんなふうには感じないはずです。もし感じるのだとすれば、売るのをやめること。あるいは、それを必要とする人に売りましょう。

Q3 人に対して寛容であることを、投資家は甘っちょろいとか事業家失格と思わないでしょうか？

投資家がもしそう感じるとしたら、それが物語るのはあなたのことではなく、その投資家自身のことです。善行と成功は両立可能です。ただし、善いことをしているから投資してもらえるとは思わないように。投資家が望むのはふつうお金儲けですから。

Q4 本来なら協力的で好意的なこの私が誰かを罵《ののし》りたくなったら、どうしましょう?

そのためにアイスホッケーというものがあるのです。もっとも私自身、氷を離れたところでも何度か暴言を吐いたことが知られていますが(毎回、そのせいで状況は悪くなりました)。歳をとるにつれて、私は黙って(またはEメールを送らないで)立ち去ることを覚えました。

Q5 専門家としてのアドバイスを始終求められるので、自分の仕事ができません。どうすればよいでしょう?

私も同じような悩みを日々抱えていますが、ふたつ解決策を思いつきました。ひとつ目は、仕事上の約束や家族との約束があるので力になれない、と説明すること。すると、とにもかくにも返答があったことに驚き、ほとんどの人がわかってくれます。それから、カリフォルニア大学バークレー校のアイスホッケーチーム(息子が所属しています)に五〇〇ドル寄付してくれたら、売り込みや事業計画をチェックしてさしあげましょう(そういうリクエストがほとんどです)と言うこともあります。これはなかなか効果的です。払ってくれる起業家はかなり本気ですし、チームは寄付を受けることができますから。

おわりに

本はそれなりに十分素晴らしいものだが、実際の人生とは違った完全無血の存在である。

——ロバート・ルイス・スティーブンソン（作家）

私の本をお読みいただき（きっと前作『起業成功マニュアル』ともどども！）、ありがとうございます。あなたは時間とお金を投じてくださった。引き換えに、いかにして意義を見出し、世界を変えればよいかという知見を得てくださったなら幸いである。

ビジネスの「盛衰」「陰陽」「拡大と崩壊」——そうしたサイクルは、ほかにもいろいろな言い方で表現することができるが、こういうのはどうか。「顕微鏡と望遠鏡」

●「顕微鏡」的局面では、冷静な思考、基本に返ること、そして短期的な財務業績が大いに求められる。専門家があらゆる細部、一つひとつの品目や出費をズームし、それから予測、市場調査、競合分析を要求する。

●「望遠鏡」的局面では、起業家が未来をこちらへ引き寄せる。次なる大仕事を思い描き、世界を変え、ライバルに後塵《こうじん》を拝させる。多少のお金がムダになるが、途方もないアイデアのいくつかは持ちこたえ、そして世界は前進する。

望遠鏡が機能すれば、誰もが天文学者。世界は星々でいっぱいだ。機能しなければ、誰もが顕微鏡をすばやく取り出す。こちらの世界は欠陥だらけだ。現実には、顕微鏡と望遠鏡の両方がなければ、起業家は成功にたどり着けない。本書が顕微鏡と望遠鏡の役割を少しなりとも果たしていればうれしい。

ルイス・ピューは、初めて北極海を泳いで渡った人物だ（正確には一キロを泳いだ）。ねらいは気候変動に対する人々の意識を高めること。北極はどこも凍っていると思っていたのでは？　マイナス一・七度の水に数分も浸かっていたら意識を失いそうなものだが、彼は一八分間泳ぎきった。しかもウェットスーツではなく普通の水泳パンツで。

この偉業をなし遂げるにあたって、彼はちょっとした「メンタルトリック」を利用した。チームの各メンバーの国旗を一〇〇メートルごとに置き、一キロの水路を一〇の達成しやすい構成要素に分解したのだ。最後から二番目はオーストラリア国旗だった。イギリス人であるルイスは、土壇場になってオースト

ラリアの前であきらめるわけにはいかなかった。旧宗主国としてのライバル意識だろうか。
スタートアップ立ち上げ後の、暗く、胸がふさぐ日々（そういう日が必ずある）には、このルイスの話を思い出し、大きな「不可能」を一〇の「可能」に分解しよう。一〇億ドルのビジネスは一億ドル一〇個に分けられる。一〇〇万ドルのビジネスは、一〇万ドル一〇個に分けられる。アップルはマッキントッシュやｉＰｈｏｎｅ、ｉＰａｄ、ｉＰｏｄを売っているが、最初は数百台のアップルＩから始まったのだ。

最後に、いつの日かあなたとお目にかかりたい。本書を持っておられたら、あなたがメモをとったり、ページの端を折ったり、下線を引いたりされた様子をぜひ拝見したい。自分の著書がぼろぼろに使い込まれているのを見るよりうれしいことはない。
さてさて、ずいぶんお引きとめしてしまった。そろそろ出発しよう。起業の真髄は学習ではなく実行なのだから——。

カリフォルニア州シリコンバレーにて
ガイ・カワサキ
GuyKawasaki@gmail.com

起業家って何する人？

私には子どもが四人いるが、彼らに私の仕事を正しく説明するのは難しい。子どもたちの知り合いには医者、弁護士、教師、不動産ブローカーがいて、こうした仕事は説明しやすい。でも、起業家が何をしているかは、子どもにどうやって説明すればいいだろう？

以下、本書を購入いただいた特別のお礼として、その説明のヒントをお届けしよう。

What Do Entrepreneurs Do?
by
Guy Kawasaki
Illustrated by
Lindsey Filby
起業家って
何する人？
作
ガイ・カワサキ
絵
リンゼー・フィルビー

「起業家って
何する人？」

!!!

「人にものを教えるの？」

Tell people what to do?

No.

「ノー」

「高いものを
買うの？」
Buy nice stuff?
No.
「ノー」

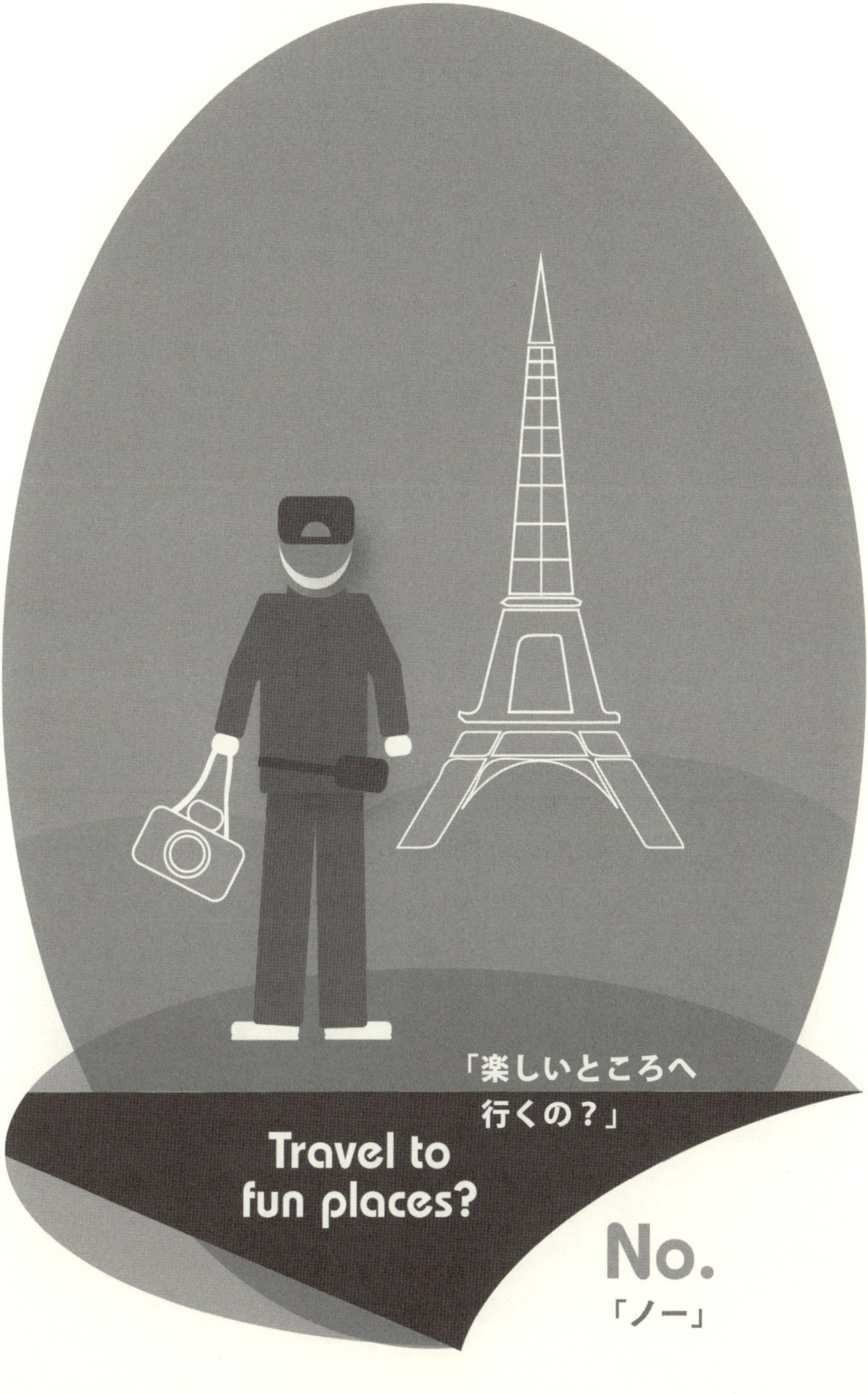
「楽しいところへ
行くの？」
Travel to
fun places?
No.
「ノー」

起業家の
仕事は——

クールなものを
つくる

OPEN
Sell it.
それを売る。

Help people use it.

うまく使えるよう
手助けする。

なかまを
やとう。

会社をつくる。

Why Do Entrepreneurs Do This?
「どうして
そんな　ことするの？」

それは、世界を、
もっとよい場所にするため。

To do something
they love.
したいことをするため。

そして、
みんなが、
しあわせにくらすため。

おまけ

あなた、ジャッキー・チェン?

——見知らぬ女の子

二五年前、私はポルシェ911カブリオレに乗っていた。ある日、カリフォルニア州メンローパークのエルカミノリアル通りで信号待ちをしていたら、ティーンエージャーらしき女の子が四人乗った車が横にいた。彼女たちは互いに目配せし、くすくす笑っている。

おれもここまできたか。一〇代の女の子たちにも知られているとは——。ひとりの娘《こ》が手をぐるぐる回して、窓を下ろせと身振りで言う（ポルシェ911のオーナーでないことは明らかだ。911はパワーウィンドーなのだ）。私は窓を開けながら、彼女からの言葉を期待する。「著書を愛読しています」「あなたのスピーチ最高!」。それとも、じつは男前だと気づいてくれたのかもしれない。

ところが、彼女はこう訊いてきた。「あなた、ジャッキー・チェン?」

この話、スタートアップと何か関係があるのかって? あまりないかもしれない。よき書き手は話が横道にそれないものだ。しかし、偉大な書き手は横道にそれてから元に戻ることができる。つまりこういうことだ。

本書をここまで読んでくれたというのは、ジャッキー・チェンの映画に最後のクレジットまでつきあって、NGシーンを見るようなもの。その忍耐に報いて、スティーブ・ジョブズではないが「あともうひとつ」お話ししたい。

起業家の誤りトップ10

本書の最後の最後に、復習も兼ねて、起業家が犯しやすい誤りのトップ10を以下に示しておこう。これを頭に叩きこんで、できるだけたくさんのミスを回避してほしい。せめて、ミスはミスでもここにはないミスを！

①大きな数字に一%をかける　起業家は巨大な潜在市場（インターネットセキュリティ市場など）を想定し、一%のシェアをとるだけでもかなりの規模になると計算し、ならばこれくらいの売上は達成できると算盤をはじきたがる。

《修正》ボトムアップで計算する　ボトムアップ式に積み上げる計算をしよう。ゼロからスタートしたらシェア一%といえども難しいことがわかるはずだ。実際に製品を売り出せば、初年度の売上なんて巨大市場の一%どころかゼロに近いことを知るだろう。

②拡大を焦る　大きな数字に一%をかけると、目の前に迫った大成功に備えてインフラを拡大し、

社員数を増やさなければということになる。それで結果的に資本を使い尽くし、あなたはクビになる。

《修正》食いぶちは自分で稼ぐ　売上をコントロールできるようになるまでは、あえて拡大せず、じっと我慢する。すばやく拡大できないせいで破綻した会社なんて見たことがないし、予定どおりに製品を出した会社も見たことがない。あなたがその第一号になるかもしれないけれど、トレンドはどうやらあなたの味方ではない。

③パートナーシップを築く　起業家はパートナーシップがお好きである。とくに売上に不安があるときは。でも、スプレッドシートの数字を改善できないなら、提携など無意味だ。たいていのパートナーシップはPR効果が目的で、時間のムダである。

《修正》売上にフォーカスする　パートナーシップなどうっちゃって、売上を重視しよう。腕にこんな入れ墨を入れてはどうか。「売上がすべてを解決する」。百聞は一見にしかずの伝でいえば、百の提携は一の売上にしかず。提携で時間稼ぎできたとしても、せいぜい半年か一年。そのあとにあなたを待っているのは「クビ」だろう。

④資金調達にフォーカスする　成功とは資金を調達することではなく、優れた会社をつくることだ。多くの起業家は、資金調達は目標達成の手段にすぎないということを忘れている。だから、膨大な時間をかけて売り込み案や事業計画を作成し、投資家と聞けば出向いて、心臓をバクバクさせながらプレゼンをする。

《修正》プロトタイプの作成を重視する　スタートアップ立ち上げ直後の時期にいちばん大切な目標は、プロトタイプの作成だ。それがあれば実世界からのフィードバックが得られるし、なんと売上もあげられる。自己資本、借金、クラウドファンディングなどで必要な資金をやりくりし、製品づくりにエネルギーをつぎ込もう。

⑤スライドをたくさん使いすぎる　売り込みのプレゼンをするとしても、スライドを五〇枚も六〇枚も使ってはならない。少ないほうがよいとわかっていながら、つい自分は例外だと思いたくなってしまう。でもそんなことはない。アイデアを売り込むのにスライドが五〇枚も六〇枚も必要なら、そのアイデアは不合格だ。

《修正》一〇／二〇／三〇ルールに従う　売り込みのスライドは一〇枚、プレゼンの時間は二〇分、使用フォントは三〇ポイント。それが理想である。スライドから離れてデモをすればなおよい。プロトタイプが必要なのはそういう理由もある。

⑥ものごとを順番に進める　起業家はものごとを順番に進めたがる。資金を調達し、人を雇い、それから製品をつくり、契約を結び、さらに資金を調達する。一度にひとつだけのことを、確実にこなそうとするのだ。でもこれはスタートアップのやり方ではない。

《修正》ものごとを並行して進める　起業家は「並行した人生」を送らなければならない。それになじみ、それを理解することだ。あなたは一度にたくさんのことをしなければならない。そこそこできればそれでいい。ひとつずつやっている時間などない。

⑦支配を維持しようとする　創業者は支配を維持したいので、会社の評価を最大化し、株式をなるべく手放さないようにしたがる。少なくとも議決権の過半数を握っていれば会社を経営しているこ

とになると考える。

《修正》パイを大きくする　お金を儲けるには、同じパイのなかで取り分を大きくするのではなく、パイ自体を大きくする必要がある。「株式会社凡庸」の五一％を保有するより、グーグルの〇・〇一％を保有するほうがいい。支配なんて幻だ。外部の資金を受け入れた瞬間から、あなたはその投資家のために働いているのだ。

⑧特許で会社を守ろうとする　起業家は、特許侵害で何百万ドルもの賠償金が命じられたというニュースを見て、特許が知的財産を守ってくれると考える。これはまるで、泥棒が捕まったと聞いて、カギをかけなくても大丈夫と考えるようなものだ。

《修正》成功を収めて会社を守る　特許で会社を守るのは、弁護士をたくさん雇えるお金持ちの大企業の専売特許であり、スタートアップにはふさわしくない。スタートアップを守るのは、市場での成功や成長のみ。目をつけた相手を誰彼なく訴えているような時間やお金はない。

⑨自身のイメージで人を雇う　多くの起業家は現在の社員と同じような人材を雇う。エンジニアはエンジニアを、MBA保有者はMBA保有者を、そして男性は男性を雇う。相性が合うのはたしかに大切だが、全員が若者だったり、男だったり、技術オタクだったりするのは極端すぎる。本当に。

《修正》補完するために雇う　スタートアップが成功するには、さまざまなスキルや視点、経歴が必要になる。同じような人ばかり雇うのではなく、互いに補完しあう人材を雇うべきだ。その代表格が「つくる」スキルと「売る」スキル。この二種類はただちにそろえよう。

⑩投資家と仲よくなる　ハネムーンの期間、すなわち初の（遅れた）製品出荷日から三カ月のあいだは、投資家と仲よくなりたいという気持ちが異常に高まることがある。投資家とうまが合うからだ。あなたの存在ゆえに投資してくれたのだから、あなたをクビにすることなどけっしてない。めでたし、めでたし。

《修正》期待を上回る　誰かと仲よくなりたいのなら、週末に出会い系サイトで相手を探せばいい。あなたの仕事は、投資家から資金を調達し、それを賢く使い、一〇倍にして返すことだ。予定どおり製品を出し、売上予測を上回ることができれば、投資家と憎み合うことになってもべつにかまわない。

ナマの私をご覧になりたければ、ハース・ビジネススクールでこのテーマの講演をした様子がユーチューブにアップされている。ジャッキー・チェンほどではないけれど、私もそこそこおもしろい男なのだ。

いつの日か、ティーンエージャーの女の子がジャッキー・チェンに、「あなた、ガイ・カワサキ？」と尋ねることを夢見ている。

起業《きぎょう》への挑戦《ちょうせん》

2016年10月27日　初版第１刷発行

著者
ガイ・カワサキ

訳者
三木俊哉《みきとしや》

編集協力
藤井久美子

装幀
Y&y

印刷
萩原印刷株式会社

発行所
有限会社 海と月社
〒180-0003　東京都武蔵野市吉祥寺南町2-25-14-105
電話0422-26-9031　FAX0422-26-9032
http://www.umitotsuki.co.jp
フェイスブック：www.facebook.com/umitotsuki
ツイッター：@umitotsuki

定価はカバーに表示してあります。
乱丁本・落丁本はお取り替えいたします。

ISBN978-4-903212-56-2